XINBIAN JIAOSHI KOUYU XUNLIAN JIAOCHENG

谢　华◎编著

新编教师口语训练教程

安徽师范大学出版社
ANHUI NORMAL UNIVERSITY PRESS
· 芜湖 ·

图书在版编目(CIP)数据

新编教师口语训练教程 / 谢华编著 . —芜湖:安徽师范大学出版社,2020.9
ISBN 978-7-5676-4777-0

Ⅰ. ①新… Ⅱ. ①谢… Ⅲ. ①汉语—口语—师资培训—教材 Ⅳ. ①H193.2

中国版本图书馆CIP数据核字(2020)第174082号

新编教师口语训练教程　　谢华◎编著

责任编辑:胡志恒　　责任校对:潘　安
装帧设计:张　玲　　责任印制:桑国磊
出版发行:安徽师范大学出版社
芜湖市九华南路189号安徽师范大学花津校区　　邮政编码:241002
网　　址:http://www.ahnupress.com/
发 行 部:0553-3883578　5910327　5910310(传真)　　E-mail:asdcbsfxb@126.com
印　　刷:安徽新华印刷股份有限公司
版　　次:2020年9月第1版
印　　次:2020年9月第1次印刷
规　　格:700 mm × 1000 mm　1/16
印　　张:20.75
字　　数:440千字
书　　号:ISBN 978-7-5676-4777-0
定　　价:48.00元

前　言

我国改革开放以来，现代科技信息化技术快速发展，口语交际的作用受到人们的重视，人们迫切地需要提高读、听、说的能力。

教师口语，就是通过传授知识进行读、听、说的技能训练，培养师范生和希望从事教育事业人员的普通话语言能力，使学习者具有适应学校教育需要的良好语言技能。

本书的编著着重训练读、听、说的能力，精讲读、听、说的知识，以训练能力为目标、为中心。

循序渐进，按照科学的训练方法，用知识指导实践。由易到难，字—词—成语—绕口令—诗文，训练普通话。口语交际训练由单项训练逐步过渡到综合训练，读、听、说与写作能力相结合，互相促进，共同提高学习者的读、听、说的能力。

为了帮助读者更好地使用本书进行口语训练，在编写中，特别设置了“训练目标”“训练指导”“训练材料”“技能训练”等提示性文字。

目　录

第一章　普通话语音训练

第一节　普通话语音概说

训练目标

1.掌握普通话和方言的定义，明确学习、推广普通话的重要意义。

2.了解我国的几大方言。

3.熟悉语音的性质。

训练指导

一　普通话与方言

汉语是汉民族共同的语言，现代汉语是现代汉民族的语言。现代汉民族既有共同语，也存在不同的方言。共同语言是一个民族全体成员通用的语言，方言是民族共同语的地域分支，是局部地区的人们使用的语言。

现代汉民族共同语是普通话。普通话是以北京语音为标准音，以北方话（北方方言）为基础方言，以典范的现代白话文著作为语法规范的现代汉民族共同语。

《中华人民共和国宪法》（2018年修正，第十九条）规定："国家推广全国通用的普通话。"《中华人民共和国国家通用语言文字法》2000年10月31日第九届全国人民代表大会常务委员会第十八次会议通过，2001年1月1日起施行，第三条规定"国家推广普通话"。推广普通话是社会主义精神文明建设的重要内容，普通话对改革开放和社会主义现代化建设具有重要意义。

由于地理形势的不同，山川河流的阻隔，人口的迁徙流动，现代汉民族存在着不同的方言。各方言之间的差异在语音方面的表现最为突出，词汇和语法方面也存在着分歧。

我国有七大方言。

(一)北方方言

北方方言以北京话为代表,使用人口占汉族人口的百分之七十以上。主要分布在长江以北汉民族居住的地区,长江以南镇江以上九江以下的沿江地带,湖北(东南一带除外)、四川、云南、贵州四省,湖南省西北一带。

(二)吴方言

吴方言以上海话为代表,使用人口约占汉族总人口的百分之八点四。分布地域包括江苏省长江以南镇江以东部分(镇江不在内),浙江省大部分。

(三)湘方言

湘方言以长沙话为代表,使用人口约占汉族总人口的百分之四。分布在湖南省除西北角以外的大部分地区。

(四)赣方言

赣方言以南昌话为代表,使用人口约占汉族总人口的百分之二点四。分布在江西省除东北沿长江地带和南部以外的大部分地区。

(五)客家方言

客家方言以广东梅县话为代表,使用人口约占汉族总人口的百分之四。主要分布在广东、广西、福建、江西等地。湖南、四川两省也有少数地区说客家方言。

(六)闽方言

闽方言分布在福建省,广东的东部潮州、汕头一带,海南省和台湾省的大部分地区。闽方言可分为五个片:①闽南方言(厦门话为代表);②闽东方言(福州话为代表);③闽北方言(建瓯话为代表);④闽中方言(永安话为代表);⑤莆仙方言(莆田话为代表)。闽方言使用人口占汉族总人口的百分之四点二。

(七)粤方言

粤方言以广州话为代表,使用人口占汉族总人口的百分之五左右,分布在广东、广西两地。

训练材料

再寄小读者·通讯四（节选）

冰心

生命(shēngmìng)又像一棵小树，他从地底聚集起许多生力(shēng lì)，在冰雪(bīngxuě)下欠伸(qiàn shēn)，在早春(zǎochūn)润湿(rùnshī)的泥土中(ní tǔ zhōng)，勇敢快乐(yǒnggǎn kuài lè)地破壳(pò ké)出来。他也许长在平原(píngyuán)上，岩石上，城墙(chéngqiáng)上，只要他抬头看见了天，呵！看见了天！他便伸出嫩叶(nèn yè)来吸收空气，承受(chéngshòu)阳光，在雨中吟唱(yínchàng)，在风中(fēngzhōng)跳舞，他也许受着大树的荫遮(yīnzhē)，也许受着大树的覆压(fù yā)，而他青春生长(qīngchūn shēngzhǎng)的力量(lì liàng)，终使(zhōngshǐ)他穿枝拂叶(chuānzhī fú yè)地挣脱(zhèngtuō)了出来，在烈日(liè rì)下挺立(tǐng lì)抬头！他遇着骄奢(jiāoshē)的春天(chūntiān)，他也许开出满树(mǎnshù)的繁(fán)花，蜂蝶(fēngdié)围绕着他飘翔喧闹(piāoxiáng xuān nào)，小鸟在他枝头欣赏歌唱(xīnshǎng gē chàng)，他会听见黄莺清吟(tīngjiàn huángyīng qīngyín)，杜鹃啼血(tí xuè)，也许还听见枭鸟(xiāoniǎo)的怪鸣(guàimíng)。他长到最茂盛(zuìmàoshèng)的中年，他伸展(shēnzhǎn)出他如盖的浓阴(nóngyīn)，来荫庇(yìn bì)树下的幽花芳草(yōuhuāfāngcǎo)，他结出累累(léi léi)的果实，来呈现(chéngxiàn)大地无尽(wú jìn)的甜美与芳馨(fāngxīn)。秋风(qiūfēng)起了，将他的叶子，由浓绿(nóng lǜ)吹到绯红(fēihóng)，秋日下他再有一番(fān)的庄(zhuāng)严灿烂(cànlàn)，不是开花的骄傲(jiāo ào)，也不是结果的快乐(kuài lè)，而(ér)是成功(chénggōng)后的宁静(níngjìng)和怡悦(yí yuè)！终于(zhōng yú)有一天，冬天的朔风(shuòfēng)，把他的黄叶干枝(gān zhī)，卷落吹抖(juǎn luò chuī dǒu)，他无力地在空中旋舞(xuán wǔ)，在根下呻吟(gēn xià shēn yín)，大地庄(zhuāngyán)严地伸出臂儿(bì er)来接引(jiē yǐn)他，他一声不响(yì shēng bù xiǎng)地落在她怀里。他消融(xiāoróng)了，归化了，他说不上快乐(kuài lè)，也没有悲哀(bēi āi)！也许有一天，他再从地下的果(guǒ)仁(rén)中，破裂(pò liè)了出来，又长成(zhǎngchéng)一棵小树再穿过丛莽(zàichuān cóngmǎng)的严遮(yánzhē)，再来听黄莺(huángyīng)的歌唱。然而(rán ér)我不敢说来生(lái shēng)，也不敢信(xìn)来生。

（选自《读给孩子的散文》，海燕出版社2016年12月第1版）

夏之终曲，冬之序歌

美国　霍尔·博兰

——九月，美妙的九月

说实在(shízài)的，九月不只是一月，而是一个季节。它本身(běnshēn)就是一种(zhǒng)收获(shōuhuò)。九月始于八月余韵(yúyùn)而终于十月的酝酿(yùnniàng)。在这有始而终(shǐ ér zhōng)的途中，它获取了得天独厚(dé tiān dú hòu)的满足(mǎn zú)。夏季的酷热(kù rè)和仓促(cāng cù)既(jì)已过去，一年便开始了自我整饬(zhěngchì)。深思熟虑(shēn sī shú lǜ)的九月，以其独有的节奏(jié zòu)，开始对又一个夏天进行(jìn xíng)总结。

九月一到，便有了秋意(qiū yì)。它在一个雾朦胧(ménglóng)的清晨(qīngchén)潜(qián)入，又在火(huǒ)辣辣(là là)的下午消失；它悄悄地掠过(lüèguo)树梢(shùshāo)，摇曳(yáo yè)起几片树叶，又架起一片飞(fēi)絮(xù)穿过峡谷，飘忽而去(piāo hū ér qù)。它盘踞(pán jù)于山丘之上，像一只十月里的猫头鹰(māotóuyīng)，在暮色苍茫(cāngmáng)中发出几声尖厉(shēng jiān lì)的呼叫。它还与风儿嬉戏(xī xì)捉弄(zhuōnòng)。九月的神话中那又丑又怪的弃婴(qì yīng)，它忙碌(máng lù)如山核桃林(shān hé táo lín)中的松鼠(sōngshǔ)，懒惰(lǎnduò)似(sì)无精(wújīng)打采的小溪。它是夏季的成熟与富饶(chéngshú yǔ fù ráo)的实现。

一年里好些难得的日子在九月里光临(guāng lín)。那是些令人(lìngrén)觉着舒适(shūshì)、凉爽(liángshuǎng)而又充满生机(chōngmǎn shēng jī)的日子。蓝天万里，空气清新(qīngxīn)，金风拂(jīn fēng fú)面(miàn)，绝无纤尘(jué wú xiān chén)。草地上仍散(réngsàn)发着稻草和割下来的野草的芳香(fāngxiāng)。九月的花，虽(suī)不似(sì)五月里那般百花齐放，争奇斗艳(zhēng qí dòu yàn)，却也繁花累累(fánhuā léi léi)，直把九月变成(biànchéng)了又一个鲜花之月。菊花虽开在八月之中，但九月初才是它开得遍地金黄(biàn dì jīn huáng)的鼎盛(dǐngshèng)之时。晚些开放的蓟花(jì huā)，则以其紫的色调形成壮观(xíngchéng zhuàngguān)。翠菊(cuì jú)开花漫山遍野(mànshān biàn yě)，它开在草坪(cǎopíng)里，开在山顶(shāndǐng)上，甚至(shènzhì)开在城市(chéngshì)的空地(kòng dì)上。花分纯(chún)白、淡紫(dàn zǐ)和高贵典雅(diǎnyǎ)的新英(xīnyīng)

格兰紫色等(zǐ sè děng)多种颜色。

我们把春天看成(kàn chéng)是充满奇迹的季节。春天里，蓓蕾正绽(bèi lěi zhèng zhàn)，新叶(xīn yè)吐绿(tǔ lǜ)，宣告着大自然的生生不息(shēng shēng bù xī)。而九月却以一种微妙(wēi miào)的方式向人们展示(zhǎn shì)着这一奇迹的延续(yán xù)。九月里，五谷均已到了每年的结果时节，来年种植(zhòng zhí)的准备亦已就绪(yì yǐ jiù xù)。橡树果熟了，山核桃熟了。植物将未来托付(tuō fù)给了籽和根(zǐ hé gēn)；昆虫(kūn chóng)在卵和肾(luǎn hé shèn)中贮藏(zhù cáng)着明天。高潮几近尾声(gāo cháo jī jìn wěi shēng)，生机(shēng jī)开始减弱(jiǎn ruò)。

绿色的盛期(shèng qī)渐渐逝(shì)去，万木开始发生着变化。很快(hěn kuài)地，树叶将凋落(diāo luò)，野草将枯萎(kū wěi)，而生命(shēng mìng)的奇迹却不会消失。这奇迹便是成长(chéng zhǎng)与更(gēng)新的神秘(shén mì)的胚胎(pēi tāi)——种子。

这是游丝缥缈(yóu sī piāo miǎo)的季节。黎明的曙光映(shǔ guāng yìng)在蛛丝(zhū sī)上，证明(zhèng míng)刚(gāng)孵出来的小蜘蛛(zhī zhū)有旅游的天性(tiān xìng)。凭借(píng jiè)着缥缈的蛛丝，小蜘蛛游进了北极，还几乎(jī hū)爬上了喜马拉雅(xǐ mǎ lā yǎ)山之巅。不多时，马利筋爆(lì jīn bào)开了英果(yīng guǒ)，露出了银色(yín sè)的绒絮(róng xù)。

这是收获季节的满月(mǎn yuè)。只要天空比较明朗(jiào míng lǎng)，就会有一个星期(xīng qī)晚上皓月当空(hào yuè dāng kōng)。

收获季节的满月并(bìng)不来去匆匆(cōng cōng)。它来得早而留得长。有一段时间，忙碌(máng lù)的农人(nóng rén)可在晚餐(wǎn cān)后重返(chóng fǎn)田野，在月光下继续收割(shōu gē)。收获尚(shàng)未结束，然大部分工作已集中在厨房(chú fáng)事务而不是在粮仓(liáng cāng)上了，最后的丰收(fēng shōu)来自菜园，来自晚收的甜玉米、甘薯(gān shǔ)和各种蔬菜，做罐头(guàn tou)、做腌(yān)食，冷藏等(lěng cáng děng)，各种厨房收获工作达到了高潮(gāo cháo)。

入夜，天空明净(míng jìng)，月圆星稀(yuán xīng xī)，霜花初降(shuāng huā chū jiàng)。它不声不响(shēng bù xiǎng)地

来到，如落花飞絮般（luòhuā fēi xù bān）地悄悄，只轻擦（qīng cā）着院子的角落，曙光初照（shǔguāng chūzhào），你见得着它的来径（lái jìng），——从闪烁（shǎnshuò）的叶片，到幽明（yōumíng）的根（gēn）部，再到那弯曲黝黑（wān qū yǒu hēi）的长廊（chángláng）。

再过一两夜，霜花便在月色中走进了峡谷（xiá gǔ）然后又翻过山岭（fān guò shān lǐng），归返（guī fǎn）山阴（shān yīn），在那儿稍候一些时辰（shíchen）。初秋金色的温馨（wēnxīn）已开始抚慰（fǔ wèi）大地，空气中散发着茴芹香（huíqín xiāng）与菊花的芬芳（fēnfāng）；薄雾轻渺（bó wù qīng miǎo），九月的阳光穿过薄雾，啊，只见一个深蓝（shēnlán）的九月的天空！

清新凉爽（qīng xīn liáng shuǎng）的九月之夜，对热血（rè xuè）动物来说，是赋予（fù yǔ）生机的时候。而冷血（lěng xuè）动物却只能乞求（qǐ qiú）太阳的恩赐（ēn cì），它们的生命之钟已经停摆（tíng bǎi）。蝉声已噤（chán shēng yǐ jìn），蟋蟀（xī shuài）的合唱亦渐趋（jiàn qū）减少。即使嘶哑（jí shǐ sī yǎ）地叫几声，也是用了提琴（tí qín）手那种破弓拉粗弦（pò gōng lā cū xián）的慢条斯理（màn tiáo sī lǐ）的节奏。

贮藏（zhù cáng）的时候到了，老鼠的秋收和贮藏工作已进行（jìn xíng）了几个星期（xīng qī）；金花鼠在填充（tián chōng）自己的冬室；松鼠（sōng shǔ）将累累（léi léi）坚果收藏起来；土拨鼠狼吞虎咽（láng tūn hǔ yàn）地吃着野草、苜蓿（mù xu）和野果，将丰收积存（fēng shōu jī cún）在皮下脂肪（zhī fáng）里。

飞禽（fēi qín）开始集结，准备移栖（yí qī）。整（zhěng）个夏天，体格粗大（tǐ gé cū dà）的啄（zhuó）木鸟都决意离群索居（lí qún suǒ jū），忙于家庭生活，不想交朋结友（jiāo péng jié yǒu），现在却欢聚一堂（huān jù yì táng），悠闲（yōu xián）地聊（liáo）聊部落里的趣事，快活（kuài huo）地玩玩群体里的游戏。各种鸣禽（míng qín）和燕子早已集结成伙（jí jié chéng huǒ），准备移栖，知更鸟（zhī gēng niǎo）也快就要行动起来了。巢（cháo）已经筑就（zhù jiù），小鸟羽翼已丰（yǔ yì yǐ fēng），可以单独飞行，食物也绰绰有余（chuò chuò yǒu yú），九月是鸟儿们的旅游（lǚ yóu）季节。谁敢说它们此刻不正在（cǐ kè bú zhèng zài）讨论（lùn）着前面的路程（lù chéng）呢？

时至（shí zhì）九月末，秋天的宝箱已开始流金溢彩（liú jīn yì cǎi）。在静谧（jìng mì）的下午，你看到它光彩夺目（guāng cǎi duó mù），在落日（luò rì）的余晖（yú huī）中如火熊熊（rú huǒ xióng xióng），山林（shān lín）、路边、庭院（tíng yuàn）不日

pū jīn duī yù　　zhūguāngbǎo qì　　yuǎnchāo
便铺金堆玉，一派珠光宝气。那富有远超出王公贵族们做过的最为
fù lì　měimèng
富丽的美梦。

chōngmǎn　　zhōngyú jié shù　dà zì rán
一年里最后一个充满阳光的季节终于结束，大自然已做好过冬
zhǔnbèi　　luò yè pū dì　　cánzhībài yè
的准备。树林里的颜色变了，接着便是落叶铺地。秋天的残枝败叶首先
fù gài　　fǔ zhízhì　　yíngyǎnggēn xì　yòuruò
成为覆盖物，然后化为腐殖质，以营养根系与幼弱的种子。此时，万物
shēngzhǎng　sì jī　shēngmìngběnshēn　shēnyùn　gēnjīng
已不急于生长，而伺机来年。但生命本身却深蕴在根茎
dànluǎn
内、种子里和蛋卵中。

（宁一中　译）

（选自《世界著名散文精选》，新疆人民出版社1995年4月第1版）

训练指导

二　语音的性质

语音是语言的物质外壳，它是由人类的发音器官发出的能够表示一定意义的声音。语音的性质可以从物理性质、生理性质、社会性质三个方面加以分析。

（一）语音的物理性质

语音同其他声音一样，是一种物理现象。它是物体振动产生的声波，语音是发音体振动周围的空气或其他媒体物质而形成的声波，传到耳内振动耳膜，刺激听觉神经，人便听到了声音。

从语音的物理属性来看，语音同其他声音一样，具有音高、音强、音长、音色四种要素。

音高，就是声音的高低。它是由声波在一定时间里振动的次数多少决定的。女人、孩子的声带比较短、薄，振动次数多声音就高；男人、成人声带比较长、厚，振动次数少声音就低。音高在汉语里是构成声调的主要因素，
dā　dá　dǎ　dà
具有区别意义的作用。例如“搭”“答”“打”“大”。

音强，就是声音的强弱。它是由声波振动的振幅大小决定的。振幅大，

声音就强;振幅小,声音就弱。女人、孩子声带比较短、薄,发音时振幅小,声音弱,传不远;男人、成人声带比较长、厚,发音时振幅大,声音强,传得远。音强在汉语里是构成轻声的主要因素,具有区别意义的作用。例如“地道”dìdào、“地道 dìdao”。

音长,就是声音的长短。它是由声波振动时间的久暂决定的。振动持续时间长,声音就长;振动持续时间短,声音就短。音长在汉语里是构成轻声的因素之一,和音强共同构成普通话轻声。

音色,就是声音的特色,也可以说是声音的本质,所以又叫“音质”。它是由不同的发音体、不同的发音状态决定的。在汉语中主要依靠音色的不同来区别意义。

(二)语音的生理性质

发音器官

语音是由人类的发音器官发出来的,发音器官及其活动决定了语音的生理属性。人的发音器官主要分为三大部分。

呼吸器官,是发音的动力器官,主要由肺和气管构成。肺的扩张和收缩产生气流,通过气管输送到发音器官。

发声器官,主要喉头和声带。气流振动声带产生声波,但发出的声音比较弱。

共鸣器官,主要是口腔、咽腔、胸腔和鼻腔,可以扩大美化声带发出的声波。上口腔各部位是上唇、上齿、上齿龈、硬腭、软腭、小舌,下口腔各部位是下唇、下齿、下齿龈、舌,舌又分为舌尖、舌叶、舌面、舌根。参见图1。

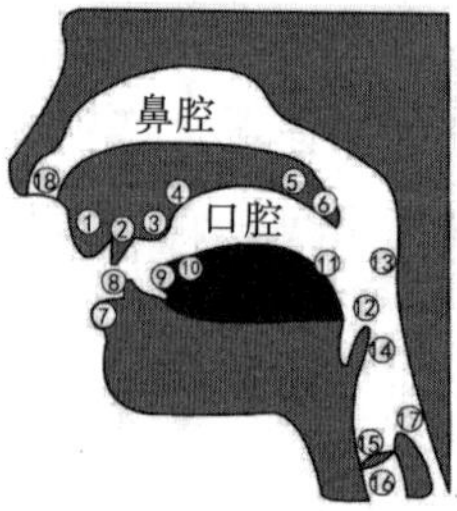

1.上唇	2.上齿	3.齿龈	4.硬腭
5.软腭	6.小舌	7.下唇	8.下齿
9.舌尖	10.舌面	11.舌根	12.咽腔
13.咽壁	14.会厌	15.声带	16.气管
17.食道	18.鼻腔		

图1 发音器官示意图

(三)语音的社会性质

语音不同于其他一般的声音,在社会交际活动中代表一定的意义,这种一定声音与一定意义的结合是使用这种语言的人们约定俗成的,也就是语音的社会性质。各民族语言和他们的方言语音系统,是一定地区的社会集团在长期的历史发展过程中形成的，语音的表意功能与语言的民族性、地域性密切相关，这也是语音社会性质的表现。

训练材料

我的童年（节选）　冰心

朗读 我的童年

因(yīn)着没有游伴，我很小就学习看书，得了个“好读书，不求甚解(shèn jiě)”的习惯。我的老师很(hěn)爱我，常(cháng)常教(jiāo)我背(bèi)些诗(shī)句，我似(sì)懂(dǒng)似不懂的，有时很能欣赏(néng xīn shǎng)。比如那“前不见古人，后不见来者。念天地之悠悠(yōuyōu)，独怆然(chuàng rán)而涕下”，我独立山头的时候，就常常默诵(mò sòng)它。

再大一点，学会了些精致(jīngzhì)的淘气，我的玩具已从铲(chǎn)子和沙桶，进步到蟋蟀罐(xī shuài guàn)同风筝(fēngzheng)，我收集美丽的小石子(xiǎo shí zǐ)，在瓷缸(cí gāng)里养着，我学作诗，写章回小说，但都不能终篇(zhōng piān)，因为(yīn wèi)我的兴趣(xìng qù)，仍(réng)在户外，低头伏案(fú àn)的时候很少(hěn shǎo)。

父亲喜欢种花养狗，公余之暇(zhī xiá)，这是他唯一的消遣(xiāo qiǎn)。因此我从小不怕动物，对于花木，更(gèng)有普遍的爱好。母亲不喜欢狗，却也爱花，夏夜我们常常在豆棚(dòu péng)花架下，饮啤酒(yǐn pí jiǔ)、汽水，乘凉(chéng liáng)。母亲很早就进去休息，父亲就带我到旗台上去看星(kàn xīng)，他指点(zhǐ diǎn)给我各个星座(xīng zuò)的名称(míng chēng)和位置(wèi zhi)。他常常说：“你看星星(xīngxing)是不是很多很小，而且离我们很远么？但是我们海上的人一时都离(lí)不了(liǎo)它。在海上迷路(mí lù)的时候看见星星就如同(rú tóng)看见家人一样。”因此我至今(zhì jīn)爱星甚于(shèn yú)爱月。

（选自《读给孩子的散文》，海燕出版社2016年12月第1版）

晓　　刘半农

火车(huǒchē)——永远是这么快——向前飞进(fēi jìn)。

天色渐渐地亮(liàng)了；不觉得长夜(cháng yè)已过，只觉(zhǐjué)车中(chēzhōng)的灯(dēng)，一点点地暗(àn)下来。

车窗(chēchuāng)外面——

起初是昏沉沉(hūnchénchén)的一片黑，慢慢露出(lòuchū)微光，露出鱼白的天，露出紫色，红色，金色(jīn sè)的彩霞。

是天上疏疏密密(shūshū mì mì)的云？是地上的沼泽(zhǎo zé)？丘陵(qiūlíng)？草木(cǎomù)？是流霞(liú xiá)？辨别(biànbié)不出。

太阳的光线，一丝丝(sī sī)透出来，照见(zhàojiàn)一片平原(píngyuán)，罩着层白蒙蒙(zhào zhe céng bái méng méng)的薄雾(bówù)。雾中隐(yǐn)隐约约，有几墩(dūn)绿油油的矮树(ǎi shù)。雾顶(wùdǐng)上，托着些淡淡的远山(yuǎnshān)。几处炊烟(chùchuīyān)，在山坳(shān'ào)里徐(xú)徐动荡(dòngdàng)。

这样(zhèyàng)的景色(jǐng sè)，是我生平(shēngpíng)第一次见到。

晓风轻轻吹(fēng qīng qīng chuī)来，很凉快(hěn liáng kuai)，很清(qīng)洁，叫我不甘心睡(gān xīn shuì)。

回看车中，大家东横(héng)西倒(dǎo)，鼾声(hān shēng)呼呼，现出那干——枯——黄——白——很可怜(kělián)的脸色(liǎnsè)！

只有一个三岁的女孩，躺在我的手臂上，笑眯眯(xiào mī mī)的，两颊(liǎng jiá)像苹果(píngguǒ)，映着朝阳(yìngzhe zhāoyáng)。

（选自《读给孩子的散文》海燕出版社2016年12月第1版）

第二节　声母训练

训练目标

1. 掌握声母的发音部位和发音方法。

2. 了解声母的分类。

3. 读准21个声母。

训练指导

一　普通话声母分类

声母是音节开头的辅音。普通话有21个辅音声母：b、p、m、f、d、t、n、l、g、k、h、j、q、x、zh、ch、sh、r、z、c、s。

声母的不同发音是由不同的发音部位、不同的发音方法决定的，可以根据声母发音部位、发音方法对声母进行分类。

（一）根据发音部位分类

发音部位，是指发音时气流受到阻碍的地方。按照发音部位，普通话声母可以分为七类。参见图2。

1. 双唇音，发音时上唇和下唇接触，阻塞气流而形成的音，有b、p、m。

2. 唇齿音，发音时上齿接触下唇内沿，阻碍气流而形成的音，有f。

3. 舌尖中音，发音时舌尖抵住上齿龈，阻碍气流而形成的音，有d、t、n、l。

4. 舌根音，发音时舌根抵住或接近软腭，阻碍气流而形成的音，有g、k、h。

5. 舌面音，发音时舌面前部抵住或接近硬腭前部，阻碍气流而形成的音j、q、x。

6. 舌尖前音（也称平舌音），发音时舌尖抵住或接近上齿背，阻碍气流而形成的音，有z、c、s。

7. 舌尖后音（也称翘舌音），发音时舌尖抵住或接近硬腭前部，阻碍气流而形成的音，有zh、ch、sh、r。

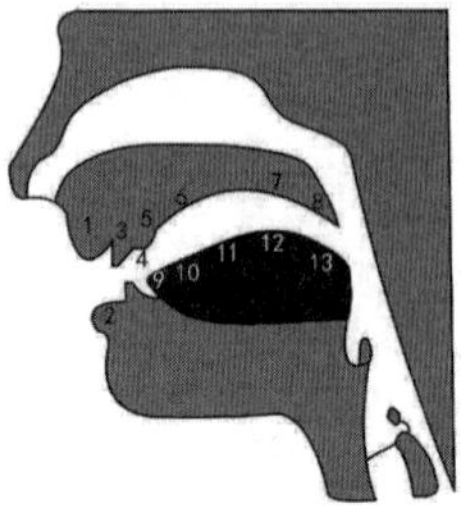

1.上唇　2.下唇
3.上齿　4.上齿背
5.上齿龈　6.硬腭前
7.硬腭中　8.软腭
9.舌尖前　10.舌尖中
11.舌尖后　12.舌面
13.舌根

声母	发音部位
b p m	上唇与下唇
f	上齿与下唇
z c s	舌尖与上齿背
d t n l	舌尖与上齿龈
zh ch sh r	舌尖与硬腭前
j q x	舌面与硬腭中
g k h	舌根与软腭

图2　普通话辅音声母发音部位

(二)根据发音方法分类

声母的发音方法是指发音时构成阻碍和消除这种阻碍的方法。声母的发音方法包括三个方面。

1.发音时构成和消除阻碍的方式,普通话声母可以分为五类。

(1)塞音,发音时发音部位完全闭合,软腭提升,气流积蓄在口腔中,冲破阻碍,爆破成声。如:b、p、d、t、g、k。

(2)擦音,发音时发音部位相对,留出一条窄缝,软腭上升,气流从窄缝中挤出,摩擦成声。如:f、h、x、sh、r、s。

(3)塞擦音,发音时部位开始完全闭合,气流积蓄在口腔中把阻碍部位冲开一条窄缝,从窄缝中挤出,摩擦成声。前一半是塞音,后一半是擦音,是塞音和擦音的结合。如:j、q、zh、ch、z、c。

(4)鼻音,发音时,口腔发音部位完全闭合,软腭下垂,打开鼻腔通道,气流振动声带,从鼻腔通过成声。如:m、n。

(5)边音,发音时舌尖抵住上齿龈,舌头两边留有空隙,软腭上升,阻塞鼻腔通道,气流振动声带,从舌头两边透出。如:l。

2.根据发音时声带是否振动,普通话声母可以分为清、浊两类。

(1)清声母,发音时声带不振动。如:b、p、f、d、t、g、k、h、j、q、x、zh、ch、sh、z、c、s。

(2)浊声母,发音时声带振动。如:m、n、l、r。

3.根据发音时呼出气流的强弱,声母中的塞音、塞擦音可以分为送气音和不送气音。

(1)送气音,发音时呼出气流较强的音。如:p、t、k、q、ch、c。

(2)不送气音,发音时呼出气流较弱的音。如:b、d、g、j、zh、z。

训练训练

二　声母发音训练

(一)双唇音b、p、m

上唇与下唇接触构成阻碍发出的声母。b和p的区别是在于前一个不送气,发音时气流较弱,后一个送气,发音时气流较强,而b、p和m的区别是前两个发音时软腭提起,气流从口腔出来,而后一个m口腔完全闭合,气流从鼻腔出来。

发音技巧:b、p发音时力量应集中在双唇中央,唇部收紧,接触有力。m发音时双唇紧闭,软腭、小舌下垂打开鼻腔通道声带振动,气流从鼻腔出来。

b:双唇不送气清塞音

bō	bù	běi	biǎo	bié	bào
波	步	北	表	别	暴

bǎibèi	biāobīng	biànbié	bēnbō	bēi bǐ
百倍	标兵	辨别	奔波	卑鄙

p:双唇送气清塞音

pī	pài	péi	pò	piǎo	pá
批	派	陪	破	瞟	爬

páipào	pá pō	pí páo	péngpài	pǐ pèi
排炮	爬坡	皮袍	澎湃	匹配

m:双唇浊鼻音

mā	mǐ	miǎo	miù	mǔ	móu
妈	米	秒	谬	亩	谋

měimiào	màimiáo	máimò	méimù	màomì
美妙	麦苗	埋没	眉目	茂密

(二)唇齿音f

f是上齿和下唇内缘接触构成阻碍发出的摩擦音。

发音技巧:上齿和下唇接触要自然,接触面不宜过大,不要用力咬住唇,要调理好气息,节制气流,避免杂音。

f:唇齿清擦音

fā	fǒu	fó	fèi	fú	fēi
发	否	佛	肺	服	飞

fèi fǔ	fā fàng	fàn fǎ	fēng fù	fēn fēi
肺腑	发放	犯法	丰富	纷飞

发音技能训练

唇的练习

1. 喷：双唇紧闭，阻住气流，突然打开，发出po（泼）音。

2. 撇：先把双唇闭紧，然后向左歪，再向右歪，交替进行。

3. 绕：先把双唇闭紧噘起，向左转三百六十度，再向右转三百六十度，交替进行。

训练材料

1. 单音节

b：	bā 巴	bài 拜	bēi 杯	běn 本	bēng 崩	bó 薄
p：	pā 趴	péi 陪	piāo 飘	pōu 剖	pěng 捧	pào 泡
m：	mí 弥	māo 猫	měi 美	móu 眸	miào 妙	mó 摩
f：	fǎ 法	fù 副	fèi 沸	fǒu 否	fáng 房	fēng 封

2. 双音节

b-p	bēnpǎo 奔跑	bēipán 杯盘	bī pò 逼迫	bànpiào 半票
b-m	bì miǎn 避免	bùmǎn 不满	biāomíng 标明	bāngmáng 帮忙
b-f	bù fá 不乏	bào fù 报复	bīngfēng 冰封	bōfàng 播放
p-b	péngbó 蓬勃	pí biān 皮鞭	pù bù 瀑布	pān bǐ 攀比
p-m	píngmù 屏幕	pòmiè 破灭	piāomiǎo 飘渺	pì měi 媲美
p-f	píngfēng 屏风	pín fá 贫乏	pèi fu 佩服	piāo fú 飘拂
m-b	mùbiāo 目标	màibó 脉搏	miǎobiǎo 秒表	móbài 膜拜
m-p	ménpiào 门票	míngpái 名牌	miànpén 面盆	miáopǔ 苗圃
m-f	mófàn 模范	miǎnfèi 免费	méng fā 萌发	mìfāng 秘方
f-b	fǎnbó 反驳	fēnbié 分别	fěibàng 诽谤	féngbiān 缝边

fú píng　　fèngpéi　　fā piào　　fānpán
f—p　浮萍　　奉陪　　发票　　翻盘

fènmèn　　fángmén　　fēn mì　　fánmáng
f—m　愤懑　　房门　　分泌　　繁忙

3.四音节成语

báshānshèshuǐ　　bì guān zì shǒu　　bǎi fā bǎizhòng　　bié jù yī gé
跋山涉水　　闭关自守　　百发百中　　别具一格

pángguānzhěqīng　　pǎomǎguānhuā　　pǔtiāntóngqìng　　pūtiāngài dì
旁观者清　　跑马观花　　普天同庆　　铺天盖地

máoshǒumáojiǎo　　mǎdàochénggōng　　mòmíng qí miào　　mèngmèi yǐ qiú
毛手毛脚　　马到成功　　莫名其妙　　梦寐以求

fā yángguāng dà　　fēishāzǒushí　　fēngchuīcǎodòng　　fǎ bù zé zhòng
发扬光大　　飞沙走石　　风吹草动　　法不责众

4.绕口令

(1)葡萄皮儿　　p

吃葡萄(pútao)不吐(tǔ)葡萄皮(pí)儿,不吃葡萄倒(dào)吐葡萄皮儿。

(2)爸爸抱宝宝　　b—p—m

爸爸抱(bào)宝宝,跑到布铺(bù pù)买布做长袍(chángpáo)。宝宝穿了长袍不会跑,跑了八步就拉破(lā pò)了布长袍,布长袍破(pò)了还要用布补,再跑到布铺买布做长袍。

(3)白庙和白猫　　b—m

白庙(báimiào)外蹲(dūn)一只白猫(báimāo),白庙里有一顶(dǐng)白帽(mào)。白庙外的白猫看见了白帽,叼(diāo)着白庙里的白帽跑出了白庙。

(三)舌尖中音 d、t、n、l

d、t、n、l 是舌尖抵住上齿龈,气流在这一部位受到阻碍后发出的音。

发音技巧:发音部位要准确,舌尖要有力度,弹开时不要拖泥带水。

d:舌尖中不送气清塞擦音

dā　dài　dí　duǒ　dǒu　diào
搭　带　敌　躲　陡　钓

dǎ dǐ　dú dào　dāndiào　dāngdài　duàndìng
打底　独到　单调　当代　断定

t:舌尖中送气清塞擦音

tā　tài　tǐ　tīng　tiáo　tiě
它　泰　体　听　条　铁

tiào tái 跳台　tī tián 梯田　tūn tǔ 吞吐　tuī tuō 推脱　tàn tǎo 探讨

n:舌尖中浊鼻音

nà 那　nǎi 乃　nuó 挪　nù 怒　niū 妞　nèi 内

nán nòng 难弄　nóng nú 农奴　ní nìng 泥泞　niǔ niē 扭捏　nǎo nù 恼怒

l:舌尖中浊边音

lā 拉　lái 来　lěi 累　lǎo 老　luò 洛　liú 流

liào lǐ 料理　lán lǚ 褴褛　luó liè 罗列　láo lì 劳力　lǜ liǔ 绿柳

发音技能训练

舌的练习

1. 弹:口半开,先将力量集中于舌尖,抵住上齿龈,阻住气流,然后突然打开,爆发出 te 音。

2. 顶:闭唇,用舌尖顶左、右腮内颊,交替进行。

3. 绕:闭唇,把舌尖放在唇后齿前,先顺时针方向环绕三百六度,再逆时针方向环绕三百六十度,交替进行。

训练训练

1. 单音节

d:dǎo 岛　diāo 叼　duó 夺　dú 读　diū 丢　dòu 斗

t:tuī 推　tào 套　tái 台　tàng 趟　tú 图　tuǒ 妥

n:nǎo 脑　ní 尼　něi 馁　nǎ 哪　nài 耐　nuò 糯

l:luò 洛　lóu 楼　liú 刘　liáo 聊　luán 峦　liè 烈

2. 双音节

d-t　dì tú 地图　dòng tài 动态　dōng tiān 冬天　dú tè 独特

d-n　diàn nǎo 电脑　dōng nán 东南　duān ní 端倪　dāo niàn 叨念

dào lǐ　duànliáng　dú lì　duòluò
d-l　道理　断粮　独立　堕落

tuīdòng　tài dǔ　tè dì　tíngdùn
t-d　推动　太堵　特地　停顿

tóunǎo　tóngnián　tuóniǎo　tǐ néng
t-n　头脑　同年　鸵鸟　体能

tǎolùn　tí liàn　tiáo lì　tuō lì
t-l　讨论　提炼　条例　脱粒

niándài　nèi dì　liú dòng　nǐ dìng
n-d　年代　内地　流动　拟定

nóngtián　niútóu　ní tán　nèitīng
n-t　农田　牛头　泥潭　内厅

niánlíng　nú lì　néng lì　lái lì
n-l　年龄　奴隶　能力　来历

lúndūn　láodòng　lǎngdú　lóudào
l-d　伦敦　劳动　朗读　楼道

liáotiān　liú tōng　lǐng tǔ　lù tú
l-t　聊天　流通　领土　路途

lì nián　lěngnuǎn　liǎng nián　lǒngnán
l-n　历年　冷暖　两年　陇南

3.四音节成语

dàgōnggàochéng　duōkuàihǎoshěng　dǐngtiān lì dì
大功告成　多快好省　顶天立地

tónggāngòngkǔ　tōutiānhuàn rì　tiězhèng rú shān
同甘共苦　偷天换日　铁证如山

nùhuǒzhōngshāo　néngshuōhuìdào　nánfēnnán jiě
怒火中烧　能说会道　难分难解

lǐ yìngwàihé　luòhuā liú shuǐ　láokǔ gōnggāo
里应外合　落花流水　劳苦功高

4.绕口令

(1)白石塔　d-t

白石塔(tǎ),白石搭(dā),白石搭白塔,白塔白石搭,搭好白石塔,白塔堡(bǎo)又大。

(2)打特盗　d-t

调(diào)到(dí dǎo)敌岛打特盗(tè dào),特盗太刁(diāo)投短刀,推挡(dǎng)顶(dǐng)打短刀掉,踏(tà)盗得刀盗打倒(dǎo)。

(四)舌根音g、k、h

g、k、h是舌根和软腭相接触或接近,气流在这一部位受阻碍后发出的音。

发音技巧：舌根与软腭小舌成阻点可以有意识地前移，避免发音含混，提高字音的清晰度。

g：舌根不送气清塞擦音

gē　gǎng　gù　gǎi　gēng　guó
歌　港　顾　改　耕　国

gǒnggù　gāoguì　gěnggài　gōnggǎo　gǔgé
巩固　高贵　梗概　供稿　骨骼

k：舌根送气清塞擦音

kāi　kǎn　kòu　kào　kuí　kuò
揩　砍　扣　靠　魁　廓

kāngkǎi　kěkào　kèkǔ　kōngkuàng　kāikǒu
慷慨　可靠　刻苦　空旷　开口

h：舌根清擦音

hái　hēi　hòu　huǒ　huá　hào
孩　黑　厚　伙　滑　耗

huǎnhé　héhuā　húnhòu　huānhū　huìhuà
缓和　荷花　浑厚　欢呼　绘画

发音技能训练

舌根练习

1. 弹发：口腔半开，先让软腭下垂接触舌根，舌根向上隆起抵住软腭，突然用力弹开，发出ke音。

2. 挺软腭：口腔半开，舌根用力下压，软腭小舌向上抬升，扩大咽腔空间。

训练材料

1. 单音节

g：gū 孤　guàng 逛　gěi 给　gòu 购　guǒ 裹　gé 隔

k：kǎo 烤　kōu 抠　kōng 空　kuì 愧　kuáng 狂　ké 咳

h：huái 踝　hào 号　hǒu 吼　hē 喝　hài 骇　huí 回

2. 双音节

g-k　gàikuò 概括　gōngkāi 公开　gōngkè 功课　guǎngkuò 广阔

guìhuā　gēnghuàn　guānghuán　géhé
g—h　桂花　更换　光环　隔阂

kāigōng　kǎogǔ　kǒnggāo　kuānguǎng
k—g　开工　考古　恐高　宽广

kǎohé　kùnhuò　kēhuàn　kuàhǎi
k—h　考核　困惑　科幻　跨海

hángài　hòuguǒ　hóngguān　huíguī
h—g　涵盖　后果　宏观　回归

hǎikǒu　héngkōng　huāngkǒng　háikuǎn
h—k　海口　横空　慌恐　还款

3.四音节成语

gēgōngsòngdé　gāotánkuòlùn　guāngcǎiduómù
歌功颂德　高谈阔论　光彩夺目

kāijuànyǒuyì　kòurénxīnxián　kěgēkěqì
开卷有益　扣人心弦　可歌可泣

hàodàxǐgōng　háoqíngzhuàngzhì　hǎikūshílàn
好大喜功　豪情壮志　海枯石烂

4.绕口令

(1)哥挎瓜筐过宽沟　g—k

gē kuà kuāng kuān gǎn kuài guài gǒu kòu gǔn kōng

哥挎瓜筐过宽沟，赶快过沟看怪狗，光看怪狗瓜筐扣，瓜滚筐空哥怪狗。

(2)哥哥捉鸽　g—k—h

hé zhuō gē gē gē qǐng chēng lè hē hē

哥哥过河捉个鸽，回家割鸽来请客，客人吃鸽称鸽肉，哥哥请客乐呵呵。

5.短文

幼儿园中的小路　谢强

qīngzhuān wānqū shéng zi jì zhe mèng

幼儿园中那条青砖小路，像一条弯曲的绳子，系着我童年的梦。

wǎlán kuān shēnpángzāizhe dōngqīng jí biàn hándōng wānyán

小路是瓦蓝的，不足一米宽，它身旁栽着的冬青，即便是寒冬，它也是青色的，像一条蜿蜒的青

朗读
幼儿园中的小路

shé　　zhuìmǎn　　chūnxià　　xuàn lì　　zhēn

蛇。它的周围缀满了花草。到了春夏,那开得绚丽的花朵,真像幼

xiàoliǎn　nàmedòngrén　　wǔmèi　　jiāonèn

儿的张张笑脸,那么动人,那么妩媚,那么娇嫩。我的童年就是在这

chōngmǎn　xìng fú　huān lè

里度过的,充满了幸福和欢乐。

zǎochen　　zì yóu de niǎo er　　huā tán　　qiāo

每天早晨,我像一只自由的鸟儿从这条小路飞向花坛,飞向跷

qiāo　　dì fang　　shī lù lù　　zhēnhuá

跷板、滑滑梯和小秋千的地方。那湿漉漉的路面,真滑,好几次把我

shuāidǎo　lǜ róngróng　xiǎntáimǒ　liǎn　liáng jìn jìn　hǎowén de

摔倒。绿茸茸的藓苔抹在脸上,凉浸浸的,怪好闻的呢。

（选自《小主持人语言能力训练》,湖南科学技术出版社2011年8月第1版）

(五)舌面音j、q、x

j、q、x是舌面前部抵住或接近硬腭前部,气流在这一部位受到阻碍后形成的音。

发音技巧:

发音时舌尖放在下齿龈,不要接触下齿或在上下齿之间,注意避免尖音。

j:舌面不送气清塞擦音

jiā　jué　jù　jiǎo　jiǎng　jí

加　绝　剧　脚　奖　集

jìngjiè　jī jiàng　jiā jū　juéjiàng　jiāo jì

境界　激将　家居　倔强　交际

q:舌面送气清塞擦音

qī　qiáo　qiǎng　qiú　qiè　qǔ

期　桥　抢　球　窃　取

qiàqiǎo　qíngqù　qí qū　quèqiè　qí qiú

恰巧　情趣　崎岖　确切　祈求

x:舌面清擦音

xiàng　xǐ　xiū　xiǎo　xuē　xióng

向　洗　修　小　靴　熊

xué xí　xíngxiàng　xiōng qì　xiáng xì　xuānxiè

学习　形象　凶器　详细　宣泄

发音技能训练

舌面练习

刮：舌尖抵住下齿龈，上齿的齿尖用力刮舌面，从前向后刮舌尖、舌叶、舌面。

训练材料

1.单音节

j：即(jí) 街(jiē) 假(jiǎ) 掘(jué) 胶(jiāo) 距(jù)

q：器(qì) 掐(qiā) 窍(qiào) 囚(qiú) 抢(qiǎng) 缺(quē)

x：夏(xià) 型(xíng) 朽(xiǔ) 消(xiāo) 旭(xù) 鞋(xié)

2.双音节

j-q 架起(jià qǐ) 激情(jī qíng) 捡起(jiǎn qǐ) 酒泉(jiǔ quán)

j-x 畸形(jī xíng) 巨响(jù xiǎng) 娇羞(jiāo xiū) 就绪(jiù xù)

q-j 巧计(qiǎo jì) 求解(qiú jiě) 取决(qǔ jué) 切忌(qiè jì)

q-x 切削(qiē xiāo) 缺席(quē xí) 掐下(qiā xià) 屈膝(qū xī)

x-j 谢绝(xiè jué) 下架(xià jià) 孝敬(xiào jìng) 血迹(xuè jì)

x-q 雪球(xuě qiú) 卸去(xiè qù) 需求(xū qiú) 休憩(xiū qì)

3.四音节成语

积少成多(jī shǎo chéng duō) 假公济私(jiǎ gōng jì sī) 精益求精(jīng yì qiú jīng)

旗鼓相当(qí gǔ xiāng dāng) 恰如其分(qià rú qí fèn) 求同存异(qiú tóng cún yì)

喜形于色(xǐ xíng yú sè) 逍遥自在(xiāo yáo zì zài) 兴致勃勃(xìng zhì bó bó)

4.绕口令

(1)一葫芦酒 j

一葫芦(hú lu)酒，九两(liǎng)六(liù)；一葫芦油，六两九。六两九的油，要换(huàn)九两六的酒;九两六的酒,要换六两九的油。

(2)天上七颗星　　q-x

天上(shang)七颗(kē)星(xīng),树上七只鹰(yīng),梁(liáng)上七只钉(dīng),台上七盏(zhǎn)灯(dēng)。拿扇(shàn)煽(shān)了灯(dēng),用手拔了钉(dīng),举枪打了鹰,乌云(wūyún)盖了星(xīng)。

(六)舌尖后音zh、ch、sh、r

zh、ch、sh、r是舌尖后移上抬,接触或接近硬腭前部构成阻碍发出的音,又叫翘舌音。

发音技巧:

发音时注意放松下巴,打开牙关,提颧肌,唇向两边稍用力,保持微笑的状态,唇贴齿,减少气流在唇齿间的摩擦,提高字音的清晰度。

zh:舌尖后不送气清塞擦音

zhà	zhuō	zhǎo	zhuī	zhǎi	zhá
炸	拙	找	追	窄	闸

zhīzhū	zhùzhái	zhuāngzhōu	zhězhòu	zhuózhuàng
蜘蛛	住宅	庄周	褶皱	茁壮

ch:舌尖后送气清塞擦音

chāo	chú	chuō	chè	chǒu	chuí
抄	除	戳	彻	瞅	垂

chūchǎng	chōuchá	chāichú	chéngchè	chuōchuān
出场	抽查	拆除	澄澈	戳穿

sh:舌尖后清擦音

shī	shè	sháo	shǒu	shāi	shuò
诗	摄	韶	首	筛	烁

shāshāng	shāoshuǐ	shèshǒu	shíshàng	shuōshū
杀伤	烧水	射手	时尚	说书

r:舌尖后浊擦音

rì	rēng	ruǐ	rě	ráo	ruò
日	扔	蕊	惹	饶	弱

rú ruò	rǎorǎng	róng rù	róuruò	rè róng
如若	扰攘	融入	柔弱	热容

发音技能训练

1.叩齿:口腔半开,打开牙关,保持上下牙槽平行,上下用力咬合、松开,交替进行。

2.卷舌：舌头沿中纵线隆起，呈圆锥状，保持着这种状态用力向上、向内卷舌尖，舌与下颚相连的筋有绷紧、酸痛的感觉，平放、上卷交替进行。

训练材料

1.单音节

zh：值（zhí） 眨（zhǎ） 酌（zhuó） 浙（zhè） 粥（zhōu） 抓（zhuā）

ch：吹（chuī） 柴（chái） 巢（cháo） 齿（chǐ） 茶（chá） 踹（chuài）

sh：输（shū） 甩（shuǎi） 瘦（shòu） 稍（shāo） 傻（shǎ） 谁（shuí）

r：茹（rú） 乳（rǔ） 肉（ròu） 热（rè） 偌（ruò） 嚷（rāng）

2.双音节

zh-ch 职场（zhíchǎng） 榨出（zhàchū） 找茬（zhǎochá） 蛀虫（zhùchóng）

zh-sh 灼伤（zhuóshāng） 驻守（zhùshǒu） 债市（zhàishì） 智商（zhìshāng）

zh-r 植入（zhí rù） 赘肉（zhuìròu） 抓绒（zhuāróng） 招惹（zhāo rě）

ch-zh 查找（cházhǎo） 超重（chāozhòng） 抽脂（chōuzhī） 出招（chūzhāo）

ch-sh 插手（chāshǒu） 池水（chíshuǐ） 朝上（cháoshàng） 抽射（chōushè）

ch-r 初乳（chū rǔ） 耻辱（chǐ rǔ） 愁容（chóuróng） 揣入（chuāi rù）

sh-zh 时装（shízhuāng） 摄政（shèzhèng） 耍诈（shuǎzhà） 率直（shuàizhí）

sh-ch 刹车（shāchē） 说唱（shuōchàng） 受潮（shòucháo） 刷成（shuāchéng）

sh-r 稍弱（shāoruò） 首日（shǒu rì） 湿热（shī rè） 殊荣（shūróng）

r-zh 热衷（rè zhōng） 乳汁（rǔ zhī） 弱智（ruòzhì） 揉皱（róuzhòu）

r-ch 日程（rì chéng） 柔肠（róucháng） 绕场（ràochǎng） 如潮（rú cháo）

r-sh 瑞士（ruìshì） 弱势（ruòshì） 入睡（rù shuì） 惹事（rě shì）

3.四音节成语

zhǐchǐtiānyá　　zhāobīngmǎimǎ　　zhī bǐ zhī jǐ
咫尺天涯　　招兵买马　　知彼知己

chù lèi pángtōng　　chī kǔ nàiláo　　chìzhàfēngyún
触类旁通　　吃苦耐劳　　叱咤风云

shíshìqiúshì　　shìdé qí fǎn　　shì rú pòzhú
实事求是　　适得其反　　势如破竹

rú yú dé shuǐ　　ruòwú qí shì　　rù qíng rù lǐ
如鱼得水　　若无其事　　入情入理

4.绕口令

(1)朱叔除竹笋　　zh-ch-sh

zhū jiā　zhūzhú　zhúsǔnchūzhǎngchū　chùchùchú　zhǔ　gānkū
朱家一株竹,竹笋初长出。朱叔处处锄,锄出笋来煮。锄完不再出,朱叔没笋煮,竹株又干枯。

(2)知道不知道　　zh-sh-r

rènshi　shíjiànshǐ　zhēnzhī　zhīdao　zhuāng　shíshìqiúshì　dìng　bùzhébúkòu
认识从实践始,实践出真知。知道就是知道,不知道就是不知道。不要知道说不知道,也不要不知道装知道。老老实实,实事求是,一定要做到不折不扣的真知道。

(3)晒人肉　　zh-sh-r

rì tou rè　shàirénròu　nánshòu　zhí
日头热,晒人肉,晒得心里好难受。晒人肉,好难受,晒得头上直冒油。

(七)舌尖前音z、c、s

z、c、s是舌尖平伸抵住或接近上齿背,气流在这一部位受到阻碍后发出的音,又叫平舌音。

发音技巧:先把舌尖向上抬起来,抵住上齿背,避免舌尖在上下齿之间,发成齿间音。注意舌尖与上齿背接触面要小,力量要集中。

z:舌尖前不送气清塞擦音

zī　zài　zú　zuǐ　zāo　zòu
资　载　族　嘴　糟　奏

zuìzǎo　zǔ zōng　zì zé　zāozuì　zàizào
最早　祖宗　自责　遭罪　再造

c：舌尖前送气清塞擦音

cái	cā	cù	cè	cǎo	còu
才	擦	醋	测	草	凑

cū cāo	cǐ cì	cáocāo	cuī cù	cāi cè
粗糙	此次	曹操	催促	猜测

s：舌尖前清擦音

sī	sǎ	sāi	suǒ	sè	sǒu
思	洒	腮	所	瑟	擞

sè sù	suǒ sī	sōusuǒ	sù sòng	sī suì
色素	所思	搜索	诉讼	撕碎

训练材料

1.单音节

	zāi	zéi	zào	zǒu	zé	zuì
z：	栽	贼	噪	走	泽	醉
	cǎi	cuì	cuò	cáo	còu	cī
c：	踩	脆	挫	嘈	凑	呲
	sì	sǎo	sà	suō	sè	sú
s：	寺	扫	萨	梭	涩	俗

2.双音节

	zuǒ cè	zá cǎo	zǎocāo	zǐ cài
z－c	左侧	杂草	早操	紫菜
	zǒusàn	zǔ sè	zàisān	zuòsuì
z－s	走散	阻塞	再三	作祟
	cí zǎo	cāozuò	cā zuǐ	cuìzǎo
c－z	辞藻	操作	擦嘴	脆枣
	còushù	cù sǐ	cǎi sè	cè suǒ
c－s	凑数	猝死	彩色	厕所
	sù zào	sāi zi	sè zé	sǐ zuì
s－z	塑造	塞子	色泽	死罪
	sōucáng	sū cuì	suǒ cì	sī cǔn
s－c	搜藏	酥脆	所赐	思忖

3.四音节成语

zì dé qí lè	zài jiē zài lì	zuòwú xū xí
自得其乐	再接再厉	座无虚席
cè mù ér shì	cǐ qǐ bǐ fú	cǎomù jiē bīng
侧目而视	此起彼伏	草木皆兵
sī sī rù kòu	sǐ yǒu yú gū	suǒxiàngwú dí
丝丝入扣	死有余辜	所向无敌

4.绕口令

(1)做早操　z—c

早晨(zǎochen)早早起，早起做早操(cāo)。人人(rénrén)做早操，做操身体好(shēn tǐ hǎo)。

(2)子词丝　z—c—s

四十四(sì shí sì)个字和词(zì hé cí)，组成(zǔ chéng)一首(shǒu)子词丝的绕口词。桃子李(lǐ)子梨子栗子桔子柿子槟(bīn)子和榛(zhēn)子，栽满(zāimǎn)院子村子和寨(zhài)子。刀子斧子凿(záo)子锤(chuí)子刨(bào)子尺子，做出桌子椅子和箱子。名词动词数词量词代词副词助词连词，造成语词诗词和唱词。蚕(cán)丝生(shēng)丝熟(shú)丝缫(sāo)丝染(rǎn)丝晒(shài)丝纺丝织(zhī)丝，自制粗(zhì cū)丝细丝人造(rénzào)丝。

5.短文

秋　实　　刘增山

朗读 秋实

秋天了，成熟(chéngshú)的果实(guǒshí)却低下了头，它不是在孤芳(gū fāng)自赏(zì shǎng)，也不是在自我陶醉(zì wǒtáozuì)，更不是在哀泣(āi qì)自己将跌落枝头(diēluòzhī tóu)。它是在想：我是怎样成熟(zěnyàngchéngshú)的呢？

不是风(shìfēng)，我怕早已霉烂(zǎo yǐ méilàn)了；

不是雨，我怕早已干瘪(gānbiě)了；

不是光，我怕早已苍白(cāngbái)了；

不是热(rè)，我怕早已憔悴(qiáocuì)了。

世界上有不经(jīng)过风吹雨打(fēngchuīyǔ dǎ)而成熟的果实吗？

世界上有不经过光射日晒(guāngshè rì shài)而成熟的果实吗？

（选自《小主持人语言能力训练》，湖南科学技术出版社2011年8月第1版）

春的林野（节选）　许地山

朗读 春的林野

chūnguāng wànshān gèng xièlòu chí
春光在万山怀抱里，更是泄露得迟。那里的
mànyóu bóyún fēng shāo
桃花还是开着；漫游的薄云从这峰飞过那峰，有时稍
tíng dǎngzhù jiào yīnxià
停一会儿，为的是挡住太阳，教地面的花草在它的荫下
guāngyàn hè
避避光焰的威吓。

yīnchù shān xī zhǎngmǎn wēijué fèngwěi
岩下的荫处和山溪的旁边长满了薇蕨和其他凤尾草。红、
lán zǐ zhuì lǜ yīn
黄、蓝、紫的小草花点缀在绿茵上头。

lín zhōng jīn yīng shéhuáng qīngfēng
天中的云雀，林中的金莺，都鼓起它们的舌簧。轻风把它们
shēngyīn jǐ chéng fēnsòng shānzhōng shēngwù
的声音挤成一片，分送给山中各样有耳无耳的生物。桃花
tīng rù shén jīn bú zhù fěn lèi níng
听得入神，禁不住落了几点粉泪，一片一片凝在地上。小草花听得大
zuì hèzheshēngyīn dǎo zhèndìng
醉，也和着声音的节拍一会儿倒，一会儿起，没有镇定的时候。

（选自《读给孩子的散文》，海燕出版社2016年12月第1版）

三　声母辨正

普通话是以北京语音为标准音，各个方言声母与普通话声母存在差异，因此学习普通话要进行方音声母辨正，纠正自己的方音说准普通话声母。

（一）分辨j q x，z c s和zh ch sh

普通话里，舌面音j、q、x，舌尖前音z、c、s，舌尖后音zh、ch、sh，区分得很清楚。

发音技巧：

在普通话中，舌面音j、q、x跟i、ü或以i、ü开头的韵母拼合的音，叫团音；舌尖前音z、c、s跟舌面元音i、ü或以i、ü开头的韵母拼合的音，叫尖音。普通话里，没有尖音，只有团音。舌面音位置靠前，发音时舌尖接触上下齿或在上下齿之间，就会出现尖音现象。

舌尖前音z、c、s是舌尖跟上齿背接触或接近形成的音，发音时容易出现

的问题是舌尖不够尖，形成舌面前部与上齿龈接触面过大产生嘈音；另外就是舌尖与上齿背没有成阻，舌尖放在了上下齿之间，发成了齿间音。

舌尖后音zh、ch、sh发音时，舌尖翘起后，顶住或接近硬腭前部，与舌尖前音z、c、s比较，舌尖前音舌面中部凹陷度较浅，舌尖后音舌面中部凹陷度较深。参见图3。

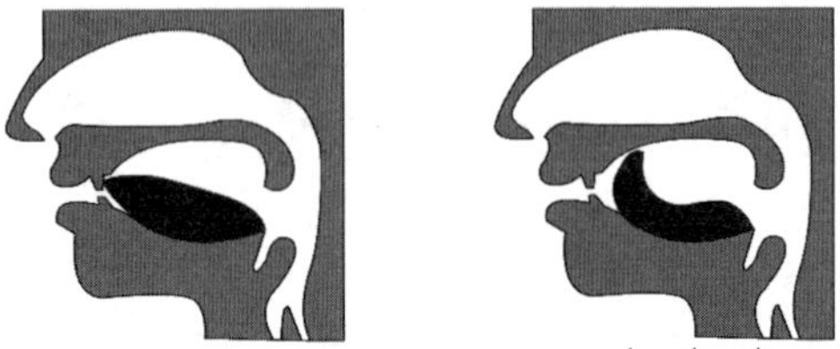

z、c、s　　zh、ch、sh、r

图3　声母z、c、s和zh、ch、sh、r发音比较

发音技能训练

舌的练习：

伸卷——先将舌向前平伸出口腔，舌沿中纵线隆起，呈圆锥状，保持这种状态，舌用力向上、向内卷，抵住软腭和小舌，前伸、上卷交替进行。

训练材料

1.双音节

j-z	jí zào 急躁	jiā zú 家族	jiǔ zuì 酒醉	jù zǔ 剧组
j-c	jiàocái 教材	jīngcǎi 精彩	jì cuò 记错	jiē céng 阶层
j-s	jiù suàn 就算	jiě suǒ 解锁	jiā sù 加速	jì sì 祭祀
q-z	qiǎozuǐ 巧嘴	qiǎ zi 卡子	qiú zū 求租	qiǎngzǒu 抢走
q-c	qí cì 其次	qiáocuì 憔悴	qiángcái 墙材	qiūcǎo 秋草
q-s	qǐ sù 起诉	qià sì 恰似	qiāosuì 敲碎	qiē sī 切丝
x-z	xǐ zǎo 洗澡	xiàzǎi 下载	xiāozāi 消灾	xiézuò 协作
x-c	xiū cí 修辞	xiěcuò 写错	xiōngcán 凶残	xiāngcè 相册

xiāosǎ　xiūsè　xí sú　xiàngsù
x-s　潇洒　羞涩　习俗　像素

zá zhá　zé zhé　zāi zhāi　zāo zhāo　zōu zhōu
z-zh　杂-闸　责-哲　灾-摘　遭-招　邹-粥

zì lì zhì lì　zāihuā zhāihuā　xiǎozōu xiǎozhōu
自立-智力　栽花-摘花　小邹-小周

cí chí　cā chā　cè chè　cǎo chǎo　cāi chāi
c-ch　辞-持　擦-插　测-撤　草-吵　猜-拆

cáng cháng　yǒu cì yǒuchì　yī cè yī chē
藏-常　有刺-有翅　一册-一车

cānghuáng chǎnghuǎng
仓皇-惝恍

sǎ shǎ　sī shī　sǎo shǎo　sǒu shǒu　suō shuō
s-sh　洒-傻　思-诗　扫-少　擞-首　梭-说

sú shú　sì shí shìshí　sǎnguāng shǎnguāng
俗-熟　四十-适时　散光-闪光

sāshǒu shāshǒu
撒手-杀手

zá zhì　zū zhù　zàizhí　zàozhǐ
z-zh　杂质　租住　在职　造纸

zhìzuò　zhǎo zé　zhuīzōng　zhùzào
zh-z　制作　沼泽　追踪　铸造

cū chá　cì chū　cǎichē　cāochí
c-ch　粗茶　刺出　彩车　操持

chī cù　chǎocài　chū cì　chóucuò
ch-c　吃醋　炒菜　初次　筹措

sè shuāi　sǎoshì　sù shè　suíshǒu
s-sh　色衰　扫视　宿舍　随手

shūsòng　shài sǐ　shí sì　shuǐ sè
sh-s　输送　晒死　十四　水色

2. 四音节成语

jià qīng jiù shú　jīngtiāndòng dì　jiǒngjiǒngyǒushén　jí rú xīnghuǒ
j　驾轻就熟　惊天动地　炯炯有神　急如星火

qǐ yǒu cǐ lǐ　qǔ zhī bú jìn　qí chǐ dà rǔ　qí mào bù yáng
q　岂有此理　取之不尽　奇耻大辱　其貌不扬

xiàoróng kě jū　xiètiānxiè dì　xī xī xiāngguān　xí yǐ wéicháng
x　笑容可掬　谢天谢地　息息相关　习以为常

zé wúpángdài　zuòchīshānkōng　zuìkuíhuòshǒu　zì yǐ wéishì
z　责无旁贷　坐吃山空　罪魁祸首　自以为是

cáishūxuéqiǎn　cānghǎisāngtián　cǎocǎoliǎoshì　cāngcuìyù dī
c　才疏学浅　沧海桑田　草草了事　苍翠欲滴

sú bù kě nài　sǐ qù huó lái　suíshēng fù hé　sì tōng bā dá
s　俗不可耐　死去活来　随声附和　四通八达

zhìgāowúshàng　zhèngzhòng qí shì　zhīwú bù yán　zhǎngshàngmíngzhū
zh　至高无上　郑重其事　知无不言　掌上明珠

chéngshàng qǐ xià　chàngsuǒ yù yán　chéngzhúzàixiōng　chōngchū hǔ kǒu
ch　承上启下　畅所欲言　成竹在胸　冲出虎口

shǐzhōng rú yī　shìbàngōngbèi　shùshǒuwú cè　shào bù gèngshì
sh　始终如一　事半功倍　束手无策　少不更事

3.绕口令

(1)七加一　j-q

děng
七加一,七减一,加完减完等于几?

七加一,七减一,加完减完还是七。

(2)撕字纸　z-zh　s-sh

chuāng　hú zì zhǐ　sī　cì
刚往窗上糊字纸,你就隔着窗户撕字纸。一次撕下横字纸,一次撕

shù　héngshù　sì shí sì zhāngshī　shì
下竖字纸,横竖两次撕了四十四张湿字纸。是字纸你就撕字纸,不是

hú luàn
字纸,你就不要胡乱地撕一地纸。

(3)辨读　z-zh　c-ch　s-sh

zhǎo　niàn zǎo　zāo　zhāo　luàn cǎo　chǎo　zhì zào
找到不念早到,遭到不念招到,乱草不念乱吵,制造不念

zì
自造。

shōu　sōu　chāng　cāng　zhāng　zāng　zāi　zhāi　zì lì
收不念搜,昌不念仓,张不念脏,栽花不念摘花。自力不念

zhì　zànshí　zhàn　dà zì　dà zhì　yì céng　chéng　cǎomù　chǎo
智力,暂时不念战时,大字不念大志,一层不念一成。草木不念炒

cān jiā　chān　sì shí　shìshí　sāngē　shāngē　sāi　shāi　sú
木,参加不念掺加,四十不念事实,三哥不念山歌。塞子不念筛子,俗

shú　sàn　shǎnguāng　sǎ wǎng　shā　sān　shān
语不念熟语,散光不念闪光,撒网不念纱网,三山不念山山。

4.诗歌

纸船　冰心

kěnwàng qì yì zhāngzhǐ
我从不肯妄弃一张纸,

zǒngshì liú zhe
总是留着——留着,

diéchéng yī zhī yì zhīhěnxiǎo de chuán er
叠成一只一只很小的船儿，

zhōushàngpāoxià
从舟上抛下海里。

tiānfēngchuīdàozhōuzhōng chuāng
有的被天风吹到舟中的窗里，

dǎshī zhān chuántóushang
有的被海浪打湿，沾在船头上。

朗读 纸船

réngshì
我仍是不灰心的每天叠着，

zǒng néng liú dì fang
总希望有一只能流到我要它到的地方去。

tǎngruò nǐ mèngzhōng
母亲，倘若你梦中看见一只很小的白船儿，

jīng yà rù mèng
不要惊讶它无端入梦。

zhèshì zhì ài
这是你挚爱的女儿含着泪叠的，

wànshuǐqiānshān zàizhe bēi āi
万水千山，求它载着她的爱和悲哀归去。

（选自《小主持人语言能力训练》，湖南科学技术出版社2011年8月第1版）

5.短文

水的赞歌　　杨石

shuǐ shēngmìng yáolán zuìzǎo dànshēng
水是生命的摇篮。地球上最早的生命是从水里诞生的。

cóng zì rán qí shí běnshēn
从自然科学的角度来看，水是无机物。其实，水的活动本身是一

tiàoyuè shǒuchōngmǎn zhàn shèng lì
个跳跃着的生命，是一首充满着战斗和胜利的凯歌。

zhǐ cì qīngquán huòzhě rú yīn lǜ cǎo
你大概不止一次看见从地下冒出来的清泉，或者在如茵的绿草

tǎng juānjuān xì liú
边淌着的流水吧？你有没有注意到，当它还是涓涓细流的时候，就表现

juéjiàng yì zhì wàngshèng rénmen lánzhù céng tè
了倔强的意志和旺盛的生命力？人们为了拦住一洼泉水，曾特

yì shíkuài zhǎng qīngcǎo diǎnzhuì
意挖了个小潭，潭口围着石块，潭边上长上青草，还点缀着五颜六

wèicháng shú xi ān
色的野花。对于刚刚冒出地面的泉水来说，这未尝不是一个熟悉的、安

yì mán liú liánchángyáng zhídàochūnhuādiāoxiè
逸的小天地。它蛮可以在这里留连徜徉，直到春花凋谢，秋草枯

黄，让这些东西沉落(chénluò)到潭底，变成(chéng)渣滓(zhā zǐ)，连同自己一起在干涸(gānhé)的冬季成为一滩(tān)烂(làn)泥(ní)。但是，不，涓滴之水(juān dī zhīshuǐ)，志在(zhìzài)海洋。小水潭挽留(wǎn liú)不了它，小石块阻拦(zǔ lán)不住(zhù)它，小花草吸引(xī yǐn)不了它。打了一个转身(zhuǎnshēn)，滑下斜坡(xié pō)，它唱着歌，汩汩(gǔ gǔ)地向前流去。

流水到海洋去的意志(yì zhì)是坚定(jiāndìng)的。它日夜奔忙(bēnmáng)，无休无止(zhǐ)，永不停(tíng)下前进步伐。但是，当它还是细流(xì liú)的时候并(bìng)不被人注意；为了去东南大海，有时还不得不绕(rào)过西北高山，因为它还缺乏(quē fá)巨大的威力。直至(zhízhì)走过了无数的九曲十三弯(jiǔ qǔ shísān wān)，汇合了许多径流(jìng liú)以后，它壮大(zhuàng dà)了，成(chéng)了小溪(xī)河(hé)。就在这个时候，它面临(miàn lín)了严峻(yán jùn)的考验，来到悬崖(xuán yá)之前。怪石(guài shí)狰狰(zhēngzhēng)、岩峭立(yánqiào lì)，多少人在这里会胆战心惊(dǎnzhànxīnjīng)！水在这里却表现了坚强的意志。为了到海洋去，它反而加快了脚步，毫不犹豫(háo bù yóu yù)地冲下去。它冲着岩石溅起(jiàn qǐ)无数雾珠(wùzhū)，映(yìng)出半天虹彩(hóngcǎi)，发出震耳(zhèn ěr)轰鸣(hōngmíng)。一瞬间(shùnjiān)，又在岩下重新聚合(chóngxīn jù hé)起来，迈开脚步，继续前进。我看过不少瀑(pù)布。不论是世界有名的黄果树大瀑布，庐山瀑布或是鼎湖(dǐng hú)瀑布和从化的百丈飞(bǎizhàng fēi)涛(tāo)，都具有同样的性质(xìngzhì)，都表现得同样刚烈(gāng liè)。从来，人们总爱把水作为温柔(wēnróu)的象征(xiàngzhēng)，说什么“似水柔情(sì shuǐróuqíng)”。在严峻的考验面前，在决定性的时刻，水却如此坚定(jiāndìng)、勇猛(yǒngměng)，表现了义无反顾(yì wúfǎngù)的，为追求(zhuīqiú)伟大理想而献身(xiànshēn)的崇高精神(chónggāojīngshén)。

北方的江河有冰冻(bīngdòng)，南方的江河多险滩(xiǎntān)。封江后的流水艰难地活动在冰层(bīngcéng)之下，沉着(chénzhuó)而有毅力。在险滩峡谷中的流水则那么慷慨(kāngkǎi)激昂(jī áng)，威武雄壮(wēiwǔxióngzhuàng)。它对准拦路(zhǔnlán lù)的礁石(jiāoshí)和危崖(wēiyá)，聚起巨大的浪头(làngtóu)，全力扑去，粉身碎骨(fěnshēnsuìgǔ)，在所不计。倏忽(shūhū)之间，蔚成(wèichéng)一幅“乱石穿空，惊涛拍岸，卷起千堆雪”的壮丽图画。礁石和危崖年年被削弱(xuēruò)，终于崩塌(bēng tā)到江心里去了，而水却冲出了最后一个峡谷，浩浩荡荡，一泻千里(yī xièqiān lǐ)，奔到大海里去。出了三门峡的黄河，出了三峡的长江，乃至我们南方出了肇庆峡(zhàoqìngxiá)的西江，出了清远峡(qīngyuǎnxiá)的北江，都莫不如此。这个时候，回过头来看一看，后面云山万里(yúnshānwàn lǐ)，重重叠叠(chóngchóngdiédié)，路途那么艰险；看一看前面，海阔天空，红霞如醉(hóngxiá rú zuì)，无限前程(wúxiànqiánchéng)。江水豪迈地笑了。

当然，入海口并非目的地，毋宁(wúnìng)说，这才是生活的真正开始(zhēnzhèngkāishǐ)。你看，展(zhǎn)开在江水面前的是一片多么浩瀚(hàohàn)的世界啊！海洋是多么活跃(huóyuè)喧闹(xuānnào)啊！有时它呼啸奔腾(hūxiàobēnténg)，排山倒海(páishāndǎo)，百尺高湖蓦地(mò dì)而起；有时它碧浪皴皴(bì làngcūncūn)，银波细细(yínbō xì xì)，温存(wēncún)地轻抚(qīng fǔ)着沙滩；有时它互相追逐(zhuīzhú)，与海鸥共作欢乐的嬉笑(xī xiào)；有时它深入(shēn rù)谜一样的海底，滋育(zī yù)着玉树琼瑶(yù shùqióngyáo)。它要挟(yāoxié)着温带和热带的暖流(nuǎn liú)，乘长风(chéngchángfēng)而鼓万里浪(gǔ wàn lǐ làng)，去消融(xiāoróng)南北极地的冰雪(bīngxuě)；它要带着人民(rénmín)的愿望(yuànwàng)和战斗的友情(yǒuqíng)，从东半球流向西半球。

（选自《春草集》花城出版社1984年8月第1版）

（二）分辨n、l

在普通话中，n、l区别明显，它们的发音部位相同，都是舌尖中音，舌尖抵住上齿龈构成阻碍，不同的是它们的发音方法。n是鼻音，发音时，气流从鼻腔流出。l是边音，发音时，气流从舌的两边流出。参见图4。

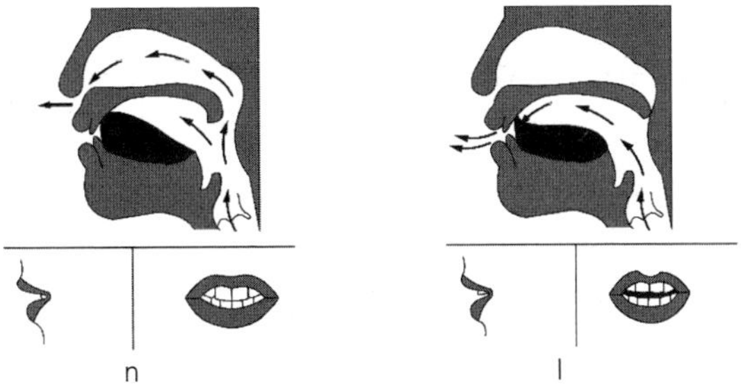

图4 n和l发音口腔示意图

发音技巧：

n在发音时，上下齿稍稍接近，舌面前部抬升贴在上齿龈处，阻塞口腔气流通道，接触面较大，让气流从鼻腔通过。l在发音时，上下齿距离稍大，嘴唇向两边稍稍咧开一点，利于气流通过，舌尖呈圆锥状顶住上齿龈，接触面较小，舌两边空开，让气流从舌的两边透出。

发音技能训练

舌的伸卷练习，有助于区分n、l的发音，l在发音时，舌尖是呈圆锥状，沿中纵线隆起的状态接触上齿龈的，舌的伸卷练习有助于提高学习者对舌的控制能力，发好n、l。

训练材料

1.单音节

nà něi náo niū nuò nè
n 纳 馁 挠 妞 诺 讷

là lěi láo liū luò lè
l 辣 垒 劳 溜 落 乐

2.双音节

nǚ kè lǚ kè nán zǐ lán zi nánzhù lánzhù liú niàn liú liàn
n—l 女客—旅客 男子—篮子 难住—拦住 留念—留恋

shuǐniú shuǐ liú niúnián liú nián nǎo lì láo lì nǎo zi lǎo zǐ
水牛—水流 牛年—流年 脑力—劳力 脑子—老子

ní lóng nài lì ná lái niúláng néngliàng
n—l 尼龙 耐力 拿来 牛郎 能量

liáoníng lǎonián luònàn lěngníng lì niào
l—n 辽宁 老年 落难 冷凝 利尿

3.四音节成语

néngzhěduōláo nù fà chōngguān nòngjiǎ chéngzhēn nùxíng yú sè
n 能者多劳 怒发冲冠 弄假成真 怒形于色

lěngruòbīngshuāng liú yán fēi yǔ lái zhě bù jù láo ér wúgōng
l 冷若冰霜 流言蜚语 来者不拒 劳而无功

4.绕口令

（1）练一练 念一念 n—l

liàn yi liàn niàn yi niàn fēnbiàn
练一练，念一念，n、l要分辨。l是边音舌旁空，n是鼻音舌边贴。

lái niàn　lèi　nán　nǔ lì　nánguān
你来练，我来念，不怕累，不怕难，齐努力，攻难关。

(2)满　懒　难　n-l

mǎn lǎn nán
学习就怕满、懒、难，心里有了满、懒、难，不看不钻就不前。心里丢

néng
掉满、懒、难，永不自满边学边干，蚂蚁也能搬泰山。

5.诗歌

小路　高帆

lù

冬天的小路，
chōutuóluó xiǎngbiān
是我抽陀螺的响鞭；
chūntiān
春天的小路，
fēngzheng chángxiàn
是我放风筝的长线；
夏天的小路，
lù mǎn kūnchóngyīnyuè chàngpiàn
是录满了昆虫音乐会的唱片；
秋天的小路，
tán niǎoer huānxiào qínxián
是弹着鸟儿欢笑的琴弦。
小路啊小路，
cǎidài jì zheyáolán
像一条彩带系着摇篮——
duōshǎo lè mènghuàn
摇着多少欢乐多少梦幻，
wúyōuwú lǜ tóngnián
摇着我无忧无虑的童年……

朗读 小路

（选自《小主持人语言能力训练》，湖南科学技术出版社2011年8月第1版）

(三)分辨f、h

在普通话里，声母f、h发音方法相同，都是清擦音，不同的是发音部位。f发音时，上门齿接近下唇内缘形成阻碍；h发音时，舌根向上抬升与软腭接近形成阻碍。参见图5。

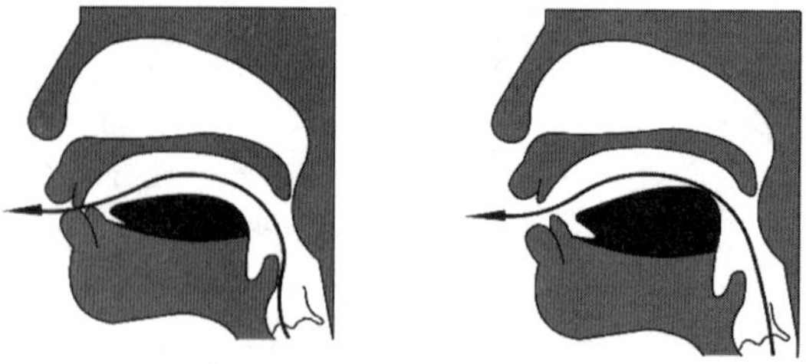

f　　　　　　h

图5　f和h发音口腔示意图

发音技巧：f发音时，上齿和下唇内缘是轻轻接触的；h发音时，上下唇齿都不接触。

训练材料

1.单音节

f　发 fā　飞 fēi　否 fǒu　房 fáng　疯 fēng　福 fú

h　哈 hā　黑 hēi　吼 hǒu　航 háng　亨 hēng　户 hù

2.双音节

f-h　开发 kāi fā－开花 kāihuā　公费 gōngfèi－公会 gōnghuì　放行 fàngxíng－航行 hángxíng

废话 fèihuà－绘画 huìhuà　开方 kāifāng－开荒 kāihuāng　护士 hùshì－富士 fù shì

f-h　发挥 fā huī　绯红 fēihóng　防火 fánghuǒ　复核 fù hé　腐化 fǔ huà

h-f　合法 hé fǎ　候风 hòufēng　恢复 huī fù　好肥 hǎoféi　哈佛 hā fó

3.四音节成语

f　飞扬跋扈 fēiyángbáhù　风平浪静 fēngpínglàngjìng　防患未然 fánghuànwèirán　富丽堂皇 fù lì tánghuáng

h　海阔天空 hǎikuòtiānkōng　好为人师 hàowéirénshī　和平共处 hépínggòngchǔ　皓月当空 hàoyuèdāngkōng

4.绕口令

(1)理发和理化　f-h

我们要学理化（lǐ huà），他们要学理发（lǐ fà）。理化不是理发，理发也不是理化。理化理发要分清（fēnqīng），学会了理化却不会理发，学会了理发也不一定（bù yí dìng）会理化。

(2)华华和红红　f–h

华华有两件粉红（fěnhóng）衣，红红有两件太空服（tàikōng fú）。华华想要太空服，红红想穿粉红衣。华华送红红一件粉红衣，红红给华华一件太空服，她们每人都有一件粉红衣和太空服。

(四)分辨l、r和i

普通话里，l是舌尖中浊边音，发音时舌尖抵住上齿龈，气流从舌两边透出。r是舌尖后浊擦音，发音时舌尖后缩，向上翘起，对着硬腭前部，留出一条窄缝，气流通过时摩擦发声。i是舌面前高不圆唇元音，发音时舌尖平放在下齿龈，舌面前部略微隆起，唇向两边用力。

发音技巧：i、l、r三个发音相比较，i的舌尖位置最低，平放在下齿龈，整个舌体在发音过程中不与口腔上颚部位接触；l发音时与r相比较位置靠前，要抵住上齿龈，与上齿龈接触；r发音时，舌尖翘起来，对着硬腭前部，不与上颚部位接触。

训练材料

1.单音节

i	益 yì	摇 yáo	雅 yǎ	油 yóu	拥 yōng	杨 yáng
l	丽 lì	撩 liāo	路 lù	柳 liǔ	隆 lóng	凉 liáng
r	日 rì	饶 ráo	入 rù	揉 róu	染 rǎn	瓤 ráng

2.双音节

r–l	出入（chū rù）–出路（chū lù）	好热（hǎo rè）–好乐（hǎo lè）	例如（lì rú）–利禄（lì lù）	温柔（wēnróu）–文楼（wénlóu）
	褥子（rù zi）–路子（lù zi）	岔路（chà lù）–插入（chā rù）	热为（rè wéi）–乐为（lè wéi）	荣幸（róngxìng）–龙形（lóngxíng）
r–i	日本（rì běn）–译本（yì běn）	绕室（ràoshì）–要事（yàoshì）	如若（rú ruò）–以弱（yǐ ruò）	大儒（dà rú）–大鱼（dà yú）
	溶解（róng jiě）–拥挤（yōng jǐ）	揉搓（róucuō）–有错（yǒucuò）	仍旧（réng jiù）–营救（yíng jiù）	
	让价（ràng jià）–养家（yǎng jiā）			

3.四音节成语

yì xīn yí yì　yì rú jì wǎng　yáoyáowú qī　yóuqiānghuádiào
i　一心一意　一如既往　遥遥无期　油腔滑调

lì wǎnkuánglán　lángbèiwéijiān　lí xīn lí dé　liáoyuánzhīhuǒ
l　力挽狂澜　狼狈为奸　离心离德　燎原之火

rè huǒcháotiān　rì xīnyuè yì　ráoyǒuxìngwèi　rú jiāo sì qī
r　热火朝天　日新月异　饶有兴味　如胶似漆

4.诗歌

我记得　(白俄罗斯)唐克

朗读 我记得

jì de
我记得

mǔqin
母亲上床休息，

zǒngshìděng　huǒkàng　shuì
总是等孩子们在火炕上睡了，

jìn
等进了窝的鸡睡了，

fángyán　lián
等挂在房檐下的镰睡了，

lú zào　màozheyān　huǒ
等炉灶里冒着烟的火睡了，

zhùcángshì　chā zi
等贮藏室里的叉子和盘子睡了，

jǐngshuǐzhàoyǐng zi　píngguǒshù
等对着井水照影子的苹果树睡了，

báiguànniǎocháo
等白鹳鸟巢上空的云睡了，

zhuāngjia qǐ fú yáodàng
等被庄稼起伏摇荡的田野里的路睡了。

zěnnéng rù shuì
今晚，我怎能入睡？

jì rán
既然想起了母亲，

wǎngshì　xǐng
一切往事便都醒了，

我的记忆

zěnnéngānrán
怎能安然入睡？

（选自《小主持人语言能力训练》，湖南科学技术出版社2011年8月第1版）

5.短文

看月（节选）　叶圣陶

住在上海"弄堂(nòngtáng)房子"里的人对于月(yuè)亮的圆缺隐现(yǐnxiàn)是不甚关心(shènguānxīn)的。所谓"天井(tiānjǐng)",不到一丈(zhàng)见方的面。至少(zhìshǎo)十六支光的电灯(diàndēng)每间里总得(zǒngděi)挂一盏(zhǎn)。环境(jìng)限定(dìng),不容你关心到月亮的便利(biàn lì)。走到路上,还没"断黑"已经一连串(liánchuàn)地亮(liàng)了街灯(jiē dēng)。有月亮吧,就像多了一盏灯。没有月亮吧,犹如(yóu rú)一盏街灯损坏(sǔnhuài)了,没有亮起来。谁留(liú)意这些呢?

去年夏天,我曾经(céngjīng)说过不大听(tīng)到蝉声(chánshēng),现在说起月亮,我又觉得许久不看见月亮了。只记得某夜夜半醒(xǐng)来对窗(chuāng)的收音机已经(yǐ jing)沉寂(chén jì),隔壁(gé bì)的"麻将"也歇了手(xiē le shǒu),各家的电灯都已熄灭,一道象牙色的光从南(nán)窗(chuāng)透进来,把窗棂印(chuānglíngyìn)在了我的被袱(bèi fú)上。我略微(lüèwēi)感到惊(jīng)异,随即(suí jí)想到原来(yuán lái)是月亮光。好奇地要看看月亮本身(běnshēn),我向窗外望。但是,一会儿月亮被云遮没(zhēmò)了。

最(zuì)好的月色我也曾(céng)看过。那时在福州(fú zhōu)的乡下,地当闽江(mǐnjiāng)一折的那个角上。某夜,靠着楼栏直望(lóu lán zhí wàng)。闽江正(zhèng)在上潮(shàng cháo),受着月亮,成为水银(chéngwéishuǐyín)的洪流(hóng liú)。江岸诸山略微笼罩(zhūshānlüèwēilǒngzhào)着雾气,好像不是平日(píng rì)看惯的那几座山(zuòshān)了。月亮高高停(tíng)在天空,非常舒泰(shū tài)的样子。从江岸直到我的楼下是一大片沙坪(shāpíng),月光照着,茫然(mángrán)一白,但也带点儿青(qīng)的意(yì)味(wèi)。不知什么(shénme)地(dì)方送来(lái)晚香玉(wǎnxiāngyù)的香气。也许是月亮的香气吧,我这么想。我心中不起一切杂念(zá niàn),大约历(lì)一刻钟之久,才回转身(zhuǎnshēn)来。看见蛎粉墙(lì fěnqiáng)上印(yìn)着我的身影(shēnyǐng),我于是重(chóng)又意识(yì shi)到了我。

（选自《读给孩子的散文》,海燕出版社2016年12月第1版）

落叶　徐志摩

我又再次见到了那飘散(piāosàn)着的一片片落叶(luòyè)。

见到落叶并(bìng)不稀奇(xī qí)，但是这是在春天(chūntiān)，四月(sì yuè)的春天！春天见得最多的应(yīng)是傲然怒放(àorán nùfàng)的鲜花和春风得意(chūnfēng dé yì)的杨柳(yáng liǔ)，而不是这像蝴蝶一(hú dié yì)般(bān)在空中翩翩(piānpiān)起舞，萦绕(yíngrào)的落叶。我看着地上的落叶，有三种不同颜色：翡翠般绿(fěicuìbān lǜ)的，金(jīn)子般黄的，火一般红的，真(zhēn)可以说是色彩繁多(sè cǎifánduō)了。今年似乎(sì hū)与往年不同，春天的落叶特别多，几乎(jī hū)在每一棵树旁，都会有一片片落叶静静(jìngjìng)地躺在那儿等(děng)着清洁(qīng jié)工来打扫(dǎsǎo)。

有些地方的叶子更(gèng)多。我家附近(fù jìn)的一个公园里，成堆(chéngduī)的落叶铺散(pūsàn)在石路上，没有什(shén)么人来打扫(dǎsǎo)这里。一次，我放学来到这里，踩(cǎi)着已经没有水分(shuǐfèn)的落叶，发出簌簌(sù sù)的响声(xiǎngshēng)，好像叶子碎(suì)了。但细心(xì xīn)一点就会发现，这里的落叶竟(jìng)一片也没有碎裂(suì liè)。

落叶有很(hěn)多种(zhǒng)，按季节，可以分为春夏秋冬四个季节的叶子；按树木，可以分为梨(lí)树叶、桃树叶、樟树(zhāngshù)叶等形态(xíng tài)各异的叶子；按颜色，可以分为红、绿、黄三种颜色。

谁(shéi)都知道，落叶是秋的使者(shǐzhě)，在秋天，会有许许多多的落叶像仙女(xiān nǚ)一样飘落(piāoluò)下来，但在春天，也会有许多落叶的。其实(qí shí)，每一个季节都会有落叶的，包括在寒风凛冽(hánfēng lǐn liè)的冬天，四季常青(chángqīng)的樟树也会有落叶。

（选自《读给孩子的散文》，海燕出版社2016年12月第1版）

从百草园到三味书屋(节选)　　鲁迅

不必说碧绿(bì lǜ)的菜畦(cài qí)，光滑(guāng huá)的石井栏(shí jǐng lán)，高大的皂荚树(zào jiá shù)，紫红的桑葚(sāng shèn)；也不必说鸣蝉(míng chán)在树叶里长吟(zhǎng yín)，肥胖(féi pàng)的黄蜂(huáng fēng)伏(fú)在菜花上，轻捷(qīng jié)的叫天子(云雀)忽然从草(cóng cǎo)间直窜(zhí cuàn)向云霄(yún xiāo)里去了。单是周围的短短的泥墙根(ní qiáng gēn)一带，就有无限趣味(qù wèi)。油蛉(yóu líng)在这里低吟(yín)，蟋蟀(xī shuài)们在这里弹琴(tán qín)。翻开断砖(duàn zhuān)来，有时会遇见蜈蚣(wú gōng)；还有斑蝥(bān máo)，倘若(tǎng ruò)用手指按住(àn zhù)它的脊梁(jǐ liáng)，便会啪(pā)的一声(shēng)，从后窍(hòu qiào)喷(pēn)出一股烟雾(yān wù)。何首乌藤(téng)和木莲藤缠络(lián téng chán luò)着，木莲有莲房一般的果实(guǒ shí)，何首乌有臃肿(yōng zhǒng)的根。有人说，何首乌根是有像人形(xiàng rén xíng)的，吃了便可以成仙(chéng xiān)，我于是常常拔(bá)它起来，牵连不断(qiān lián bú duàn)地拔起来，也曾因(céng yīn)此弄坏(nòng huài)了泥墙(ní qiáng)，却从来没有见过有一块根像人样(rén yàng)。如果不怕刺(cì)，还可以摘(zhāi)到覆盆子(fù pén zǐ)，像小珊瑚珠(shān hú zhū)攒成(cuán chéng)的小球，又酸(suān)又甜，色味(sè wèi)都比桑葚(sāng shèn)要好得远。

冬天的百草园比较(bǐ jiào)无味；雪一下，可就两样(liǎng yàng)了。拍雪人(将自己的全形(quán xíng)印(yìn)在雪上)和塑(sù)雪罗汉需要人们鉴赏(jiàn shǎng)，这是荒园(huāng yuán)，人迹罕至(rén jì hǎn zhì)，所以不相宜(xiāng yí)，只好来捕鸟(bǔ niǎo)。薄薄(báo báo)的雪，是不行的；总须积雪盖了地面一两天，鸟雀(niǎo què)们久已无处觅食(mì shí)的时候才好。扫开一块雪，露出(lòu chū)地面，用一枝短棒(duǎn bàng)支起一面大的竹筛(zhú shāi)来，下面撒些秕谷(bǐ gǔ)，棒上系(jì)一条长绳(shéng)，人远远地牵着，看鸟雀下来啄食(zhuó shí)，走到竹筛底下的时候，将绳子一拉，便罩住(zhào zhu)了。但所得的是麻雀居多，也有白颊(bái jiá)的“张飞鸟”，性(xìng)子很躁(hěn zào)，养不过夜的。

（选自《读给孩子的散文》，海燕出版社2016年12月第1版）

白蝴蝶之恋

刘白羽

春意甚浓(chūn yì shèn nóng)了,但在北方还是五风十雨(wǔ fēng shí yǔ),春寒料峭(chūn hán liào qiào),一阵暖人心意(nuǎn rén xīn yì)的春风刚刚吹过,又来了一片沁人心脾(qìn rén xīn pí)的冷雨(lěng yǔ)。

我在草地上走着,忽然,在鲜嫩(xiān nèn)的青草(qīng cǎo)上看到一只雪白(xuě bái)的蝴蝶。蝴蝶给雨水打落(dǎ luò)在地面上,沾湿(zhān shī)的翅膀(chì bǎng)轻微(qīng wēi)地簌簌颤(sù sù chàn)动着,张不开来。它奄奄一息(yǎn yǎn yì xī),那么逝(shì)去,但它白得像一片雪花,轻柔纤细(qīng róu xiān xì),楚楚动人(chǔ chǔ dòng rén),多么可怜(kě lián)啊!

它们哪儿来?要飞向哪儿去?我痴痴(chī chī)望着它,忽然像一滴圣洁(shèng jié)的水滴落在灵魂深处(líng hún shēn chù),我的心灵(xīn líng)给一道白闪闪(bái shǎn shǎn)的柔软(róu ruǎn)的而强烈(qiáng liè)的光照亮(zhào liàng)了。

我弯下身(shēn),小心翼翼(xiǎo xīn yì yì)地把白蝴蝶捏(niē)起来,放在手心里。

这已经冻僵(dòng jiāng)了的小生灵(shēng líng)发蔫(fā niān)了,它的细细的足脚动弹(dòng tan)了一下,就歪倒(wāi dǎo)在我手心中。

我用口呵(hē)着气,送给(sòng gěi)它一丝温暖(wēn nuǎn),蝴蝶渐渐苏醒(sū xǐng)过来。它是给刚才那种强暴(qiáng bào)的风雨惊懵(jīng měng)了吧?不过,它确实是太纤细(xiān xì)了。你看,那白茸茸(bái róng róng)的像透明(tòu míng)的薄纱(báo shā)翅膀,两根黑色的须向前伸展(shēn zhǎn)着,两点黑漆似的眼睛(hēi qī shì de yǎn jing),几只像丝一样细的脚。可是,这纤细的小生灵(shēng líng),它飞翔(fēi xiáng)出来是为了寻觅什么呢(xún mì shén me ne)?在这阴晴不定(yīn qíng bú dìng)的天气里,它表现出寻求者何等非凡(hé děng fēi fán)的勇气。

这时,风过去了,雨也过去了,太阳用明亮(liàng)的光辉照满宇宙(zhào mǎn yǔ zhòu),照满人间,一切都那样晶莹(jīng yíng),那样明媚(míng mèi),树叶由嫩绿变成深绿(nèn lǜ biàn chéng shēn lǜ)了,草地上开满小米粒那样黄的小花朵，我把蝴蝶放在盛满(chéngmǎn)阳光的一片嫩叶上。我向草地上漫步而去了，但我的灵魂(línghún)里在呐喊(nàhǎn)——开始像很遥远(hěnyáoyuǎn)，很遥远……我还以为天空中又来了风(fēng)，来了雨，后来我才知道就在我的心(xīn)灵深处(língshēnchù)：你为什么把一个生灵弃之不顾(qì zhī bú gù)？……于是我折身(zhéshēn)又走回去，又走到那株古老婆娑(pósuō)的大树那儿。谁知那只白蝴蝶缓缓(huǎnhuǎn)地、缓缓地在树叶上蠕动(rú dòng)呢！我不惊动(jīngdòng)它，只静静(jìngjìng)地看着，阳光闪发(shǎn fā)着一种淡红色，在那叶片上颤悸(chàn jì)、燃烧(ránshāo)，于是带来了火，热，光明(guāngmíng)，生命(shēngmìng)，雨珠给它晒(shài)干，风沙给它扫净(sǎojìng)了，那树叶像一片绿玻璃(lǜ bō li)片一样透明(tòumíng)、清亮(qīngliàng)。

我那美丽的白蝴蝶呀！我那勇敢(yǒnggǎn)的白蝴蝶呀！它试了几次，终于一(yí)跃而起(yuè ér qǐ)，展翅飞翔(zhǎnchìfēixiáng)，活泼伶俐(huópōlíng lì)地在我周围翩翩飞舞(piānpiānfēiwǔ)了好一阵，又向清明如洗(qīngmíng rú xǐ)的空中冉冉(rǎnrǎn)飞去，像一片小小的雪花，愈飞愈远，消失不见了。

这时，一江春水在我心(xīn)头轻轻地荡漾(qīngqīng de dàngyàng)了一下。在白蝴蝶危难(wēinàn)时我怜悯(liánmǐn)它。可是当它真正(zhēnzhèng)的自由翱翔而去(áoxiáng ér qù)时，我又感到如此失落(shīluò)、怅惘(chàngwǎng)。“唉，人啊人……”我默默伫(zhù)立了一阵(zhèn)，转身(zhuǎnshēn)向青草地走去。

（选自《如何成功朗诵》，石油工业出版社2002年1月第1版）

第三节　普通话韵母训练

训练目标

1. 了解韵母分类。

2. 读准39个韵母。

训练指导

一　韵母分类和发音

(一)韵母的分类

普通话一个音节中声母后面的部分,称为韵母。普通话有39个韵母,主要有元音构成,有的韵母由元音加上鼻辅音n或者ng构成。韵母可以按照以下两种不同的标准进行分类:

1.根据韵母的结构成分,韵母可以分为单韵母、复韵母、鼻韵母三种类型。

单韵母,也叫单元音韵母,是由一个元音构成的韵母,如ɑ、o、e、i等。

复韵母,也叫复元音韵母,是由两个或三个元音构成的韵母,如ɑi、ei、iɑo、iou等。

鼻韵母,也叫带鼻音的韵母,是由元音带上鼻辅音韵尾(n、ng)构成的韵母,如ɑn、en、uɑn、ɑng、eng、ueng等。

2.根据韵母开头元音的发音口型,可以把韵母分为四种,就是传统音韵学所说的"四呼"。

开口呼,是韵母部分以舌面元音ɑ、o、e,卷舌元音er,舌尖元音-i(zi ci si zhi chi shi ri)开头的韵母,如ɑo 、ei 、ou 、er等。

齐齿呼,是韵母部分以i开头的韵母,如i 、iɑ 、iou 、in 、ing、ie等。

合口呼,是韵母部分以u开头的韵母,如u、uɑ、uei、uen 等。

撮口呼,是韵母部分以ü开头的韵母,如ü、üe、ün、üɑn等。

(二)韵母的发音

1.单韵母

普通话有10个单韵母,是由单元音构成的。根据发音时舌头的不同部位和状态,单韵母可以分为舌面单韵母、舌尖单韵母、卷舌单韵母三类。

(1)舌面单韵母

舌面单韵母有7个:ɑ、o、e、ê、i、u、ü。不同的舌面单韵母是由舌位的前后、舌位的高低、唇形的圆展决定的。

舌位是指发音时舌面隆起的部位。舌位前后,是指舌位的前伸后缩。如发i音时,舌位是舌面前部隆起,发u音时,明显感到舌头后缩,舌面后部隆起。根据舌位的前后，元音可以分为前元音、央元音、后元音。

舌位的高低是指舌位距离上腭的远近，舌位离上腭近的，叫舌位高；离上腭远的，叫舌位低。舌位的高低同口腔的开闭程度有关。开口度大的，舌位低；开口度小的，舌位高。根据舌位的不同可以把元音分为高元音、半高元音、中元音、半低元音、低元音。

唇形的圆展，圆唇是指两唇呈圆形；展唇，也称为扁唇，是指两唇舒展成扁平形状或自然状态。根据唇形的圆展，可以把元音分成圆唇元音和不圆唇元音。

依照上面三种情况绘制普通话10个元音舌位图。参见图6。

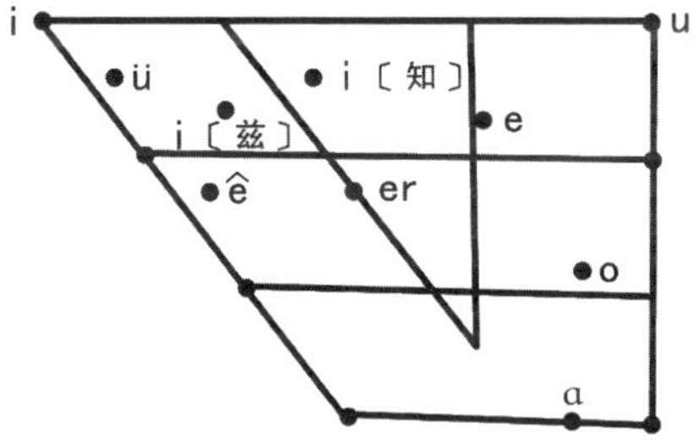

图6　普通话10个元音的舌位图

发音技巧：

ɑ发音时上下牙齿保持一个手指的宽度，舌前部降低，放在下齿龈，舌位中部隆起舌体放松，唇向两边稍用力，气流通过时振动声带。

o发音时口半开，舌头后缩，舌面后部隆起，上下唇贴紧牙齿拢成正圆，气流通过时振动声带。

e发音时舌位略高稍偏前，上下齿半个手指的开口度，嘴唇向左右两边稍用力，气流通过时振动声带。

ê发音时口半开，上下齿保持三分之一手指宽度，舌头前伸，舌面前部隆起，嘴唇向左右两边稍用力展开，气流通过振动声带。ê的主要用途，是与i、ü组成复韵母。

i发音时上下齿接近，口微开，舌头前伸，舌面前部尽量抬高隆起，接近硬腭，嘴唇用力向两边展开，呈扁平状，气流通过时振动声带。

u发音时舌头后缩，舌面后部隆起尽力抬高，接近软腭，嘴唇拢成小圆孔，上下唇型呈小正圆形，贴紧牙齿，气流通过时振动声带。

ü发音时舌头前伸，舌面前部尽力抬升，接近硬腭，嘴唇前撮，拢成扁圆状，嘴角用力贴紧牙齿，气流通过时振动声带。

ɑ舌面央低不圆唇元音

ā	fá	dǎ	tà	lā	zhǎ
阿	罚	打	踏	拉	眨

chànà	zá tà	dàmǎ	fā dá	bā dā
刹那	杂沓	大码	发达	吧嗒

o舌面后中圆唇元音

fó	bō	pò	mò	bó	pǒ
佛	波	破	莫	薄	笸

pōmò	mópò	bōmó	mòmò	bóbó
泼墨	磨破	剥膜	默默	勃勃

e舌面后半高不圆唇元音

sè	shé	gē	tè	zhē	shě
瑟	蛇	歌	特	遮	舍

hégé	gēshě	tèshè	sè zé	kèchē
合格	割舍	特设	色泽	客车

ê舌面前中不圆唇元音

biē	piě	què	jué	niē	xiē
憋	撇	却	掘	捏	歇

piēkāi	yì piē	juéduì	quēshǎo	xiēxíng
撇开	一瞥	绝对	缺少	楔形

i舌面前高不圆唇元音

tī	yí	lǐ	ní	bī	pǐ
踢	疑	理	泥	逼	匹

jī tǐ	lì yì	lì jí	jī qì	bǐ qì
肌体	利益	立即	机器	鄙弃

u舌面后高圆唇元音

gū	fú	lù	nù	mǔ	hū
孤	福	露	怒	亩	呼

hùzhù	gǔwǔ	túshū	dū cù	chūbù
互助	鼓舞	图书	督促	初步

ü舌面前高圆唇元音

qū	yú	jù	lǜ	xū	nǚ
趋	鱼	据	绿	需	女

yǔqū	qūyú	jù jū	nǚxù	lǚ jū
雨区	趋于	聚居	女婿	旅居

训练材料

1.单音节

shā sā bá dā tǎ là
a 沙 撒 拔 搭 塔 辣

bō pò fó mò bó pō
o 播 魄 佛 墨 搏 颇

gē é hē kě dé lè
e 鸽 额 喝 渴 德 乐

liè niè jiē jué qiè qué
ê 烈 啮 街 崛 怯 瘸

yì jí nǐ xī qí lì
i 益 极 拟 希 奇 利

wù gǔ dǔ lú tú zhǔ
u 务 鼓 赌 炉 途 煮

lǚ jù xú qū lǜ jǔ
ü 屡 巨 徐 驱 律 咀

2.双音节

shāmò báhé bā lí fā fú fǎ yǔ
a 沙漠 拔河 巴黎 发福 法语

bōzhé pō là mòhé mó lì fó yǔ
o 波折 泼辣 墨盒 磨砺 佛语

è mó gēshě dédào chè dǐ tè shū
e 恶魔 割舍 得到 彻底 特殊

liè kāi nièchǐ jièjué jué qǐ yì piē
ê 裂开 啮齿 戒绝 崛起 一瞥

lǐ yí dǐ lì yí jì jī yì xí jī
i 礼仪 砥砺 遗迹 机翼 袭击

tǔ lù dǔ tú chū xí fǔ mō shū fǎ
u 吐露 赌徒 出席 抚摸 书法

qūzhú jū shù xù yǔ jú yù yù yǔ
ü 驱逐 拘束 絮语 局域 玉宇

3.四音节成语

dàyǒuzuòwéi mǎbùtíng tí cháyúfànhòu sàshuǎngyīng zī
大有作为 马不停蹄 茶余饭后 飒爽英姿

bōtāoxiōngyǒng mò nì zhījiāo bóxuéduōcái mòmòwúwén
波涛汹涌 莫逆之交 博学多才 默默无闻

gégé bú rù kè gǔmíngxīn gēwǔshēngpíng gèxíng qí shì
格格不入 刻骨铭心 歌舞升平 各行其是

xuè qì fānggāng xiélǎo fú yòu diédié bùxiū biéyǒuyòngxīn
血气方刚 携老扶幼 喋喋不休 别有用心

低声下气（dī shēng xià qì）　急中生智（jí zhōng shēng zhì）　历历在目（lì lì zài mù）　一技之长（yī jì zhī cháng）

不速之客（bù sù zhī kè）　如遇知音（rú yù zhī yīn）　不谋而合（bù móu ér hé）　出类拔萃（chū lèi bá cuì）

曲高和寡（qǔ gāo hè guǎ）　举棋不定（jǔ qí bù dìng）　旭日东升（xù rì dōng shēng）　屈指可数（qū zhǐ kě shǔ）

4.绕口令

(1)胖娃娃和蛤蟆　ɑ

一个胖娃娃（pàng wá wa）捉（zhuō）了三个大花活蛤蟆（há ma），三个胖娃娃捉了一个大花活蛤蟆，捉了一个大花活蛤蟆的三个胖娃娃，真（zhēn）不如捉了三个大花活蛤蟆的一个胖娃娃。

(2)颗颗豆子进石磨　o-e-ou

颗颗豆（kē kē dòu）子进石磨（mò），磨成（mó chéng）豆腐（dòu fu）送哥哥（gē ge）。哥哥说我的生产（shēng chǎn）虽然小，可是小小的生产贡献多。

(3)齐挖争气渠　i-ü

这地区（dì qū）连年（lián nián）都缺雨（quē yǔ），农业生产（nóng yè shēng chǎn）上不去。是坐等（zuò děng）老天来送雨（sòng yǔ），还是造库修渠（zào kù xiū qú）赶上去？人心齐，泰山移，大家齐修争气渠（qí xiū zhēng qì qú），支渠接干渠毛渠接斗渠，清水（qīng shuǐ）哗哗流田里，管你老天下雨不下雨。

训练指导

(2)舌尖韵母

普通话语音中有两个舌尖韵母，一个是zi、ci、si音节中的韵母，叫舌尖前韵母，-i(前)；一个是zhi、chi、shi、ri音节中的韵母，叫舌尖后韵母，即-i(后)。

发音技巧：

-i(前)发音时舌尖向前伸，靠近上齿背，中间留条窄缝，嘴唇向左右两边稍用力展开，气流通过时振动声带。

-i(后)发音时舌尖向后缩，向上翘起对着硬腭前部，中间留条窄缝，提颧肌，嘴唇向左右两边稍用力，气流通过振动声带。

-i(前)舌尖前高不圆唇元音

姿（zī）　词（cí）　死（sǐ）　自（zì）　磁（cí）　寺（sì）

cì sǐ 赐死　zì 字　zì cí 字词　sì zǐ 四子　zì sì 恣肆

-i(后)舌尖后高不圆唇元音

zhí 值　chì 赤　shǐ 始　rì 日　chī 痴　shí 时

zhí rì 值日　shízhì 实质　zhǐchǐ 咫尺　shìzhǐ 试纸　chīshí 吃食

训练材料

1.单音节

-i(前) zǐ 紫　zī 兹　cí 辞　cì 伺　sī 丝　sì 祀

-i(后) zhì 置　chí 池　shī 师　rì 日　zhī 之　chǐ 耻

2.双音节

-i(前) zì zhì 自制　zǐ sè 紫色　cì jī 刺激　sì miào 寺庙　sī chě 撕扯

-i(后) zhǐshǐ 指使　shīzhí 失职　rì shí 日食　shìshí 适时　shìchǐ 市尺

3.四音节成语

zǐ xū wū yǒu 子虚乌有　zì chéng yì jiā 自成一家　cī yá liě zuǐ 呲牙咧嘴　sì tōng bā dá 四通八达

shì sǐ rú guī 视死如归　zhī wú bù yán 知无不言　chī xīn wàng xiǎng 痴心妄想　shì kě ér zhǐ 适可而止

4.绕口令

(1)抱子看报纸　-i(前)-i(后)

报纸（bàozhǐ）是报纸，抱子（bào zǐ）是抱子，报纸抱子两件事。抱子不是报纸，看报纸不是看抱子，只能抱子看报纸。

(2)四和十　-i(前)—-i(后)

四（sì）是（shì）四（sì），十是十（shíshìshí），十四是十四，四十是四十。谁能（shuínéng）说好四十、十四、四十四，谁来试一试（shì yì shì）。谁说十四是四十，就打谁十四；谁说四十是十四，就打谁四十。

5.短文

山茶花　　郭沫若

朗读 山茶花

shān　　chuàn cí shí　cù qiū zhā
昨晚从山上回家，采了几串茨实、几簇秋楂、几

zhū bèi lěi　shān chá
株蓓蕾着的山茶。

tóu chā　tiě hú
我把它们投插在一个铁壶里面，挂在壁间。

nèn huáng　chèn zhe nóng bì　shān chá
鲜红的楂子和嫩黄的茨实衬着浓碧的山茶

zhè shì zěn　néng　fēng wèi
叶——这是怎么也不能描画出的一种风味。

hēi sè　tái yī shēn hòu　yán gǔ
黑色的铁壶更和苔衣深厚的岩谷一样了。

shú shuì lǐ xǐng lái shí　shì yàng zhe　qīng xiāng　bù zhī
今早刚从熟睡里醒来时，小小的一室里漾着一种清香的不知

míng　huā qì
名的花气。

shén me dì fang chuī
这是从什么地方吹来的呀！——

jìng
原来铁壶中投插着的山茶，竟开了四朵白色的鲜花！

qīng qiū
啊，清秋活在我壶里了！

（选自《小主持人语言能力训练》，湖南科学技术出版社2011年8月第1版）

训练指导

（3）卷舌单韵母

在普通话中，卷舌元音er不与声母相拼，自成音节。在历史演化过程中与另外的音节相融合，与那个音节的末尾音素构成卷舌动作，即“儿化”现象。

发音技巧：

er发音时口腔在半开半闭之间，上下齿保持半个手指的宽度，舌尖向上卷起，对着硬腭前部，唇向左右两边稍用力，贴紧齿，减少气流在唇齿间的摩擦，气流通过时振动声带。

er卷舌央中不圆唇元音

èr　ér　ěr　ěr　ér　ěr
二　而　耳　饵　儿　尔

ér qiě　ér nǚ　ěr duo　èr chuán　ěr hǎi
而且　儿女　耳朵　二 传　洱海

训练材料

1.单音节

èr　ěr　ěr　èr　ér　ěr
贰　迩　铒　二　而　珥

2.双音节

èr chén　ér yǔ　ěr tòng　ér hòu
贰 臣　儿语　耳 痛　而后

èr hú　ér xì　èr shí　shí ér
二胡　儿戏　二十　时而

3.四音节成语

ér nǚ qíng cháng　ěr yú wǒ zhà　ěr shú néng xiáng　ěr cōng mù míng
儿女 情 长　尔虞我 诈　耳熟 能 详　耳 聪 目 明

4.短文

什么船儿　李海松

shénme chuán er
什 么 船 儿上月球？什么船儿海底游？

bīng hǎi
什么船儿水面飞？什么船儿 冰 海走？

yǔ zhòu　qián shuǐ tǐng er
宇 宙 飞船上月球，潜 水 艇 儿海底游，

qì diàn chuán er
气 垫 船 儿水面飞，破冰船儿冰海走。

怀鲁迅　郁达夫

zhēn shì qíng tiān　pī lì　nán　yàn huì　hū tīng　lǔ xùn
真 是 晴 天 的霹 雳，在 南 台的 宴 会席上，忽 听 到了鲁 迅 的死！

huì cuì　xíng li
发出了几通电报，荟萃了一夜 行 李，第二天我就匆匆跳上了开往上海

的轮船(lúnchuán)。

二十二日(èr shí èr rì)上午十时船靠了岸(àn)，到家洗一个澡，吞(tūn)了两口饭，跑到胶州(jiāozhōu)路(lù)万国殡仪馆(bìn yí guǎn)去，遇(yù)见的只是真诚(zhēnchéng)的脸(liǎn)，热烈(rè liè)的脸，悲愤(bēifèn)的脸，和千千万万将要破裂似的(pò liè shì de)青年男女(qīngniánnánnǚ)的心肺与紧捏(xīnfèi yǔ jǐn niē)的拳头(quántou)。

这是不寻常(xúncháng)的丧葬(sāngzàng)，这也不是沉郁(chényù)的悲哀(bēi āi)，这正像(zhèngxiàng)是大地震(dì zhèn)要来，或黎明(lí míng)将到时充塞(chōngsè)在天地之间的一瞬间(yí shùnjiān)的寂静(jì jìng)。

生死(shēng sǐ)，肉体(ròu tǐ)，灵魂(línghún)，眼泪(yǎn lèi)，悲叹(bēitàn)，这些问题与感觉，在此地似乎太(sì hū tài)渺小(miǎo xiǎo)了，在鲁迅的死的彼岸(bǐ àn)，还照耀(zhàoyào)着一道更(gèng)伟大、更猛烈(měng liè)的寂光(jì guāng)。

没有伟大的人物(rénwù)出现的民族(mín zú)，是世界上最可怜(zuì kě lián)的生物之群(shēngwùzhīqún)；有了伟大的人物，而不知拥护(yōnghù)，爱戴，崇仰(chóngyǎng)的国家，是没有希望的奴隶之邦(nú lì zhī bāng)。因鲁迅的一死，使人们自觉出了民族的尚可以有为(yǒuwéi)，也因鲁迅之一死，使人家看出了中国还是奴隶性很浓厚(xìnghěnnónghòu)的半绝(bànjué)望的国家。

鲁迅的灵柩(língjiù)，在夜阴(yèyīn)里被埋入浅土(mái rù qiǎn tǔ)中去了；而西天角(tiānjiǎo)却出现了一片微红(wēihóng)的新月。

（选自《郁达夫散文选集》，百花文艺出版社1984年4月第1版）

苦雨（节选）　周作人

这回的大雨(dà yǔ)，只有两种人最喜(zuì xǐ)欢。第一是小孩们。他们喜欢水，却极不容易得到，现在看见院子里成了河(chéng le hé)，便成群结队(chéngqún jié duì)地去“淌河(tǎng hé)”去。赤了足(chì le zú)伸到水里去，实在(shízài)很有点冷(lěng)，但是他们不怕，下到水里还不肯上来。大人见小孩子们玩得很有趣(qù)，也一个两个地加入(jiā rù)，但是成绩(chéng jì)却不甚佳(shènjiā)，那一天里滑倒(huádǎo)了三个人，其中两个都是大人——其一为我的兄弟，其一是川岛君。第二种喜欢下雨的则为蛤蟆(háma)。从前同小孩们往高亮桥去钓鱼钓(diào)不着(bu zháo)，只捉(zhuō)了好些蛤蟆，有绿(lǜ)的，有条花的，拿回来都放在院子里，平常偶(ǒu)叫几声，在这几天里便整日叫唤(zhěng rì jiàohuan)，或者是荒年之兆(zhīzhào)吧，却极有田村(jí yǒu tián cūn)的风味(fēngwèi)。有许多耳朵(ěr duǒ)皮嫩(nèn)的人，很恶喧嚣(wù xuānxiāo)，如麻雀(máquè)蛤蟆或蝉(chán)的叫声(jiàoshēng)，凡足以妨碍(fáng ài)他们的甜睡(tiánshuì)者，无一不深恶(shēnwù)而痛绝之，大有灭此(miè cǐ)而午睡之意。我觉得大可以不必如此(bú bì rú cǐ)，随便听听都是很有趣味的，不但是这些久成诗料(jiǔ chéng shīliào)的东西，一切鸣声(míngshēng)其实(qí shí)都可以听。蛤蟆在水田里群叫(qún jiào)，深夜静听(shēn yè jìng tīng)，往往变成(biànchéng)一种金属音(jīn shǔ yīn)，很是特别，又有时仿佛(fǎng fú)是狗叫，古人常称(cháng chēng)蛙蛤(wā há)为吠(fèi)，大约是从实验(shíyàn)而来。我们院子里的蛤蟆现在只见花条的一种，它的叫声(jiào shēng)更(gèng)不漂亮(piàoliang)，只是格格格这个叫法，可以说是革音，平常(píngcháng)自一声(shēng)至(zhì)三声，不会更(gèng)多，唯在下雨早晨(zǎochen)，听(tīng)它一口气叫上十二三声，可见它是实在(shízài)喜欢极了。

（选自《读给孩子的散文》，海燕出版社2016年12月第1版）

训练指导

2.复韵母

复韵母是由两个或三个元音组成，普通话中复韵母有13个：ai、ei、ao、ou、ia、ua、uo、ie、üe、iao、iou、uai、uei。

在元音中，a o e ê i u ü，它们的响亮程度逐个递减，a最响亮，ü最不响亮。

结构完整的复韵母可以分为韵头、韵腹、韵尾三部分。复韵母中最响亮的元音是韵腹，韵腹前面的元音是韵头，韵腹后面的元音是韵尾。如uei，最响亮的是e，是韵腹，前面的u是韵头，后面的i是韵尾。

根据主要元音韵腹在韵母中的不同位置，可以把复韵母分为三类：前响复韵母、中响复韵母、后响复韵母。

发音技巧：

复韵母的发音和单韵母不同。单韵母发音时，舌位、唇形、口腔开口度，在整个发音过程中几乎没有变化。而复韵母在发音过程中舌位、唇形、口腔开口度都是有变化的。舌位、唇形、开口度依次由一个元音向另一个元音滑动，每个元音在复韵母整体所占的分量并不相等。

①韵头是发音的预备状态，准备充分，咬住轻快。

②韵腹是发音的主体，拉开立起。

③韵尾是收音的动作，发得轻短，到位弱收。

（1）前响复韵母 ai、ei、ao、ou

前响复韵母是由两个元音复合而成。a、o、e 韵腹发的清晰响亮，后面的韵尾 i、o、u 发的轻短，较弱。它们发音的总特点是前响后轻。

ai 百(bǎi) 拍(pāi) 奶(nǎi) 拆(chāi) 该(gāi) 再(zài)

晒台(shàitái) 白菜(báicài) 彩排(cǎipái) 海带(hǎidài) 灾害(zāihài)

ei 杯(bēi) 赔(péi) 垒(lěi) 给(gěi) 馁(něi) 贼(zéi)

蓓蕾(bèilěi) 黑莓(hēiméi) 配备(pèibèi) 北非(běifēi) 肥美(féiměi)

ao 劳(láo) 滔(tāo) 烤(kǎo) 耗(hào) 高(gāo) 哨(shào)

报告(bàogào) 操劳(cāoláo) 号召(hàozhào) 高烧(gāoshāo) 逃跑(táopǎo)

ou 剖(pōu) 陡(dǒu) 透(tòu) 呕(ǒu) 楼(lóu) 沟(gōu)

欧洲(ōuzhōu) 喉头(hóutóu) 漏斗(lòudǒu) 偷油(tōuyóu) 丑陋(chǒulòu)

（2）后响复韵母 ia、ua、uo、ie、üe

后响复韵母是由两个元音复合而成。前面的韵头 i、u、ü 发音轻短，较弱，后面的 a、o、ê 韵腹发音清晰响亮，它们的发音特点是前轻后响。

ia 雅(yǎ) 加(jiā) 俩(liǎ) 霞(xiá) 掐(qiā) 崖(yá)

假牙(jiǎ yá) 加价(jiā jià) 掐下(qiāxià) 洽洽(qiàqià) 夏家(xiàjiā)

ua 洼(wā) 滑(huá) 寡(guǎ) 跨(kuà) 抓(zhuā) 刷(shuā)

耍滑(shuǎhuá) 花瓦(huāwǎ) 刮刷(guāshuā) 花褂(huāguà) 花袜(huāwà)

wō 　duǒ 　tuò 　guō 　huó 　kuò
uo 窝 　躲 　拓 　锅 　活 　廓

guóhuò 　duōsuo 　cuōtuó 　shuòguǒ 　kuòchuò
国货 　哆嗦 　蹉跎 　硕果 　阔绰

yě 　jiē 　qiè 　xiē 　tiē 　dié
ie 野 　街 　怯 　歇 　帖 　叠

liè qie 　xié yè 　tiē qiè 　jié liè 　qiè jié
趔趄 　鞋业 　贴切 　节烈 　切结

yuē 　jué 　xuě 　juē 　què 　xué
üe 约 　掘 　雪 　撅 　雀 　穴

yuēshù 　juéjué 　quèyuè 　xué jiě 　yuèquē
约束 　决绝 　雀跃 　学姐 　月缺

（3）中响复韵母 iao、iou、uai、uei

中响复韵母是由三个元音复合而成。发音特点是韵头、韵尾轻短，韵腹发得清晰响亮。

yāo 　xiào 　jiǎo 　qiāo 　diào 　tiáo
iao 邀 　校 　脚 　敲 　掉 　条

jiàotiáo 　xiāoyáo 　jiàoxiāo 　piāomiǎo 　yǎotiǎo
教条 　逍遥 　叫嚣 　缥缈 　窈窕

yōu 　liǔ 　diū 　niù 　qiú 　xiǔ
iou 优 　柳 　丢 　拗 　囚 　朽

qiú jiù 　yōuxiù 　jiǔ liú 　yōu jiǔ 　xiùqiú
求救 　优秀 　久留 　悠久 　绣球

huái 　wāi 　guǎi 　kuài 　zhuài 　chuāi
uai 槐 　歪 　拐 　脍 　拽 　揣

chuǎimó 　wàihuái 　shuāihuài 　wàikuài 　chuàihuài
揣摩 　外踝 　摔坏 　外快 　踹坏

wēi 　huǐ 　guì 　kuí 　zhuì 　chuí
uei 威 　毁 　跪 　魁 　坠 　捶

huìduì 　cuīhuǐ 　kuìtuì 　zuìguǐ 　huíguī
汇兑 　摧毁 　溃退 　醉鬼 　回归

训练材料

1.单音节

kāi 　chái 　cǎi 　mài 　āi 　gǎi 　hài
ai 开 　柴 　踩 　迈 　哀 　改 　骇

pèi 　méi 　lěi 　nèi 　fěi 　bēi 　pēi
ei 沛 　枚 　累 　内 　斐 　碑 　呸

āo 　zhāo 　dǎo 　táo 　bào 　háo 　zāo
ao 凹 　招 　捣 　桃 　爆 　豪 　遭

ou	ōu 殴	tòu 透	lǒu 搂	gōu 沟	kòu 扣	chǒu 瞅	sòu 嗽
ia	yā 压	diǎ 嗲	jiǎ 甲	qià 恰	xiā 虾	liǎ 俩	jiá 颊
ua	wā 洼	kuà 挎	guà 卦	huà 桦	shuā 唰	zhuǎ 爪	kuā 夸
uo	wò 沃	duò 跺	tuó 驮	nuò 糯	luó 螺	guǒ 裹	zhuō 拙
ie	yé 爷	biě 瘪	piē 瞥	miè 蔑	liè 劣	tiē 贴	niè 孽
üe	quē 缺	qué 瘸	jué 掘	xuē 靴	yuè 粤	xuě 雪	jué 爵
iao	yǎo 咬	biāo 飙	piáo 瓢	jiào 较	qiǎo 巧	xiǎo 晓	liáo 疗
iou	yóu 游	miù 谬	niǔ 纽	liū 溜	jiū 揪	qiú 裘	xiū 羞
uai	wài 外	guǎi 拐	kuài 筷	huái 徊	shuāi 摔	chuài 踹	shuǎi 甩
uei	wēi 微	kuī 盔	huì 惠	guǐ 轨	tuí 颓	zhuì 赘	chuí 槌

2. 双音节

ai	āi qiú 哀求	ài dài 爱戴	chāitái 拆台	hǎitāi 海苔	pāimài 拍卖
ei	hēiméi 黑霉	bèiméi 背煤	péicháng 赔偿	pēitāi 胚胎	léi jī 雷击
ao	áoyóu 遨游	āoxiàn 凹陷	àomiào 奥妙	àonǎo 懊恼	áobāo 敖包
ou	ōugē 讴歌	ǒu ěr 偶尔	ǒu tù 呕吐	òu féi 沤肥	òu qì 怄气
ia	yāchì 鸭翅	jiā lè 嘉乐	qiàqiǎo 恰巧	xiáxiǎo 狭小	jiā yā 加压
ua	wājué 挖掘	wà dǐ 袜底	guā gé 瓜葛	zhuāshǒu 抓手	shuā yá 刷牙
uo	wōzāng 窝赃	guó jiā 国家	kuòbié 阔别	duōshǎo 多少	tuóniǎo 鸵鸟
ie	yē lín 椰林	bièniu 别扭	diéchàng 叠唱	xiē xī 歇息	jiě fàng 解放
üe	yuèguò 跃过	juédìng 决定	quēshǎo 缺少	xuējiǎn 削减	xuěshān 雪山
iao	yāoqiú 要求	biāobīng 标兵	piāoyáng 飘扬	miáopǔ 苗圃	niǎonuó 袅娜
iou	jiǔjīng 酒精	diūshī 丢失	niǔyuē 纽约	liú shuǐ 流水	xiùqiú 绣球

guāiqiǎo　wàixiè　kuài lè　huái yí　shuǎimài
uai　乖巧　外泄　快乐　怀疑　甩卖

wēihài　duīfàng　tuí fèi　guǐsuì　huìduì
uei　危害　堆放　颓废　鬼祟　汇兑

3.四音节成语

āi hóngbiàn yě　ài wū jí wū　pāishǒuchēngkuài　kāitiān pì dì
哀鸿遍野　爱屋及乌　拍手称快　开天辟地

bèidào ér chí　bēigōngshéyǐng　fēi shāzǒushí　bēihuān lí hé
背道而驰　杯弓蛇影　飞沙走石　悲欢离合

bǎoshízhōng rì　cāozhīguò jí　shǎojiànduōguài　cǎomù jiē bīng
饱食终日　操之过急　少见多怪　草木皆兵

kǒushìxīnfēi　shǒukǒu rú píng　chóuméibùzhǎn　hòu jì wúrén
口是心非　守口如瓶　愁眉不展　后继无人

jià zhíliánchéng　xià lǐ bārén　xiābīngxièjiàng　jiā yù hùxiǎo
价值连城　下里巴人　虾兵蟹将　家喻户晓

huá ér bùshí　guātián lǐ xià　huàbǐngchōng jī　kuākuā qí tán
华而不实　瓜田李下　画饼充饥　夸夸其谈

hú zuòfēiwéi　luòjǐngxiàshí　guò hé chāiqiáo　tuōkǒu ér chū
胡作非为　落井下石　过河拆桥　脱口而出

biékāishēngmiàn　qiè ér bùshě　tiěmiànwú sī　jiè tí fā huī
别开生面　锲而不舍　铁面无私　借题发挥

xué yǐ zhìyòng　xuězhōngsòngtàn　juéchùféngshēng　xuè liú rú zhù
学以致用　雪中送炭　绝处逢生　血流如注

diāochóngxiǎo jì　tiāoféijiǎnshòu　yáoyáo yù zhuì　jiǎo tà shí dì
雕虫小技　挑肥拣瘦　摇摇欲坠　脚踏实地

diū zú bǎo jū　yǒukǒu jiē bēi　yǒushēngyǒu sè　xiū qī yǔ gòng
丢卒保车　有口皆碑　有声有色　休戚与共

wàiqiángzhōnggān　wāifēngxié qì　wāi dǎ zhèngzháo　kuàimǎ jiā biān
外强中干　歪风邪气　歪打正着　快马加鞭

duì dá rú liú　huìshēnghuì sè　wēiwǔ bù qū　huīxīnsàng qì
对答如流　绘声绘色　威武不屈　灰心丧气

4.绕口令

(1)张大妈夏大妈　a–ia–ua

dà mā　xià　zánmen　zhuāngjia
张大妈,夏大妈,你看咱们的好庄稼。高的是玉米,低的是芝麻。

huā　gǔ suì
开黄花、紫花的是棉花,圆溜溜的是西瓜。谷穗长得像镰把,勾着想把地

yā tā　xiàohā hā
压塌。张大妈,夏大妈,边看边乐笑哈哈。

(2)铜勺和铁勺　iao–iou

tóngsháoyǎo rè yóu　liáng
铜勺舀热油,铁勺舀凉油,铜勺舀了热油舀凉油,铁勺舀了凉油舀热油。

5. 短文

故都的秋（节选）　　郁达夫

不逢(féng)北国之秋(zhīqiū)，已将近(jiāng jìn)十余年了。在南方每年到了秋天，总要想起陶然亭(táorántíng)的芦(lú)花，钓鱼台(diàoyú tái)的柳(liǔ)影，西山的虫唱(chóngchàng)，玉泉(yù quán)的夜月(yè yuè)，潭柘寺(tánzhè sì)的钟声(zhōngshēng)。在北平(běipíng)即使(jí shǐ)不出门去罢，就是在皇城人海(huángchéngrénhǎi)之中租(zū)人家一椽(chuán)破屋来住着，早晨起来，泡一碗浓(nóng)茶，向院子一坐，你也能(néng)看得到很(hěn)高很高的碧绿(bì lǜ)的天色，听(tīng)得到青天(qīngtiān)下驯鸽(xùngē)的飞声(shēng)。从槐树(huáishù)叶底，朝东细数(xì shǔ)着一丝一丝漏(lòu)下来的日光(rì guāng)，或在破壁腰中，静对(jìngduì)着像喇叭似的牵牛花(lǎ ba shì de qiānniúhuā)（朝荣）的蓝朵(lánduǒ)，自然而然(zì rán ér rán)地也能够(nénggòu)感觉到十分(shífēn)的秋意。说到了牵牛花，我以为以蓝色或白色者为佳，紫黑色(zǐ hēisè)次之(cì zhī)，淡红色(dànhóngsè)最下。最好，还要在牵牛花底，教长着(jiàozhǎngzhe)几根疏疏落落(gēnshūshūluòluò)的尖细且长(jiān xì qiěcháng)的秋草，使作陪衬(péichèn)。

北国的槐树(huáishù)，也是一种能使人联想(liánxiǎng)起秋来的点缀(diǎnzhuì)。像花而又不是花的那一种落蕊(luòruǐ)，早晨起来，会铺得(pū de)满地。脚踏(jiǎo tà)上去，声音(shēngyīn)也没有，气味也没有，只能感出一点点极微细(wēi xì)极柔软(róuruǎn)的触觉(chùjué)。扫街的(sǎo jiē de)在树影(shùyǐng)下一阵(zhèn)扫后，灰土上留(liú)下来的一条条扫帚(sàozhou)的丝纹(sī wén)，看起来既(jì)觉得细腻(xì nì)，又觉得清闲(qīngxián)，潜意识(qián yì shi)下并且(bìngqiě)还觉得有点儿落寞(luòmò)，古人所说的梧桐(wútóng)一叶而天下知秋的遥想(yáoxiǎng)，大约(dàyuē)也就在这些深沉(shēnchén)的地方(dì fang)。

（选自《读给孩子的散文》，海燕出版社2016年12月第1版）

夜（节选）　徐志摩

yè　　sòngměi
夜，无所不包的夜，我颂美你！

wànxiàng　rǔ bǎo　yīnghái　wēnróu　huáibào
夜，现在万象都像乳饱了的婴孩，在你大母温柔的、怀抱中
miánshú
眠熟。

yúndié　zhàngpeng　jìngqiāoqiāo
一天只是云叠的乌云，像野外一座帐篷，静悄悄的，静悄悄的。

xiānwēi　ruǎnruò　huīmáng　qiáobiān　zhǎnggěngshuǐcǎo　hēi
河面只闪着些纤微、软弱的辉芒，桥边的长梗水草，黑
chénchén　lànzuì　héng fú　rènpíngbèilǎn　liǔ tiáo
沉沉的像几条烂醉的鲜鱼横浮在水上，任凭惫懒的柳条，在他们的
jiānwěibiānliáo fú
肩尾边撩拂；

píngwéi　mò qīng　yú yīn　yīn sēn sēn
对岸的牧场，屏围着墨青色的榆荫，阴森森的，像一座才空的
古墓；

shùbèi　shénme ne
那边树背光芒，又是什么呢？

chénjìng　jìngjiè　páihuái　níngshén　qīngtīng　qīnglín
我在这沉静的境界中徘徊，在凝神地倾听……听不出青林的
yèyuè　mèng yì　niǎochì　fēishēng
夜乐，听不出康河的梦呓，听不出鸟翅的飞声；

què　jìngwēn　yǔ zhòu jìn xíng　shēng xī　mài bó
我却在这静温中，听出宇宙进行的声息，黑夜的脉搏与呼吸，
hún　cōngmángzōng jì
听出无数的梦魂的匆忙踪迹；

huànxiǎng　gǎnshòu　shénmì　chōngdòng　huōdòng　jiǔ
也听出我自己的幻想，感受了神秘的冲动，在豁动他久
liǎn　yǔ hé　chénmèn　cháo jū　huánjìng　xúnfǎng
敛的羽翮，准备飞出他沉闷的巢居，飞出这沉寂的环境，去寻访黑
gèngxuán ào
夜的奇观，去寻访更玄奥的秘密——

tīngya　yǐ jīng　shāshā
听呀，他已经在沙沙地飞出云外去了！

（选自《读给孩子的散文》，海燕出版社2016年12月第1版）

藕与莼菜(节选)　　叶圣陶

朗读 藕与莼菜

同朋友喝酒,嚼着薄片的雪藕,忽然怀念起故乡来了。若在故乡,每当新秋的早晨,门前经过许多乡人:男的紫赤的胳膊和小腿肌肉突起,躯干高大且挺直,使人起健康的感觉;女的往往裹着白地青花的头巾,虽然赤脚,却穿短短的夏布裙,躯干固然不及男的那样高,但是别有一种健康的美的风致;他们各挑着一副担子,盛着鲜嫩的玉色的长节的藕。在产藕的池塘里,在城外曲曲弯弯的小河边,他们把这些藕一再洗濯,所以这样洁白。仿佛他们以为这是供人品味的珍品,这是清晨的画境里的重要题材,倘若涂满污泥,就把人家欣赏的浑凝之感打破了;这是一件罪过的事,他们不愿意担在身上,故而先把它们洗濯得这样洁白,才挑进城里来。他们要稍稍休息的时候,就把竹扁担横在地上,自己坐在上面,随便拣择担里过嫩的“藕枪”或是较老的“藕朴”,大口地嚼着解渴。过路的人就站住了,红衣衫的小姑娘拣一节,白头发的老公公买两节。清淡的甘美的滋味于是普遍于家家户户了。这样情形差不多是平常的日课,直到叶落秋深的时候。

想起了藕就联想到了莼菜。在故乡的春天,几乎天天吃莼菜。莼菜本身没有味道,味道全在于好的汤。但是嫩绿的颜色与丰富的诗意,无味之味真足令人心醉。在每条街旁的小河里,石埠头总歇着一两条没蓬的船,满仓盛着莼菜,是从太湖里捞来的。取得这样方便,当然能日餐一碗了。

向来不恋(bù liàn)故乡的我，想到这里，觉得故乡可爱极了。我自己也不明白(míng bai)，为什么会起这么深浓(shēn nóng)的情绪(qíng xù)？再一思索(sī suǒ)，实在很浅显(qiǎn xiǎn)：因为在故乡有所恋(suǒ liàn)，而所恋又只在故乡有，就萦系(yíng jì)着不能割舍(gē shě)了。譬如(pì rú)亲密的家人在那里，知心的朋友在那里，怎得(zěn de)不恋恋？怎得不怀念(huái niàn)？但是仅仅(jǐn jǐn)为了爱故乡么？不是的，不过在故乡的几个人把我们牵系(qiān jì)着罢了。若无所牵系，更何所恋念(gèng hé suǒ liàn niàn)？像我现在，偶然(ǒu rán)被藕与莼菜所牵系，所以就怀念起故乡来了。

所恋在哪里(suǒ liàn zài nǎ li)，哪里就是我们的故乡了。

（选自《读给孩子的散文》，海燕出版社2016年12月第1版）

训练指导

3. 鼻韵母

普通话有16个鼻韵母。n是舌尖中音，发音时舌尖抵住上齿龈，由韵尾n同元音组成的鼻韵母an、en、in、ün、ian、uan、uen、üan叫作前鼻韵母；ng是舌根音，发音时舌根抵住软腭，由韵尾ng同元音组成的鼻韵母ang、eng、ing、ong、iang、uang、ueng、iong，叫作后鼻音韵母。

（1）前鼻韵母an、en、in、ün、ian、uan、uen、üan（参见图7）

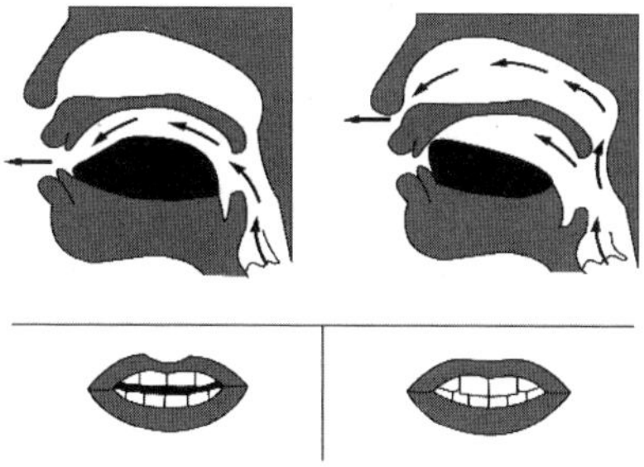

图7　-n前鼻音发音示意图

发音技巧：

①an、en、in、ün在发音时，口腔半开，舌尖先放在下齿龈发元音，接着舌头前部向上抬，抵住上齿龈，同时软腭下降，打开鼻腔通道，气流从鼻腔透出

成声，声音的响点集中在人中。注意保持口腔开口度，避免收音时上下唇齿接触，把韵尾n发成m。

ān fán bàn pán gǎn hán kān

an 安 烦 办 蟠 敢 含 堪

cànlàn gāndǎn fànlàn cānkàn zhànlán

灿烂 肝胆 泛滥 参看 湛蓝

ēn bèn pén fěn mèn gēn kěn

en 恩 笨 盆 粉 闷 跟 啃

gēnběn fènmèn zhènfèn běnfèn fènhèn

根本 愤懑 振奋 本分 愤恨

yīn yǐn bīn pín jǐn qín mín

in 音 隐 斌 频 紧 勤 民

pīnyīn xīnqín xìnxīn yīnqín yīnqīn

拼音 辛勤 信心 殷勤 姻亲

yūn yún jūn qún xùn yǔn jùn

ün 晕 云 均 群 训 允 俊

qūnxún jūnyún jūnxùn yúnyún yùnxù

逡巡 均匀 军训 纭纭 蕴蓄

②ian、uan、uen、üan发音时口腔半开，舌尖先放在下齿背发元音，舌位从轻而短的韵头滑向响亮的韵腹后，舌头向上抬，抵住上齿龈，同时软腭下降，打开鼻腔通道，气流从鼻腔透出成声。

yǎn jiān qián xiàn tiān diàn

ian 眼 间 乾 线 天 垫

yànxiàn diānlián qiǎnxiǎn qiányán diānxián

艳羡 颠连 浅显 前沿 癫痫

wān tuān duǎn luán guàn huǎn

uan 弯 湍 短 峦 灌 缓

wǎnzhuàn zhuānduàn guànchuān huànguān chuánhuàn

婉转 专断 贯穿 宦官 传唤

wēn dūn tūn gǔn kùn hùn

uen 温 吨 吞 滚 困 混

wēnshùn hùndùn kūnlún wēncún chūnsǔn

温顺 混沌 昆仑 温存 春笋

yuān juàn quǎn xuán yuán quàn

üan 冤 倦 犬 旋 源 券

yuánquān yuánquán quánquán yuānyuán quánjuàn

圆圈 源泉 全权 渊源 全卷

训练材料

1.单音节

an 俺(ǎn) 翻(fān) 慢(màn) 斑(bān) 畔(pàn) 涵(hán) 侃(kǎn)

en 摁(èn) 芬(fēn) 痕(hén) 焚(fén) 亘(gèn) 恳(kěn) 奔(bēn)

in 淫(yín) 筋(jīn) 沁(qìn) 鑫(xīn) 彬(bīn) 品(pǐn) 拎(līn)

ün 熨(yùn) 郡(jùn) 裙(qún) 逊(xùn) 陨(yǔn) 熏(xūn) 菌(jūn)

ian 烟(yān) 添(tiān) 殿(diàn) 减(jiǎn) 钱(qián) 弦(xián) 滇(diān)

uan 挽(wǎn) 患(huàn) 莞(guǎn) 款(kuǎn) 喘(chuǎn) 涮(shuàn) 撰(zhuàn)

uen 闻(wén) 豚(tún) 炖(dùn) 抡(lūn) 准(zhǔn) 醇(chún) 吮(shǔn)

üan 缘(yuán) 眷(juàn) 圈(quān) 选(xuǎn) 隽(juàn) 颧(quán) 轩(xuān)

2.双音节

an 汗衫(hànshān) 淡蓝(dànlán) 难堪(nánkān) 橄榄(gǎnlǎn) 漫谈(màntán)

en 本文(běnwén) 奔跑(bēnpǎo) 跟腱(gēnjiàn) 门槛(ménkǎn) 笨拙(bènzhuō)

in 隐秘(yǐnmì) 紧邻(jǐnlín) 亲信(qīnxìn) 近亲(jìnqīn) 殷切(yīnqiè)

ün 允许(yǔnxǔ) 寻找(xúnzhǎo) 群众(qúnzhòng) 运行(yùnxíng) 陨落(yǔnluò)

ian 掩埋(yǎnmái) 研磨(yánmó) 编造(biānzào) 面貌(miànmào) 怜恤(liánxù)

uan 钻石(zuànshí) 观看(guānkàn) 欢呼(huānhū) 缓慢(huǎnmàn) 涣散(huànsàn)

uen 温和(wēnhé) 敦厚(dūnhòu) 吞吐(tūntǔ) 准备(zhǔnbèi) 拴住(shuānzhù)

üan 苑囿(yuànyòu) 远去(yuǎnqù) 渲染(xuànrǎn) 蜷缩(quánsuō) 捐税(juānshuì)

3.四音节成语

安家落户(ān jiā luò hù) 按兵不动(àn bīng bú dòng) 按部就班(àn bù jiù bān) 暗送秋波(àn sòng qiū bō)

恩威并重(ēn wēi bìng zhòng) 分工合作(fēn gōng hé zuò) 纷至沓来(fēn zhì tà lái) 门庭若市(mén tíng ruò shì)

yǐn ér bù fā　　bīnzhì rú guī　　bīnbīnyǒu lǐ　　yǐnxìngmáimíng
引而不发　　宾至如归　　彬彬有礼　　隐姓埋名

yūntóuzhuànxiàng　　xúnguīdǎo jǔ　　qúnlóngwúshǒu　　yùnchóuwéiwò
晕头转向　　循规蹈矩　　群龙无首　　运筹帷幄

yǎnyǎn yì xī　　yānwùliáorào　　yànyánggāozhào　　jiānchíbùxiè
奄奄一息　　烟雾缭绕　　艳阳高照　　坚持不懈

wānyánqūzhé　　huāntiān xǐ dì　　guānméndà jí　　kuāndàwéihuái
蜿蜒曲折　　欢天喜地　　关门大吉　　宽大为怀

wénguò zé xǐ　　wēnwén ěr yǎ　　húnfēidǎnliè　　wénguòshìfēi
闻过则喜　　温文尔雅　　魂飞胆裂　　文过饰非

yuányuǎn liú cháng　　yuàntiānyóurén　　yuánfēngbùdòng　　quánshénguànzhù
源远流长　　怨天尤人　　原封不动　　全神贯注

4.绕口令

(1)大姐梳辫　an-ian

shūbiàn　rénbiān　bànbiān
大姐梳辫，两个人编，二姐编那半边，三姐编这半边。

(2)两只饭碗　an- uan

hóngfànwǎn　huáng　shèngmǎn　tiān
红饭碗，黄饭碗，红饭碗盛满饭碗，黄饭碗盛半饭碗，黄饭碗添半饭碗，像红饭碗一样满饭碗。

(3)男演员女演员　an-ian-üan

nányǎnyuán　nǚ　fāngyán　mǐn　nán yǔ　yuǎndōng fēi xíngyuán　lǔ xùn wén xué yán jiū yuán　quán bu quán
男演员，女演员，同台演戏说方言，男演员说吴方言，女演员说闽南语，男演员演远东飞行员，女演员演鲁迅文学研究员，研究员，飞行员，吴方言，闽南语，你说男女演员演得全不全。

5.短文

杨树林　佚名

朗读　杨树林

yòu ér yuán　yángshù lín　lè yuán
幼儿园有一片杨树林，这里是我们的乐园。

chūntiān　pī lǜ　yí chuànchuàn　suífēngzhuìluò　gōng　wánshuǎ
春天大地披绿，杨树最先开花，一串串杨树花随风坠落下来，供我们玩耍。

tiānmàomì　zhīyè　lǜ sǎn　huǒ là là　zhēdǎng　liángshuǎng　shùyīn
夏天茂密的枝叶像巨大的绿伞，把火辣辣的阳光遮挡，让我们在凉爽的树荫下游戏。

liángfēng chuī　kuān dà　yí piàn piàn piāoluò　hú dié　fēi
秋天凉风吹来，宽大的杨树叶一片片飘落下来，像蝴蝶在空中飞

wǔ　xìnggāocǎi liè　cǎi jí zhe jīn huáng
舞，我们兴高采烈地采集着金黄的树叶。

báixuěmángmáng　dǎ xuězhàng　wúlùn　jìn gōng
冬天白雪茫茫，我们在杨树林里打雪仗，无论你是进攻还是

zǒngshì　shēn tǐ　yǎn hù
后退，可爱的杨树林总是用高大的身体把你掩护。

de lè yuán
幼儿园有一片杨树林，这里是我们的乐园。

（选自《小主持人语言能力训练》，湖南科学技术出版社2011年8月第1版）

春芽　　蔡文祥

chūn yá gǒng pò　tǔ céng　jiāo nèn　jiān
春芽拱破了土层，娇嫩的芽尖冒出来了：

yándōng dòng　sǐ　shēngmìng
那是严冬冻不死的生命；

bīng xuě zhé bù wān　xìn niàn　cán kù yā　biǎn
那是冰雪折不弯的信念；那是残酷压不扁的

xiàngwǎng
向往！

kàn　qīnwěn　yǔ lù　zī rùn　chūnfēng　yōng
你看，阳光在亲吻她；雨露在滋润她；春风在拥

bào　lǐngzhe　hàixiū　zhízhuó　chūntiān
抱她……她领着一个害羞又执着的春天。

朗读 春芽

duōme fù yù　zǒushàngshānpō　shuǎigěi　yí piàn xīn lǜ　zǒu jìn tián yě
她多么富裕呀，走上山坡，甩给山坡一片新绿；她走进田野，

sǎ　tián yě　piàncōnglóng　mùchǎng　rēnggěi　fánmào
撒给田野一片葱茏；她走到牧场，扔给牧场一片繁茂……

nǎ ge yá jiān　yùn　chūn　mènghuàn
哪个芽尖，没孕着春的梦幻？

yá bāo　chōngjǐng
哪个芽苞，没包着夏的憧憬？

yá jīng　jīn qí
哪个芽茎，没举着秋的金旗？

qín láo　zhèng yù　dòu de fēngmǎn　niàngzhe　tián mì
春芽，大地最勤劳的女儿正育着穗的丰满，酿着果的甜蜜；

sàn fā　huó lì　zhī jiù　shēnghuó　lǐ xiǎng
散发着大地的活力，织就着生活的理想……

（选自《小主持人语言能力训练》，湖南科学技术出版社2011年8月第1版）

(2)后鼻韵母ang、eng、ing、ong、iang、uang、ueng、iong(参见图8)

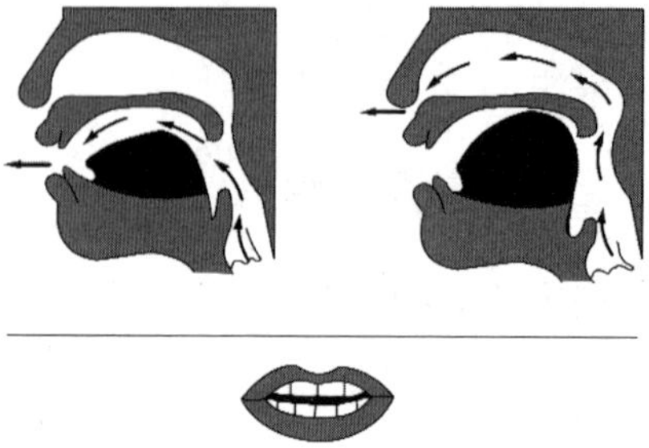

图8　-ng前鼻音发音示意图

发音技巧：

①ang、eng、ing、ong发音时，口腔半开，舌尖放在下齿龈，先发元音，接着舌根隆起抵住软腭和小舌，软腭下垂，打开鼻腔通道，气流从鼻腔透出成声，声音的响点感觉从耳根向上传出。实际运用时，为了增加声音的响度和清晰度，咽腔开度稍大些，舌根不要过分向后拉。

ang　áng 昂　àng 盎　háng 航　tǎng 躺　gāng 钢　káng 扛　dǎng 党

ángyáng 昂扬　cāngsāng 沧桑　dǎngzhāng 党章　tàngshāng 烫伤　āngzāng 肮脏

eng　bēng 崩　bèng 泵　pēng 烹　děng 等　téng 疼　gēng 耕　héng 恒

gēngshēng 更生　chěngnéng 逞能　chéngfēng 乘风　péngchéng 鹏程　fēngshèng 丰盛

ing　yīng 应　yìng 硬　dǐng 顶　tīng 听　nǐng 拧　líng 凌　qīng 卿

níngjìng 宁静　qīngtīng 倾听　qíngjǐng 情景　jīngyíng 经营　língtīng 聆听

ong　dōng 东　tóng 同　gǒng 拱　hōng 哄　zhòng 重　chóng 虫　sòng 送

lóngdōng 隆冬　gòngtóng 共同　hóngzhǒng 红肿　sòngzhōng 送终　gōngzhòng 公众

②iang、uang、ueng、iong发音时，口腔半开，舌尖放在下齿龈，先发轻短的韵头，舌位移动发响亮的韵腹后，舌根向软腭抬起，软腭和小舌下垂，打开鼻腔通道，气流从鼻腔透出成声，声音的响点从耳根向上传出。注意韵头的准备要充分，避免ueng与ong等音混淆。

iang　yāng 央　liáng 凉　jiǎng 奖　qiāng 枪　xiàng 向　niáng 娘　jiǎng 讲

liàngxiàng 亮相　xiāngjiāng 湘江　jiàngxiāng 酱香　yángjiāng 阳江　qiángxiàng 强项

uang wāng 汪　wǎng 网　huáng 黄　guàng 逛　zhuāng 装　chuáng 床

shuǎng 爽　zhuānghuáng 装潢　wǎngzhuàng 网状　kuángwàng 狂妄

zhuàngkuàng 状况　kuàngchuáng 矿床

ueng wēng 翁　wèng 瓮　wěng 蓊　wèng 蕹　wēng 嗡

wèngcài 蕹菜　wěngyù 蓊郁　yúwēng 渔翁　wènggāng 瓮缸

iong yōng 拥　yǒng 涌　jiǒng 囧　qióng 穷　xióng 熊　yòng 用　jiǒng 炯

jiǒngjiǒng 炯炯　qióngxiōng 穷凶　xiōngyǒng 汹涌　xióngxióng 熊熊　yōngyī 庸医

训练材料

1.单音节

ang āng 肮　dǎng 挡　tàng 烫　gāng 缸　kàng 抗　hāng 夯　dàng 宕

eng dēng 灯　téng 誊　gěng 耿　kēng 铿　héng 衡　dèng 瞪　gěng 梗

ing yīng 英　yíng 赢　dǐng 鼎　tíng 庭　jīng 精　qīng 倾　xǐng 醒

ong dòng 栋　tǒng 捅　lóng 笼　gōng 供　hóng 弘　kǒng 恐　nóng 脓

iang yàng 漾　yǎng 仰　liàng 辆　jiāng 浆　qiàng 呛　xiǎng 享　niàng 酿

uang wàng 旺　huǎng 恍　guǎng 广　kuàng 眶　zhuāng 妆

chuáng 幢　shuāng 霜

ueng wěng 蓊　wēng 嗡　wèng 蕹　wēng 翁　wèng 瓮

iong yǒng 勇　yōng 佣　jiǒng 窘　qióng 穹　xiōng 汹　jiǒng 迥　qióng 琼

2.双音节

ang chángjiāng 长江　chǎngfáng 厂房　àngrán 盎然　chàngqiāng 唱腔　chàngxiǎng 畅想

eng fēngkuáng 疯狂　zēngzhǎng 增长　zèngsòng 赠送　gēngzhòng 耕种　chéngshèng 乘胜

ing 明镜(míngjìng) 叮咛(dīngníng) 晶莹(jīngyíng) 星空(xīngkōng) 清静(qīngjìng)

ong 通行(tōngxíng) 洞晓(dòngxiǎo) 拱形(gǒngxíng) 宏大(hóngdà) 匆忙(cōngmáng)

iang 洋姜(yángjiāng) 粮饷(liángxiǎng) 枪响(qiāngxiǎng) 两样(liǎngyàng) 奖项(jiǎngxiàng)

uang 双簧(shuānghuáng) 光芒(guāngmáng) 慌忙(huāngmáng) 庄重(zhuāngzhòng) 窗框(chuāngkuàng)

ueng 蓊郁(wěngyù) 嗡鸣(wēngmíng) 瓮缸(wènggāng) 老翁(lǎowēng)

iong 拥有(yōngyǒu) 踊跃(yǒngyuè) 熊掌(xióngzhǎng) 雄壮(xióngzhuàng) 琼脂(qióngzhī)

3.四音节成语

长歌当哭(zhǎng gē dāng kū) 掌上明珠(zhǎngshàngmíngzhū) 当之无愧(dāngzhīwúkuì) 纲举目张(gāng jǔ mùzhāng)

承上启下(chéngshàng qǐ xià) 瞠目结舌(chēngmù jié shé) 登堂入室(dēngtáng rù shì) 成竹在胸(chéngzhúzàixiōng)

惊天动地(jīngtiāndòng dì) 井底之蛙(jǐng dǐ zhīwā) 萍水相逢(píngshuǐxiāngféng) 应接不暇(yìng jiē bù xiá)

洪水猛兽(hóngshuǐměngshòu) 功德无量(gōngdé wúliàng) 荣辱与共(róng rǔ yǔ gòng) 供不应求(gōngbúyìngqiú)

相去无几(xiāngqùwú jǐ) 江河日下(jiānghé rì xià) 强词夺理(qiǎng cí duó lǐ) 良药苦口(liángyào kǔ kǒu)

亡羊补牢(wángyáng bǔ láo) 旷日持久(kuàng rì chí jiǔ) 光明正大(guāngmíngzhèng dà) 狂风暴雨(kuángfēngbào yǔ)

瓮中捉鳖(wèngzhōngzhuōbiē) 蓊郁葱茏(wěng yù cōnglóng) 嗡嗡作响(wēngwēngzuòxiǎng) 瓮声瓮气(wèngshēngwèng qì)

永垂不朽(yǒngchuíbùxiǔ) 凶多吉少(xiōngduō jí shǎo) 勇气可嘉(yǒng qì kě jiā) 庸俗不堪(yōngsú bùkān)

4.绕口令

(1)大和尚 小和尚 ang-iang

大和尚(shang)常常(chángcháng)上(shàng)哪厢(xiāng),大和尚常常过长江(chángjiāng),过长江为哪

xiāngyángxìngzhāng　shāngxiāng
厢，过长江看小和尚。大和尚原是襄阳姓张，小和尚原是商乡
xìngjiǎng　shāngliang　jiǎng　qiáng
姓蒋，大和尚和小和尚常常互相商量，大和尚讲小和尚强，小和
cháng　jiānjiāngtāng　cháng　jiǎngshǎng
尚讲大和尚长，小和尚煎姜汤让大和尚尝，大和尚奖赏小和尚
tánxiāngxiāng
檀香箱。

5.短文

蜻蜓　佚名

qīngtíng　qīng　néngtīng
啊，蜻蜓，你飞得那么轻，那么轻，没有人能听到
shēngyīn　zhēng　yǎnjing　zhǎ
你的声音。你睁大着眼睛，不眨也不动，难道不累
chàndòng　tòumíng　chìbǎng　yī huì er　lǜ bō
吗？你微微颤动着透明的翅膀，一会儿穿过绿波，
tíng lì　yè jiān er　qīnglüè　zuòshén
一会儿停立在叶尖儿，一会儿又轻掠水面，你在做什
me　kànbuqīng　bǔzhuōwényíng
么？我怎么看不清？老师对我说，你在捕捉蚊蝇。

朗读 蜻蜓

zhēn　zhuō　fēi
啊，真对不起，可爱的小蜻蜓，我不该捉你，现在你飞去吧，飞去吧！

（选自《小主持人语言能力训练》，湖南科学技术出版社2011年8月第1版）

山　杏　文牧

shānxìng
山杏开花了。

rè liè　bìng　xuànyào　jiāoyàn
山杏的花开得好热烈，她并不炫耀自己的娇艳，
rén　yìnxiàng　zhìpǔ　dàdǎn　chūnhánliàoqiào
而给人的印象却是质朴而大胆。早在春寒料峭的
fēngshāmímànzhōng　chángbáishān　shānshānlǐnglǐng
风沙弥漫中，在长白山区的山山岭岭，就可
yànhóng　chéngqiúzhuàng
以看到一种质朴的花朵，开始是艳红的，呈球状，
xuěbái
而后是雪白的花朵，这就是山杏！

朗读 山杏

山杏带着一腔热情(qiāng rè qíng)，不顾寒冷(hán lěng)，在柳丝(liǔ sī)刚刚吐出新绿(tǔ chū xīn lǜ)的山野上开着花朵。等(děng)别的山花开了，她就收藏(shōu cáng)起自己的花瓣(huā bàn)，树上才发出碧绿青翠(bì lǜ qīng cuì)的叶子来，这时，春光(chūn guāng)已浓烈(nóng liè)地来到了山山水水，正是(zhèng shì)春满人间(chūn mǎn rén jiān)。

是啊(shì ra)！山杏像勇敢泼辣(yǒng gǎn pō là)的姑娘(gū niang)那样招人(zhāo rén)喜爱。她是春天的使者(shǐ zhě)，向人们报告春天的喜讯(xǐ xùn)。

啊，难怪(nán guài)我们山区的女孩子，有很多(hěn duō)很多都起着这美好的名字(míng zi)：山杏。

（选自《小主持人语言能力训练》，湖南科学技术出版社2011年8月第1版）

萤（节选）　靳以

朗读 萤

郁闷(yù mèn)的无月夜，不知名(zhī míng)的花的香更浓(gèng nóng)了，炎热(yán rè)也愈难耐(yù nán nài)了；千千万万(qiān qiān wàn wàn)的萤火(yíng huǒ)在黑暗(hēi àn)的海中(hǎi zhōng)漂浮着。那像亮(xiàng liàng)在泡沫的尖顶(jiān dǐng)的一点雪白的水花，也像是照映(zhào yìng)在海面上群星(qún xīng)的身影(shēn yǐng)。我仰(yǎng)起头来，天上果真(guǒ zhēn)就嵌满(qiàn mǎn)了星星(xīng xing)，都在闪(shǎn)着，星是天间(tiān jiān)的萤(yíng)的身影(shēn yǐng)呢，还是萤(yíng)是地上的星(xīng)的身影(shēn yǐng)？但是它们都发着光，虽然很(suī rán hěn)细微，却也为夜行人照亮眼前(yè xíng rén zhào liàng yǎn qián)的路。

那成千成万(chéng qiān chéng wàn)的萤火虫(yíng huǒ chóng)，却一直愉快(yú kuài)地飘着，向上(xiàng shàng)飞在高空中(gāo kōng zhōng)，它的光显(xiǎn)得细弱(ruò)了，它还是落到地上来。落在树枝(shù zhī)上，使人们(rén men)看到肥大(féi dà)的绿叶间(lǜ yè jiān)还有一丛丛(yì cóng cóng)的花朵，那香气该是它们发散(fā sàn)出来的吧？落在路边的草上，映出(yìng chū)那细瘦(xì shòu)的叶尖(yè jiān)，和那上面栖息(qī xī)着的一只小甲虫(xiǎo jiǎ chóng)；落在老人(lǎo rén)的胡须上，孩子更(gèng)会稚气(zhì qì)地叫着："看，胡子像烟(yān)

dǒushìde　　　　　　liàng　liàng　　　　　jiāoào　　　　　　　　　　　　biàndé yì
斗似的烧起来了，一亮一亮的。”落在骄傲的孩子的发际，她就便得意

　　　zān　xīngxing
地说：“看我头上簪了星星！”

tā men　　　　chéng yè　máng lù　　　àn hēi
它们就是这样成夜地忙碌着，在黯黑的世界中穿行；当着太阳

chóng fù　　　　　　　　　tiān jì　　　　　　　　xīn kǔ yǐn　　　　děng
的光重复来到大地，它们就和天际的星星互相道着辛苦隐下去了，等

dài àn yè　　　　　　　　rén lèi xiànchū　　wēiruò　guānghuī
待黯夜复来的时候再为人类献出它们微弱的光辉。

（选自《读给孩子的散文》，海燕出版社2016年12月第1版）

训练指导

二　韵母辨正

1.分辨前鼻韵母和后鼻韵母（参见图9）

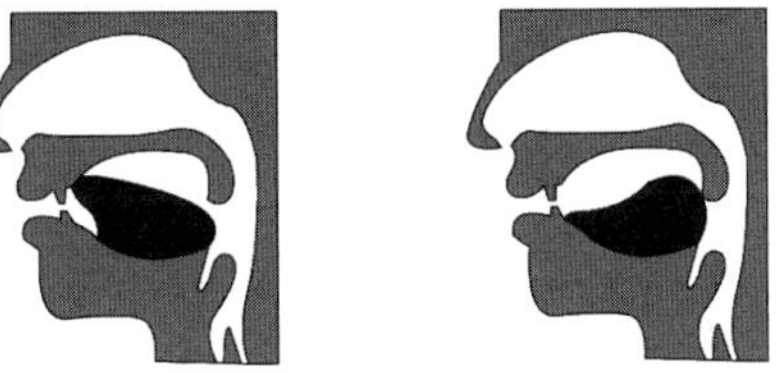

图9　前后鼻韵母对比示意图

普通话里，前后鼻韵母分得很清。方言区的人除了要掌握前鼻韵尾和后鼻韵尾发音的主要区别外，还要掌握声母与前鼻韵母、后鼻韵母拼合后，唇、舌头动程的不同状态。

（1）声母与前鼻韵母拼合动程

①双唇音b、p、m与前鼻韵母拼合音节

发音技巧：先双唇紧闭，舌尖放在下齿龈，气流积蓄在口腔中，突然打开，同时发出元音，舌尖向上抬抵住上齿龈，封闭口腔通道，保持口腔半开，气流从鼻腔透出，声音的响点集中在人中。

bān	pān	mán	biān	piān	miǎn	biàn
斑	潘	瞒	编	翩	勉	辩

②唇齿音f与前鼻韵母拼合音节

发音技巧：上齿接近下唇内缘，舌尖放在下齿龈，发音时气流摩擦成声时，打开口腔发出元音，舌尖迅速向上抬，抵住上齿龈，封闭口腔通道，保持

口腔半开，气流从鼻腔透出，声音的响点集中在人中。

fān	fán	fǎn	fēn	fěn	fén	fèn
翻	烦	反	分	粉	坟	粪

③舌尖中d、t、n、l与前鼻韵母拼合音节

发音技巧：口腔半开，舌尖抵住上齿龈，气流积蓄在口腔中，发音时舌尖用力弹开，发出元音后，接着再次抵住上齿龈，封闭口腔通道，保持口腔半开，气流从鼻腔透出，声音的响点集中在人中。

dān	tán	nán	lǎn	nín	nèn	lín
单	谈	南	懒	您	嫩	邻
diān	tuān	nuǎn	luàn	nián	lián	tiǎn
颠	湍	暖	乱	年	廉	舔

④舌根音g、k、h与前鼻韵母拼合音节

发音技巧：口腔半开，舌尖放在下齿龈，舌根隆起抵住或接近软腭和小舌，气流积蓄，突然打开，发出元音后，舌尖向上抬抵住上齿龈，封闭口腔通道，保持口腔半开，气流从鼻腔透出，声音的响点集中在人中。

gàn	kān	hān	guàn	kuǎn	huán	gēn
干	刊	憨	灌	款	环	跟
kěn	hěn	huàn	guǎn	kuān	hán	gān
啃	很	幻	馆	宽	寒	竿

⑤舌面音j、q、x与前鼻韵母拼合音节

发音技巧：口腔半开，舌尖放在下齿龈，舌面前部隆起抵住或接近硬腭前部，气流积蓄在口腔中，冲开阻碍摩擦发音，发出元音后，舌尖迅速向上抬起抵住上齿龈，封闭口腔通道，保持口腔半开，气流从鼻腔透出，声音的响点集中在人中。注意发音过程中舌尖不要接触上下齿，避免尖音。

jiān	qián	xiān	quān	juàn	jiàn	xuǎn
间	钱	先	圈	绢	剑	选
jīn	qìn	xīn	jūn	qún	xùn	jǐn
筋	沁	芯	均	裙	迅	紧

⑥舌尖后zh、ch、sh、r与前鼻韵母拼合音节

发音技巧：舌头向后缩，舌尖翘起抵住或接近硬腭前部，气流积蓄在口腔中，冲开阻碍摩擦发音，发出元音后，舌尖向前上方抬起，抵住上齿龈，封闭口腔通道，保持口腔半开，气流从鼻腔透出，声音的响点集中在人中。

zhǎn	chán	shān	rán	zhuàn	chuān	shuān
展	缠	删	然	撰	穿	拴
zhēn	chèn	shěn	zhūn	chūn	shǔn	rùn
真	趁	审	谆	春	吮	润

⑦舌尖前z、c、s与前鼻韵母拼合音节

发音技巧：舌尖向上略微抬起，抵住或接近上齿背，气流冲开阻碍摩擦发音，发出元音后，舌尖微微向后上方缩，抵住上齿龈，封闭口腔通道，保持口腔半开，气流从鼻腔透出，声音的响点集中在人中。

zán	cǎn	sān	zuān	cuàn	suān	zūn
咱	惨	三	钻	窜	酸	遵
cùn	sǔn	zěn	cén	sēn	zǎn	cán
寸	损	怎	岑	森	攒	惭

（2）声母与后鼻韵母拼合动程

①双唇音b、p、m与后鼻韵母拼合

发音技巧：先双唇紧闭，舌尖放在下齿龈自然放松，气流积蓄在口腔中突然打开发出爆破声，发出元音后，舌根向上抬起来，抵住软腭和小舌，封闭口腔通道，让气流从鼻腔透出，口半开，声音响点感觉从耳根向上传出。

注意：一是发音时舌根不要过分向后拉，避免后鼻韵母发音偏后，影响字音的清晰度；二是这组后鼻韵母都是扁唇音，发音时唇稍向两边用力。

bāng	páng	mǎng	bēng	pěng	mèng	bīng
帮	庞	莽	崩	捧	梦	兵
píng	mìng	bèng	péng	měng	bǐng	mèng
瓶	命	泵	蓬	猛	柄	梦

②唇齿音f与后鼻韵母拼合

发音技巧：上齿接近下唇内缘，舌尖放在下齿龈，舌面放松，气流通过时摩擦发音，发出元音后，舌根向上抬起来，抵住软腭和小舌，封闭口腔通道，让气流从鼻腔透出，口半开，声音响点从耳根向上传出。

注意发声母f时，上齿不要咬紧下唇，影响字音的清晰度；这组音韵母都是扁唇音，发音时唇稍向两边用力，可以减少气流在唇齿间的摩擦，提高字音的清晰度。

fāng	fēng	fáng	fèng	féng	fǎng	fèng
方	风	防	凤	冯	访	俸

③舌尖中音d、t、n、l与后鼻韵母拼合

发音技巧：口腔半开，舌尖向上抬起来抵住上齿龈，气流积蓄在口腔中，突然用力弹开，舌尖下降到下齿龈，发出元音后，舌根向上抬起来抵住软腭和小舌，封闭口腔通道，让气流从鼻腔透出，口半开，声音响点从耳根向上传出。

dāng	tāng	náng	lǎng	dēng	téng	néng
当	汤	囊	朗	登	疼	能
lěng	dǐng	tīng	níng	lǐng	dòng	tǒng
冷	鼎	厅	凝	岭	栋	桶

④舌根音g、k、h与后鼻韵母拼合

发音技巧：口腔半开，舌尖放在下齿龈，舌根向上抬起来抵住软腭和小舌，气流冲破阻碍，发出元音后，舌根再次向上抬起来，抵住软腭和小舌，封闭口腔通道，让气流从鼻腔透出，口半开，声音响点从耳根向上传出。注意舌根不要过分向后拉，避免g、k、h发成喉塞音，影响字音的清晰度。

gǎng 港	kàng 亢	hāng 夯	gěng 梗	kēng 铿	héng 恒	guàng 逛
kuàng 眶	huǎng 谎	gōng 供	kòng 控	hōng 烘	gěng 哽	hēng 哼

⑤舌面音j、q、x与后鼻韵母拼合

发音技巧：口腔半开，舌尖放在下齿龈，舌面前部隆起抵住或接近硬腭前部，气流冲破阻碍摩擦发音，发出元音后，舌根向上抬起来，抵住软腭和小舌，封闭口腔通道，让气流从鼻腔透出，口半开，声音响点从耳根向上传出。

jiǎng 奖	qiàng 呛	xiàng 向	jiǒng 炯	qióng 穹	xióng 雄	jiāng 姜
jìng 净	qīng 卿	xǐng 醒	qiāng 腔	xiāng 镶	jiǒng 迥	qióng 琼

⑥舌尖后音zh、ch、sh、r与后鼻韵母拼合

发音技巧：口腔半开，舌尖向上抬起来略微后缩，抵住或对着硬腭前部，气流冲破阻碍摩擦发音，舌尖下降到下齿龈，发出元音后，舌根向上抬起来，抵住软腭和小舌，封闭口腔通道，让气流从鼻腔透出，口半开，声音响点从耳根向上传出。

zhāng 章	cháng 尝	shàng 尚	ráng 瓤	zhèng 症	chéng 呈	shěng 省
réng 仍	zhuāng 妆	chuāng 疮	shuāng 霜	zhǒng 肿	chóng 崇	róng 戎

⑦舌尖前音z、c、s与后鼻韵母拼合

发音技巧：口腔半开，舌尖抬起来平伸，抵住或接近上齿背，气流冲破阻碍摩擦发音，舌尖降到下齿背，发出元音后，舌根向上抬起来，抵住软腭和小舌，封闭口腔通道，让气流从鼻腔透出，口半开，声音响点从耳根向上传出。

zāng 脏	cáng 藏	sǎng 嗓	zēng 憎	cèng 蹭	sēng 僧	zòng 粽
cóng 从	sòng 讼	zāng 赃	cāng 沧	sǎng 搡	zōng 鬃	cōng 聪

训练材料

1.单音节

ān āng　　bān bāng　　pàn pàng　　cān cāng　　dān dāng
安-肮　　斑-帮　　畔-胖　　餐-苍　　单-当

yǎn yǎng　　xiān xiāng　　jiàn jiàng　　zhuàn zhuàng　　shuān shuāng
眼-仰　　先-厢　　剑-酱　　撰-撞　　拴-霜

wān wāng　　chuān chuāng　　guǎn guǎng　　huàn huàng　　bèn bèng
弯-汪　　穿-窗　　管-广　　患-晃　　笨-泵

pén péng　　mén méng　　sēn sēng　　zhēn zhēng　　shěn shēng
盆-棚　　门-萌　　森-僧　　真-争　　审-声

yīn yīng　　bīn bīng　　mín míng　　jǐn jǐng　　qīn qīng
音-应　　宾-兵　　民-鸣　　紧-景　　亲-轻

hūn hōng　　dūn dōng　　tūn tōng　　zhǔn zhǒng　　zūn zōng
荤-烘　　吨-冬　　吞-通　　准-肿　　遵-宗

2.双音节

an-ang
ànrán àngrán　　hānshí hāngshí　　jiǎntān jiāntāng
黯然-盎然　　憨实-夯实　　碱滩-煎汤

en-eng
zhǎngzhēn chángzhēng　　dàfēn dàfēng　　zhēn lǐ zhēng lǐ
长针-长征　　大分-大风　　真理-争理

in-ing
xìn fú xìng fú　　lái bīn lái bīng　　pīnpán píngpán
信服-幸福　　来宾-来兵　　拼盘-平盘

ian-iang
xīnxiān xīnxiāng　　shǒuqiān shǒuqiāng　　xiǎoxiàn xiǎoxiàng
新鲜-馨香　　手牵-手枪　　小县-小象

uan-uang
guānmín guāngmǐn　　chēchuán chēchuáng
官民-光敏　　车船-车床
shuānghuán shuānghuáng
双环-双簧

uen-ong
xiāngcūn xiāngcōng　　chūnfēn chōngfèn　　fēilún fēilóng
乡村-香葱　　春分-充分　　飞轮-飞龙

ün-iong
gōngyùn gōngyòng　　xūnzhāng xiōngzhāng
工运-公用　　勋章-胸章
rénqún rénqióng
人群-人穷

an-ang
bānzhǎng　　pànwàng　　nánfāng　　gānzàng
班长　　盼望　　南方　　肝脏

ang-an
kànghán　　cháng'ān　　shānggǎn　　shàngshàn
抗寒　　长安　　伤感　　上善

en-eng
bēnténg　　zhēnzhèng　　shénshèng　　rènshēng
奔腾　　真正　　神圣　　认生

eng-en
dēngmén　　shēnggēn　　chéngkěn　　gèngshèn
登门　　生根　　诚恳　　更甚

mínbīng pǐnmíng jīn lǐng pìnqǐng
in–ing 民兵 品茗 金领 聘请

yǐngyīn qīngxìn xíng jìn míngxīn
ing–in 影音 轻信 行进 铭心

chúnzhǒng lúnkōng wénchóng shùncóng
uen–ong 纯种 轮空 蚊虫 顺从

tōngshùn dōngsǔn nóngcūn zhòngchūn
ong–uen 通顺 冬笋 农村 仲春

yúnyǒng jūnyòng xúnjiǒng qúnxióng
ün–iong 云涌 军用 寻囧 群雄

yōngjūn xiōngyùn xióngqún qióngjūn
iong–ün 拥军 凶运 熊群 穷军

biānjiāng yànyáng miánliáng xiānjiǎng
ian–iang 边疆 艳阳 棉粮 先讲

xiàngpiàn xiǎngyàn liángdiàn qiǎngxiàn
iang–ian 相片 飨宴 凉垫 抢线

zuànchuāng ruǎnchuáng kuānguǎng guānguāng
uan–uang 钻窗 软床 宽广 观光

kuánghuān kuāngsuàn huāngluàn guānghuán
uang–uan 狂欢 匡算 慌乱 光环

3. 四音节成语

bàn lù chū jiā tánhuā yī xiàn shǎnshǎn fā guāng pānlóng fù fèng
an 半路出家 昙花一现 闪闪发光 攀龙附凤

gāng jǔ mùzhāng chàngsuǒ yù yán zhǎng gē dāng kū
ang 纲举目张 畅所欲言 长歌当哭

cháng qī gòngcún
长期共存

fēnmiǎo bì zhēng shēn lín qí jìng fèn bù gù shēn gēnshēn yè mào
en 分秒必争 身临其境 奋不顾身 根深叶茂

téngkōng ér qǐ fēngshēngshuǐ qǐ chéngrénzhīwēi
eng 腾空而起 风生水起 乘人之危

chēngwángchēngbà
称王称霸

bīnzhì rú guī xīnzhào bù xuān yǐnxìngmáimíng yǐnjīng jù diǎn
in 宾至如归 心照不宣 隐姓埋名 引经据典

dǐngtiān lì dì tīng qí zì rán bīngqīng yù jié qíngzhì yì jìn
ing 顶天立地 听其自然 冰清玉洁 情至义尽

wēnwén ěr yǎ húnfēi dǎn liè cùncǎochūnhuī húnrán yì tǐ
uen 温文尔雅 魂飞胆裂 寸草春晖 浑然一体

dòngrénxīnxián hōngyúntuōyuè sǒngréntīngwén
ong 动人心弦 烘云托月 耸人听闻

nòngjiǎ chéngzhēn
弄假成真

jiànzàixiánshàng　xiān lǐ hòubīng　biànhuànmò cè　diānpèi liú lí
ian　箭在弦上　先礼后兵　变幻莫测　颠沛流离

xiāng tí bìnglùn　liǎngquán qí měi　qiāng lín dàn yǔ　qiáng nǔ zhīmò
iang　相提并论　两全其美　枪林弹雨　强弩之末

huānxīn gǔ wǔ　guānmén dà jí　chuānyún liè shí　huànrán yì xīn
uan　欢欣鼓舞　关门大吉　穿云裂石　焕然一新

wàngchénmò jí　guāng kě jiànrén　guǎngkāiyán lù
uang　望尘莫及　光可鉴人　广开言路

zhuāngqiāngzuòshì
装腔作势

yūntóuzhuànxiàng　qúnmóluànwǔ　xúnxúnshànyòu　xúngēn jiū dǐ
ün　晕头转向　群魔乱舞　循循善诱　寻根究底

qióngzé sī biàn　yòngbīng rú shén　qióngxiōng jí è　yōngrén zì rǎo
iong　穷则思变　用兵如神　穷凶极恶　庸人自扰

4.绕口令

(1)银星　in-ing

tiānshang　yínxīng　yīnyún　zhē
天上有银星，星旁有阴云，阴云要遮银星，银星要躲阴云，不让阴云遮银星。

(2)冷冷冷　en-eng

lěng　zhēn　zhèng lěng　bīng　rén rén
冷冷冷，真冷，真正冷；冰冰冰，冷冰冰，冰冷冷。人人都说

měng　zhènfēng　gèng lěng gèng bīng
冷，猛地一阵风，更冷更冰，冰冰冷冷冰冷冷。

5.语段

(1)富丽的江南

duō cuì　qīng cài　lán lán　duō nèn　yi dàn dàn　jiāng nán　zhèn
多翠的青菜，一篮篮；多嫩的瓜豆，一担担。江南小镇八月

xū　bàn　lǜ　guǒxiān　bēi lái　lǒulǒu　huàn　gǎn xū
圩，半街叶绿，半街果鲜。背来一篓篓，换回一担担。赶圩的人们把

suìyuèzhuīgǎn　lù　shān　fánhuá　fù lì　jiāngnán
岁月追赶，大路、小道，农田、矿山……繁华的祖国哟，富丽的江南。

lāochū　fēng shōunián
(2)捞出一个丰收年

liú shuǐ sānyuè sān　mǎn hé　shēngshēngtián　yíngfēng　jīn　wǎng
桃花流水三月三，满河渔歌声声甜，迎风撒上金丝网，捞出一个丰收年。

(3)期望

xīngxing duōme míngliàng　jǐ mǎn　chuāng　shǎndòng jīnglán　yǎnjing
星星多么明亮，挤满我的小窗。闪动晶蓝的眼睛，微

zhāngwàng
笑着向我张望。

yīnyúnxiāoshī tiānkōng yàng sì fán
阴云消失了，天空像洗过一样。打开久闭的小窗，我有多似繁

xīng qī wàng
星的期望。

（4）希望

xīnlíng jīn niǎo mènghuàn chìbǎng yángguāng
希望是心灵的金鸟，拍打着梦幻的翅膀，它总是追着阳光

fēixiáng tōngwǎng gēchàng
飞翔，在通往未来的路上歌唱。

fēngyǔ liǎnchì kěnéng diēshāng jí shǐ
它不会在风雨面前敛翅，但可能会在风雨中跌伤。即使跌伤了

téngkōng ér qǐ shēngmìng sǐ wáng
也会腾空而起，它的生命永远不会死亡。

6.短文

春　朱自清

pànwàng dōngfēng chūntiān jìn
盼望着，盼望着，东风来了，春天的脚步近了。

shuìxǐng xīnxīnrán shānlǎngrùn
一切都像刚睡醒的样子，欣欣然张开了眼。山朗润起来了，水

zhǎng liǎn
涨起来了，太阳的脸红起来了。

zuān nènnèn lǜ lǜ qiáo
小草偷偷地从土里钻出来，嫩嫩的，绿绿的。园子里，田野里，瞧

piàn mǎn tàng
去，一大片一大片满是的。坐着，躺着，打两个滚儿，踢几脚球，赛几趟

mícáng fēngqīngqiāoqiāo ruǎnmiánmián
跑，捉几回迷藏。风轻悄悄的，草软绵绵的。

xìng
桃树、杏树、梨树，你不让我，我不让你，都开满了花赶趟儿。红的像

yǐ jing
火，粉的像霞，白的像雪。花里带着甜味，闭了眼，树上仿佛已经满是桃

chéngqiān mìfēngwēngwēng hú dié
儿、杏儿、梨儿。花下成千成百的蜜蜂嗡嗡地闹着，大小的蝴蝶

zá míng zi sàn cóng li
飞来飞去。野花遍地是：杂样儿，有名字的，没名字的，散在草丛里，像

yǎnjing xīngxing zhǎ
眼睛，像星星，还眨呀眨的。

hányáng liǔ fēng　　mǔqīn　fǔ mō
"吹面不寒杨柳风",不错的,像母亲的手抚摸着你。风里带来些
xīnfān　hùn qīngcǎowèi　rùnshī
新翻的泥土的气息,混着青草味,还有各种花的香,都在微微润湿的空
yùnniàng niǎo er cháo ān fánhuānèn yè gāoxìng hū péngyǐn
气里酝酿。鸟儿将巢安在繁花嫩叶当中,高兴起来了,呼朋引
bàn màinòng qīngcuì hóulong chàngchūwǎnzhuǎn qīngfēng liú shuǐyìng
伴地卖弄清脆的喉咙,唱出婉转的曲子,与轻风流水应
hè niúbèi chéngtiānliáoliàng
和着。牛背上牧童的短笛,这时候也成天嘹亮地响着。

zuì xún cháng　nǎo　niú máo　huā
雨是最寻常的,一下就是三两天。可别恼,看,像牛毛,像花
zhēn xì sī xiézhī wūdǐng lǒng céngbáoyān
针,像细丝,密密地斜织着,人家屋顶上全笼着一层薄烟。树叶儿却
qīng　shàngdēng　huángyùn
绿得发亮,小草也青得逼你的眼。傍晚时候,上灯了,一点点黄晕
hōngtuō ān jìng ér hépíng shíqiáo chēng
的光,烘托出一片安静而和平的夜。在乡下,小路上,石桥边,有撑
qǐ sǎn nóngmín suōdàizhe lì
起伞慢慢走着的人;地里还有工作的农民,披着蓑戴着笠。他们的房
xī xī shūshū jìngmò
屋,稀稀疏疏的,在雨里静默着。

fēngzhengjiànjiàn chéng li
天上风筝渐渐多了,地上孩子也多了。城里乡下,家家户户,
shìde shūhuo jīn gǔ dǒusǒudǒusǒu
老老小小,也赶趟儿似的,一个个都出来了。舒活舒活筋骨,抖擞抖擞
jīngshen chūn gōng
精神,各做各的一份儿事去。"一年之计在于春",刚起头儿,有的是工
fu
夫,有的是希望。

xīn shēngzhǎng
春天像刚落地的娃娃,从头到脚都是新的,它生长着。

gūniang huāzhīzhāozhǎn
春天像小姑娘,花枝招展的,笑着,走着。

jiàn zhuàng qīng nián gē bo yāo jiǎo lǐng
春天像健壮的青年,有铁一般的胳膊和腰脚,领着我们上前去。

(选自《现代同题散文荟萃》,湖南文艺出版社1990年5月第2版)

泰山日出(节选)　　徐志摩

jù rén　　zhǐxiàng　dōngfāng
巨人的手,指向着东方——

zhǎn lù　　shénme
东方有的,在展露的,是什么?

guī lì rónghuá　　guāngmíng
东方有的是瑰丽荣华的色彩,东方有的是伟大普照的光明——出现了,到了,在这里了……

méiguizhī pútaojiāng zǐ jīngyè mǎnǎojīng shuāngfēng　　rǎngōng
玫瑰汁、葡萄浆、紫荆液、玛瑙精、霜枫叶——大量的染工,
céng lěi　　wānyán　pá jìn　yúnduī
在层累的云底工作;无数蜿蜒的鱼龙,爬进了苍白色的云堆。

yì cǎi　　mǎntiān　shuì yì　huànxǐng　sì yú　míngxiá
一方的异彩,揭去了满天的睡意,唤醒了四隅的明霞——

shén jū　rè fèn　chíchěng
光明的神驹,在热奋地驰骋……

yúnhǎi　miánshú　shòuxíng　tāolán　　hū xiào　ángtóu
云海也活了;眠熟了兽形的涛澜,又回复了伟大的呼啸,昂头
rǎngqīngmánxíng　chōng xǐ　sì àn　shuǐmòlàng
摇尾的向着我们朝露染青馒形的小岛冲洗,激起了四岸的水沫浪
huā zhèndàng　shēngmìng　　huānxīn　lín lì
花,震荡着这生命的浮礁,似在报告光明与欢欣之临莅……

hǎigōu　sǎodàng　zǔ ài　quèpíngshì de jīn xiá
再看东方——海句力士已经扫荡了他的阻碍,雀屏似的金霞,从
wúyín　chǎnshēng zhǎnkāi　biānyán　yòng lì
无垠的肩上产生,展开在大地的边沿。起……起……用力,用力。
chúnyàn　yuán lú　tàn　dì píng　fāndēng　lín zhào　tiān
纯焰的圆颅,一探再探的跃出了地平,翻登了云背,临照在天
kōng
空……

gēchàng　zànměi　　shèng lì
歌唱呀,赞美呀,这是东方之复活,这是光明的胜利……

sàn fā dǎozhù　shēncǎihénggèn　　yǐ jīngjiànjiàn
散发祷祝的巨人,他的身彩横亘在无边的云海上,已经渐渐地
xiāo yì　huānxīn　xiónghún　sòngměi　gē shēng　xiácǎi
消翳在普遍的欢欣里;现在他雄浑的颂美的歌声,也已在霞采
biànhuàn　pǔchè　sì fāngbā yú
变幻中,普彻了四方八隅……

tīng　huānshēng　kàn
听呀,这普彻的欢声;看呀,这普照的光明!

(选自《读给孩子的散文》,海燕出版社2016年12月第1版)

训练指导

2.分辨i和ü

i和ü在普通话中，它们的舌位相同，都是舌面前高元音，不同在于它们的唇形。

发音技巧：i是扁唇音，发音时唇稍向左右两边用力咧开，唇形是扁平的，可以露出牙齿；ü是圆唇音，上下唇略微拢圆，嘴角贴紧牙齿，唇齿相依，减少气流在唇齿间的摩擦，增强字音的清晰度。

i　益(yì)　叶(yè)　眼(yǎn)　音(yīn)　疑(yí)　鞋(xié)　盐(yán)

ü　玉(yù)　越(yuè)　选(xuǎn)　晕(yūn)　余(yú)　穴(xué)　缘(yuán)

发音技能训练

唇操

撮–咧：先将唇贴紧牙齿，向中心拢圆，然后唇向左右两边用力咧开，撮、咧交替进行。注意拢圆唇时，唇角尽力向齿靠拢，避免噘唇，咧开时唇也要贴紧牙齿，不露齿。

训练材料

1.单音节

i　疑(yí)　耶(yē)　焉(yān)　饮(yǐn)　亿(yì)　街(jiē)　怯(qiè)

ü　鱼(yú)　约(yuē)　冤(yuān)　允(yǔn)　欲(yù)　绝(jué)　鹊(què)

2.双音节

i–ü　意见(yì jiàn)–预见(yù jiàn)　容易(róng yì)–荣誉(róng yù)　比翼(bǐ yì)–比喻(bǐ yù)　积极(jī jí)–拘急(jū jí)

前面(qiánmiàn)–全面(quánmiàn)

ie–üe　切实(qièshí)–确实(quèshí)　椰果(yēguǒ)–跃过(yuèguò)　写字(xiě zì)–血渍(xuè zì)

蝎子(xiē zǐ)–靴子(xuē zǐ)　截然(jiérán)–决然(juérán)

yánsè yuánsè　qiánlì quánlì　yánxíng yuánxíng
ian–üan　颜色–原色　潜力–权利　言行–圆形

xiànyìng xuǎnyìng
献映–选映

yìnshū yùnshū　tōngxìn tōngxùn　jìnxīn jūnxīn
in–ün　印书–运输　通信–通讯　尽心–军心

qīnlì qúnlì
亲历–群力

bì xū　jī jù　lì lǜ　xī xū　qí qù　qí yǔ
i–ü　必需　积聚　利率　唏嘘　奇趣　祈雨

jū jī　yù yī　qū qí　xū xí　lǚ lì　lǜ jǐ
ü–i　狙击　御医　区旗　虚席　履历　律己

yèxuě　yèyuè　jiějué　jiéjué　xiéxuē　jiéyuē
ie–üe　夜雪　夜月　解决　孑孓　鞋靴　节约

xuèyè　yuèyě　quēyè　juéyé　xuéyè　yuèjiè
üe–ie　血液　越野　缺页　爵爷　学业　越界

biānyuán　tiányuán　piànjuàn　yǎnyuán　yànjuàn
ian–üan　边缘　田园　片卷　演员　厌倦

qiányuán
乾元

quànmiǎn　yuǎnjiàn　quányǎn　juānjiàn　quānqián
üan–ian　劝勉　远见　泉眼　捐建　圈钱

xuānyán
宣言

yīnyùn　línjūn　jìnjūn　qínyùn　yīnxún　jǐnyún
in–ün　音韵　邻军　禁军　琴韵　因循　锦云

jūnxīn　xúnxìn　qúnxìn　yúnyǐn　xúnlín　xúnqīn
ün–in　军心　寻衅　群信　云隐　巡林　寻亲

3.四音节成语

yī jǐn huánxiāng　yī yī bù shě　yī qù bù fǎn　yī yī dàishuǐ
i　衣锦还乡　依依不舍　一去不返　一衣带水

qǔ jìn qí miào　jù jīnghuìshén　jù lǐ lì zhēng　xū hánwènnuǎn
ü　曲尽其妙　聚精会神　据理力争　嘘寒问暖

yě xīn bó bó　qiēcuōzhuómo　qièchǐtònghèn　biéchūxīncái
ie　野心勃勃　切磋琢磨　切齿痛恨　别出心裁

xuè àn rú shān　xuězhōngsòngtàn　jué lù féngshēng　xué jū yě chù
üe　血案如山　雪中送炭　绝路逢生　穴居野处

xiānshēngduórén　jiàn lì wàng yì　diǎnshíchéngjīn　tiānzào dì shè
ian　先声夺人　见利忘义　点石成金　天造地设

yuányuánbùduàn　xuānrán dà bō　xuānbīnduózhǔ　yuàntiānyóurén
üan　源源不断　轩然大波　喧宾夺主　怨天尤人

yīnxúnshǒujiù　xīnyuán yì mǎ　yǐngǔzhèngjīn　yǐnshuǐ sī yuán
in　因循守旧　心猿意马　引古证今　饮水思源

ün　循序渐进(xún xù jiàn jìn)　群策群力(qún cè qún lì)　寻事生非(xún shì shēng fēi)　训练有素(xùn liàn yǒu sù)

4.绕口令

(1)一个瘸子　ie–üe

打南边来了个瘸子(qué zi)，手里托着个碟子(dié zi)，碟子里装着茄(qié)子，地下钉着(dìng zhe)个橛子(jué zi)，绊倒(bàn dǎo)了这个瘸子，撒(sǎ)了碟子里的茄子，气得瘸子撇(piě)了碟子，拔了橛子，踩了茄子。

(2)谁眼圆　ian–üan

山前有个阎圆眼(yán yuán yǎn)，山后有个严眼圆(yán yǎn yuán)，二人山前来比眼，不知是阎圆眼比严眼圆的眼圆，还是严眼圆比阎圆眼的眼圆。

5.短文

看彩虹

郭洋

雨停(yǔ tíng)了。

太阳从云里(yún li)射出万道光芒，在太阳相对着的天空上出现了一道彩虹(cǎi hóng)，红橙(chéng)黄(huáng)绿(lǜ)蓝(lán)靛(diàn)紫(zǐ)七种颜色(yán sè)，从外向里组成(zǔ chéng)了一条弧形(hú xíng)的彩带(cǎi dài)，高高挂在天上，似(sì)一座美丽而神秘(shén mì)的拱门(gǒng mén)，闪现(shǎn xiàn)着七色光彩。

朗读　看彩虹

过了一会儿(yī huì ér)，彩虹渐渐变淡(jiàn jiàn biàn dàn)，色彩朦胧(méng lóng)起来，眼看着彩虹两边隐(yǐn)去(qù)，紧接(jǐn jiē)着彩虹的弧顶(hú dǐng)也消失得无影无踪(wú yǐng wú zōng)。

每当雨后，我总是向着太阳照射(zhào shè)的天空凝望(níng wàng)，期盼(qī pàn)着彩虹的出现，等待(děng dài)着一个新(xīn)的惊叹(jīng tàn)。

我喜欢(xǐ huan)看彩虹，因为(yīn wèi)我喜欢做七彩(qī cǎi)的梦(mèng)。

（选自《小主持人语言能力训练》，湖南科学技术出版社2016年11月版）

训练指导

3.分辨o和e

o和e在普通话中都是舌面后半低元音,o是圆唇元音,e是扁唇元音。o只与b p m f相拼合构成音节,不与其他声母相拼合;e与其他声母拼合构成音节,不与b p m f相拼合。

发音技巧:o发音时口半开,唇贴紧牙齿拢圆,唇形呈大的正圆;e发音时唇向左右两边用力咧开,唇形呈扁平状。

	bō	pò	mó	fó	bó	pō	pǒ
o	波	魄	膜	佛	泊	泼	叵
	é	dé	tè	lè	gē	kě	hé
e	额	德	忑	乐	搁	渴	核

训练材料

1.单音节

	bō	bǒ	pò	pó	mó	mǒ	pò
o	拨	跛	迫	鄱	摹	抹	粕
	shè	zhē	chè	zé	zhě	gē	zhè
e	涉	遮	掣	啧	褶	咯	浙

2.双音节

	bōluó	pòluò	mòfǎ	fójiào	bǒjiǎo	pōlà
o	菠萝	破落	墨法	佛教	跛脚	泼辣
	dèsè	gēshě	zhéshè	shèyǐng	tèshè	hégé
e	嘚瑟	割舍	折射	摄影	特赦	合格

3.四音节成语

	bōtāoxiōngyǒng	bōlánbùjīng	pòbùdéyǐ	mòmòwúwén
o	波涛汹涌	波澜不惊	迫不得已	默默无闻
	èyán èyǔ	gégébúrù	gèxíngqíshì	kèjǐfènggōng
e	恶言恶语	格格不入	各行其是	克己奉公

4.绕口令

(1)鹤鹅河　o—e

hé shang　pō　kuān kuān　féi féi　dān dǐng
河上是坡,坡下是河。宽宽的河,肥肥的鹅。河坡飞来丹顶

hè　é　xiào hē hē　é guò hé　dù
鹤,鹤望河与鹅,小鹤笑呵呵,不知是鹅过河,还是河渡鹅。

5.短文

紫贝壳　　林玉佳子

朗读 紫贝壳

hǎitān wǒjiǎn zǐ bèi ké shǐzhě céng
海滩上，我捡到一枚紫贝壳，它是大海的使者，层
céngbōlàng chàngzhehuānkuài gē
层波浪推它来，为我唱着欢快的歌。

jiǎndào shātān shǐzhě róu
海滩上，我捡到一枚紫贝壳，它是沙滩的使者，柔
róu qīngtīng tóngnián huān lè
柔细沙推它来，倾听我童年的欢乐。

bànzhecháo qǐ yúnsàn hé tīng hǎi
紫贝壳伴着潮起又潮落，紫贝壳看着云散云又合，紫贝壳听着海
fēng hǎilàng yǒnghéngbùbiàn
风伴着海浪，唱着永恒不变的歌。

tóngnián
紫色的贝壳，紫色的歌，紫色的童年，紫色的我。

（选自《小主持人语言能力训练》，湖南科学技术出版社2016年11月版）

歌声　　朱自清

朗读 歌声

zuówǎn yīnyuè sī zhú hèchàng sānqǔ
昨晚中西音乐歌舞大会里中西丝竹和唱的三曲
qīnggē zhēnlìng shénmíxīnzuì
清歌，真令我神迷心醉了。

fǎng fú mùchūn zǎochén fēi fēi mòrán
仿佛一个暮春的早晨，霏霏的毛雨默然洒在我
liǎn yǐn rùn zé qīngsōng xīnxiān wēifēngchuīdòng
脸上，引起润泽、轻松的感觉。新鲜的微风吹动
yī mèi bí xī chuī báifánshí yǒng
我的衣袂，像爱人的鼻息吹着我的手一样。我立的一条白矾石的甬道
jīng zhèng rú céngbáobáo rǔ yóu huá nì
上，经了那细雨，正如涂了一层薄薄的乳油；踏着只觉越发滑腻可
爱了。

qún qīngmèng
这是在花园里。群花都还做她们的清梦。那微雨偷偷洗去她们
chéngòu tiánruǎn guāng zé huàn fā fú yàn
的尘垢，她们的甜软的光泽便自焕发了。在那被洗去的浮艳下，
néng shēncáng tián lěngluò
我能看到她们在有日光时所深藏着的恬静的红，冷落的紫，和苦笑

的白与绿(lǜ)。以前锦绣(jǐn xiù)般(bān)在我眼前的，现在都带了黯淡(àn dàn)的颜色。——是愁着(chóuzhe)芳春(fāngchūn)的销歇(xiāoxiē)么(me)？是感着芳春的困倦(kùnjuàn)么？

大约也因那濛濛的雨，园里没了浓郁(nóngyù)的香气。涓涓(juānjuān)的东风(dōngfēng)只吹来一缕缕(lǚ lǚ)饿(è)了似的(shìde)花香，夹带着些潮湿(cháoshī)的草丛(cǎocóng)的气息和泥土的滋味(zī wèi)。园外田亩和沼泽(zhǎo zé)里，又时时送(sòng)过些新插(xīnchā)的秧(yāng)，少壮(shàozhuàng)的麦，和成(chéng)荫(yīn)的柳树(liǔshù)的清新(qīngxīn)的蒸汽(zhēng qì)。这些虽非甜美(tiánměi)，却能强烈(liè)地刺激(cì jī)我的鼻观，使我有愉快(yúkuài)的倦怠(juàndài)之感。

看啊，那都是歌中所有的：我用耳，也用眼，鼻，舌，身，听着；也用心唱着。我终于被一种健康的麻痹袭取(má bì xí qǔ)了。于是为歌所有。此后只由歌独自(dú zì)唱着，听着；世界上便只有歌声(gēshēng)了。

（选自《读给孩子的散文》，海燕出版社2016年12月第1版）

海燕（节选）　　郑振铎

乌黑(wūhēi)的一身(yì shēn)羽毛，光滑漂亮(piàoliang)，积伶(líng)积俐(lì)，加上一双剪刀似的尾巴(jiǎndāoshì de wěiba)，一对劲俊轻(jìnjùnqīng)快的翅膀(chìbǎng)，凑成(còuchéng)了那样可爱的活泼(huópo)的一只小燕子(xiǎoyàn zi)。当春间(chūnjiān)二三月，轻飔(qīng sī)微微地吹拂(fú)着，如毛的细雨无因的由天上洒落(sǎluò)着，千条万条(qiāntiáowàntiáo)的柔柳(róuliǔ)，齐舒(qí shū)了它们的黄绿(huáng lǜ)的眼，红的白的黄的花，绿的草，绿的树叶，皆如赶赴(jiē rú gǎn fù)市集者似的(shìde)奔聚(bēn jù)而来，形成(xíngchéng)了烂漫(lànmàn)无比的春天时，那些小燕子，那末伶俐可爱的小燕子，便也由南方(nánfāng)飞来。加入这个隽妙(jùnmiào)无比的春景(chūnjǐng)的图画中，为春光平添(píngtiān)了许多的生趣(shēngqù)。小燕子带了它的双剪(shuāngjiǎn)似的尾，在微风(wēifēng)细雨(xì yǔ)中，或在阳光满地时，斜飞(xié fēi)于旷亮(kuàngliàng)无比的天空之上，唧的一声，已由这里稻田上，飞到了那边的高柳之下

jùn yì lín lín rú wén hénglüè yì
了。再几只却隽逸地在粼粼如縠纹的湖面横掠着，小燕子的剪尾或翼
jiān ǒuzhān yuányùn dàngyàng
尖，偶沾了水面一下，那小圆晕便一圈一圈地荡漾了开去。那边还
fēijuàn xiánsǎn qì xī xiān xì nènlán chūntiān
有飞倦了的几对，闲散地憩息于纤细的电线上，——嫩蓝的春天，几
mùgān hén xì xiànlián tíng cū ér yǒuzhì
支木杆，几痕细线连于杆与杆间，线上是停着几个粗而有致的小黑点，
duōme yì fú
那便是燕子，是多么有趣的一幅图画呀！

（选自《读给孩子的散文》，海燕出版社2016年12月第1版）

蝉与纺织娘（节选）　郑振铎

shānzhōng tīngjiàn chánshēng niǎoshēng
我在山中，每天听见的只有蝉声，鸟声还比不上。那时
hěn rè jí liángshuǎng zhèngwǔ láng
天气是很热，即在山上，也觉得并不凉爽。正午的时候，躺在廊
qián téng tà liángfēng mǎnshān zhúshùshāotóu
前的藤榻上，要求一点的凉风，却见满山的竹树梢头，一动也不
jìngjìng zhànzhe lǎosēng dìngshìde fēng
动，看看足底下的花草，也都静静地站着，如老僧入了定似的。风
shàn jì shǒu jīn shìhàn yáohuī zhǐshàn
扇之类既得不到，只好不断地用手巾来拭汗，不断地摇挥那纸扇了。
jǐ lǚ chánshēng kǎnwàimíngzòu
在这时候，往往有几缕的蝉声在槛外鸣奏着。闭了目，静静地听了
cǐ chàng bǐ hè qīngyōu yuèduì
它们在忽高忽低，忽断忽续，此唱彼和，仿佛是一大阵绝清幽的乐队
qǔ zi yán rè sì hū ménglóng
在那里奏着绝清幽的曲子，炎热似乎也减少了，然后，朦胧地朦胧地睡
shénme jué de liáng jiǔ qīngmèngxǐng mǎn ěr
去了，什么都不觉得。良久，良久，清梦醒来时，却又是满耳的蝉
zhēn qīngchén zhú
声。山中的蝉真多！绝早的清晨，老妈子们和小孩子们常去抱着竹
gān zhèn gēnsuí zhāo lù
竿乱摇一阵，而一只两只的蝉便要跟随了朝露而落到地上了。每一个
zǎochen dī cuìxuān zuǒ jìn bèizhuō
早晨，在我们滴翠轩的左近，至少是百只以上之蝉是这样的被捉。
bìng jiǎnshǎo
但蝉声并不减少。

chángcháng liǎng jī shēng fángnèi píng
常常的，一只蝉两只蝉，叽的一声，飞入房内，如平时我们

所见的青油虫(qīngyóuchóng)及灯蛾(dēng é)之飞入一样。这也是必定(bì dìng)被人所捉(suǒzhuō)的。有一天，见有什么东西(shénmedōng xi)在槛(kǎn)外倒水(dàoshuǐ)的铅斗(qiāndǒu)中咯笃(gē dǔ)咯笃地作响(zuòxiǎng)，俯身(fǔ shēn)到槛外一看，却又是一只蝉，这当然又是一个俘虏(fú lǔ)了。还有好几次，在山脊(shān jǐ)上走时，忽见矮林丛(ǎi lín cóng)中有什么东西(shénmedōng xi)在动，拨开(bōkāi)林丛一看，却也是一只蝉。它是被竹枝(zhú zhī)竹叶挡阻住(dǎng zǔ zhù)了不能(néng)飞去。我把它拾(shí)在手中。同行(tóngxíng)的心南先生(xīnnánxiānsheng)说，“这有什么稀奇(xī qí)，放走了它吧。要多少(duōshǎo)还怕没有(méiyǒu)！”我便顺(biànshùn)手把它向风中(fēngzhōng)一送(sòng)，它悠悠扬扬(yōuyōuyángyáng)地飞去很远很远(hěn yuǎnhěnyuǎn)，渐渐(jiànjiàn)地不见了。我想不到这只蝉就在刚才(gāngcái)是地上拾了来的那一只！

（选自《读给孩子的散文》，海燕出版社2016年12月第1版）

第四节　声调训练

训练目标

1. 了解普通话的调类、调形、调值。
2. 读准普通话词语的声调。

训练指导

一　声调及其作用

声调及其作用

声调是音节的音高变化，也就是音节音调的高低升降变化。在汉语普通话中一般一个音节对应一个汉字的读音，声调也称为字调。

声调是汉语音节中不可缺少的部分，同声母、韵母一样具有区别意义的作用。例如，公事(gōngshì)和共识(gòngshí)，它们的声母、韵母相同，这些词表示的意义不同，就是靠声调的不同来加以区别的。

在普通话中一个音节可以没有声母，但不能没有韵母和声调，它们是不可缺少的。例如，wu 这个韵母，标注不同的声调，就可以成为不同的音节，表示不同意义的汉字的读音巫(wū)、无(wú)、五(wǔ)、雾(wù)。声调是汉语语音的显著特色，使汉语语音具有乐感。

二　调类、调形、调值

(一)调类

调类是声调的种类。普通话有四个调类，它们是阴平、阳平、上声、去声，也就是第一声、第二声、第三声、第四声。

普通话的调类调形调值

(二)调形

调形是音节的音高变化形式，是声调的高低、升降、曲直、长短的形状。

普通话四个声调的调形分别是平调、升调、曲折调、降调。具体地说阴平是高平调，声音高而平；阳平是中升调，由中音升到高音；上声是降升调，由半低音先降到低音，保持低平，再升到半高音；去声是全降调，由高音降到低音。

(三)调值

调值是声调的实际发音。普通话声调调值采用“五度制标记法”。阴平的音高变化范围是从5度到5度，调值是55；阳平的音高变化范围是从3度到5度，调值是35；上声的音高变化范围是从2度降到1度，在上升到4度，调值是214；去声的音高变化范围是从5度降到1度。普通话声调“五度制标记法”参见图10：

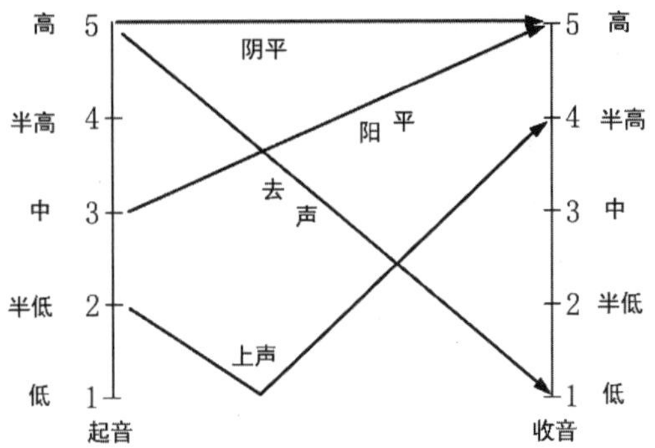

图10　五度制标记法

《汉语拼音方案》规定声调符号标在主要元音上。我们必须记住标调的方法：a、o、e、i、u、ü，标调时，按顺序。i上标调去掉点，i、u并排标后边。

发音技能训练

声调发音
技能训练

1.扩展音域的练习

身体站立，肩部、胸部放松，下巴微微内含，保持良好的精神状态，吸气时小腹内收，向丹田集中用力，扩展两肋，膈肌下降，吸气到腰腹有饱胀的感觉，“八成”满的气息量；呼气时要求，小腹继续内收，拉住气流，稳实均匀，有控制的呼出，同时发音。

呼出气流时发音，“伟大的祖国，伟大的人民”。站立，音高声音响点控制由低（地面）、半低（桌面）、中（与口腔平行）、半高（头顶上一尺）、高（天花板）。

2.结合气息控制声调发音

要求阴平起调高，气息平稳，气息均匀不紧张；阳平用气由弱变强，保留气流上升的趋势；上声降时气息要稳，上扬时气息逐渐变弱；去声气息强，起调高，收音气息弱。

训练材料

1.单音节

bā	bá	bǎ	bà	pō	pó	pǒ	pò
八	拔	把	罢	颇	婆	笸	魄

mā má mǎ mà
妈 麻 码 骂

dā dá dǎ dà
搭 答 打 大

nī ní nǐ nì
妮 泥 拟 腻

hū hú hǔ hù
呼 壶 虎 户

hān hán hǎn hàn
憨 韩 喊 汉

qī qí qǐ qì
期 其 起 器

zhā zhá zhǎ zhà
渣 轧 眨 乍

shēn shén shěn shèn
伸 神 沈 渗

zāo záo zǎo zào
糟 凿 澡 灶

suī suí suǐ suì
虽 随 髓 穗

fā fá fǎ fà
发 罚 法 珐

tī tí tǐ tì
踢 蹄 体 剃

liāo liáo liǎo liào
撩 疗 了 撂

kē ké kě kè
科 壳 渴 课

jiā jiá jiǎ jià
加 颊 假 架

xiāng xiáng xiǎng xiàng
镶 祥 想 像

chī chí chǐ chì
痴 持 耻 赤

rāng ráng rǎng ràng
嚷 瓤 壤 让

cāi cái cǎi cài
猜 材 踩 菜

2.双音节

阴平

bājiāo cānjiā bōyīn fāngxiāng kāfēi fāshēng
芭蕉 参加 播音 芳香 咖啡 发生

ōugē fēngshōu shīgē xiāngjiāng gōngbīng dānyī
讴歌 丰收 师哥 湘江 工兵 单衣

阳平

áoxiáng ángyáng péngbó chímíng zhídá rénmín
翱翔 昂扬 蓬勃 驰名 直达 人民

móxíng huáxíng értóng línghuó háohuá liánhé
模型 滑行 儿童 灵活 豪华 联合

上声

fǔdǎo chúlǐ shuǐguǒ hǎidào wǔdǎo gǎnxiǎng
辅导 处理 水果 海盗 舞蹈 感想

yǒuhǎo shǒuzhǎng běihǎi gǔwǔ guǎngchǎng lǐjiě
友好 手掌 北海 鼓舞 广场 理解

去声

dàshà pòlì kuàibào zhàoyào dìzào chàngyì
大厦 魄力 快报 照耀 缔造 倡议

rìyuè qìnghè yànhuì zhìyì zhìliàng dìzhì
日月 庆贺 宴会 致意 质量 帝制

3.四音节成语

chūnnuǎnhuākāi　　tiānzāirénhuò　　chuānliú bù xī　　guānghuīcànlàn
春暖花开　　天灾人祸　　川流不息　　光辉灿烂

chímíngzhōngwài　　huólínghuóxiàn　　yángcháng ér qù　　míngbù xū chuán
驰名中外　　活灵活现　　扬长而去　　名不虚传

jǔ zú qīngzhòng　　hǔbèixióngyāo　　lǎo qì héngqiū　　děngxiánshìzhī
举足轻重　　虎背熊腰　　老气横秋　　等闲视之

zuòwúxū xí　　hànliú jiā bèi　　dà jiē xiǎoxiàng　　mòshǒuchéngguī
座无虚席　　汗流浃背　　大街小巷　　墨守成规

4.绕口令

(1)黄毛猫偷吃红糖包　阴平-阳平

wáng jiā　huángmáomāo　wāng jiā hóngtángbāo
王家有只黄毛猫，偷吃汪家红糖包，汪家打死王家的黄

péi
毛猫。王家要汪家赔黄毛猫，汪家要王家赔红糖包。

(2)小柳和小妞　阴平-阳平-上声

liú xiǎo liǔ　niúxiǎoniū　dà pí qiú
路东住着刘小柳，路南住着牛小妞，刘小柳拿着大皮球，牛小妞抱着

dàshí liu
大石榴，刘小柳把大皮球送给牛小妞，牛小妞把大石榴送给刘小柳。

(3)老史捞石　阴平-阳平-上声-去声

lǎoshīlǎo　lǎoshǐ　lāoshí　piàn
老师老是叫老史去捞石，老史老是没有去捞石，老史老是骗老师，老

lǎoshi
师老是说老史不老实。

5.短文

五月的青岛(节选)　老舍

朗读
五月的青岛

yīnwèiqīngdǎo　yīnghuāzhào lì
因为青岛的节气晚，所以樱花照例是在四月下

xúncáinéngshèngkāi　fēngwù
旬才能盛开。樱花一开，青岛的风雾也挡不住草木

shēngzhǎng　hǎitáng　dīngxiāng　téngluó　dù
的生长了。海棠，丁香，桃，梨，苹果，藤萝，杜

juān　zhēng　nèn lǜ
鹃，都争着开放，墙角路边也都有了嫩绿的叶儿。五

qīngzǎo　tīngjiàn　wú xū
月的岛上，到处花香，一清早便听见卖花声。公园里自然无须说了，小

蝴蝶花与桂竹香(guìzhúxiāng)们都在绿草(lǜ cǎo)地上用它们的娇艳(jiāoyàn)的颜色结成(jié chéng)十字，或绣成(xiùchéng)几团；那短短的绿树篱(lǜ shù lí)上也开着一层(céng)白花，似绿枝(sì lǜ zhī)上挂了一层春雪(chūnxuě)。就是路上两旁的人家也少不得有些花草：围墙既矮，藤萝(téngluó)往往顺(shùn)着墙把花穗儿悬(suì er xuán)在院外，散(sàn)出一街的香气；那双樱(shuāngyīng)，丁香，都能在墙外看到，双樱的明艳(míng yàn)与丁香的素丽(sù lì)，真(zhēn)是足以使人眼明(yǎn míng)神爽(shénshuǎng)。

山上有了绿色，嫩绿(nèn lǜ)，所以把松柏(sōngbǎi)们比得发黑了一些。谷中不但填满(tián mǎn)了绿色，而且颇(pō)有些野花，有一种似紫荆(sì zǐ jīng)而色儿略(lüè)略发蓝的，折来很好插瓶(chāpíng)。

青岛的人怎能(zěnnéng)忘下海呢？不过，说也奇怪，五月的海就仿佛(fǎng fú)特别地绿，特别地可爱，也许是因为人们心里痛快(tòngkuai)吧？看一眼路旁的绿叶，再看一眼海，真的，这才明白(míngbai)了什么叫做“春深似海(chūnshēn sì hǎi)”。绿，鲜绿(xiǎn lǜ)，浅绿(qiǎn lǜ)，深绿(shēn lǜ)，黄绿，灰绿，各种的绿色，联接(lián jiē)着，交错着，变化着，波动着，一直绿到天边，绿到山脚，绿到渔帆(yú fān)的外边去。风不凉(fēng bù liáng)，浪不高，船缓缓(huǎnhuǎn)的走，燕低低的飞，街上的花香与海上的咸味混(xiánwèihùn)到一处，浪漾(làngyàng)在空中，水在面前，而绿意无限(lǜ yì wúxiàn)，可不是，春深似海(chūnshēn sì hǎi)！

（选自《读给孩子的散文》，海燕出版社2016年12月第1版）

训练指导

三　声调辨正

普通话声调辨正，首先要把普通话声调练习准确、纯熟，然后找出自己所属方言声调与普通话声调的差异，在学习中整理它们的对应关系，提高学习效率。

发音技巧：

阴平(55)起调高而平，避免起调低，发成44、33调值，注意气息均匀，防止拖尾音或尾音曲折下滑。

阳平(35)气息由弱逐渐变强，声音响点滑动是直线上移，并保留气息向上的趋势。不能带有曲折，读成3345的调值。

声调辨正

上声(214)实际发音时，是主体低调，向上弱收的弧线，向上时气息逐渐变弱，避免突然加强读成折线。

去声(51)起调高，气息强，声音的响点在高位，收音气息弱。发音时避免起调过低，声音的响点落在低位，注意收音时气息控制，防止拖出尾音。

实际发音时，四种调类音长保持一致，注意避免长短不一，造成方言语调。

训练材料

1.单音节

bāi	bái	bǎi	bài	pāo	páo	pǎo	pào
掰	白	柏	败	抛	袍	跑	炮
fēi	féi	fěi	fèi	lāo	láo	lǎo	lào
绯	肥	斐	费	捞	劳	老	烙
jiē	jié	jiě	jiè	qiē	qié	qiě	qiè
街	截	解	届	切	茄	且	怯
wū	wú	wǔ	wù	chuāng	chuáng	chuǎng	chuàng
屋	吾	舞	勿	疮	床	闯	创
wēi	wéi	wěi	wèi	wān	wán	wǎn	wàn
微	维	伟	魏	湾	玩	挽	腕
yū	yú	yǔ	yù	xuē	xué	xuě	xuè
淤	逾	予	欲	薛	学	雪	谑
quān	quán	quǎn	quàn	qiāng	qiáng	qiǎng	qiàng
圈	颧	犬	券	枪	墙	抢	呛

2.双音节

阴平-阳平

zī yuán	jiānjué	cuōtuó	piāoyáng	xīngqiú	jīnghuá
资源	坚决	蹉跎	飘扬	星球	京华
shēnghuó	pīnbó	jiā qiáng	fēngráo	huīxié	qīnghái
生活	拼搏	加强	丰饶	诙谐	清还

阴平–上声

gēwǔ	fāng fǎ	jiān kǔ	dēng tǎ	tīngjiǎng	piāo sǎ
歌舞	方法	艰苦	灯塔	听讲	飘洒
gōuhuǒ	guāngcǎi	qīng tǔ	lā xiǎng	qīngcǎo	bānshǒu
篝火	光彩	倾吐	拉响	青草	扳手

阴平–去声

fēikuài	jī lì	bōsòng	dānwèi	huānchàng	xīnwèi
飞快	激励	播送	单位	欢畅	欣慰
zhōngwài	jiēshòu	chōngfèn	dāngyè	diānpèi	diēpò
中外	接受	充分	当夜	颠沛	跌破

阳平–阴平

huábīng	cházhuāng	chónggāo	záokāi	qíngcāo	liángshī
滑冰	茶庄	崇高	凿开	情操	良师
yán ān	yángguāng	lánhuā	lái bīn	yí xīng	jí xīng
延安	阳光	兰花	来宾	宜兴	吉星

阳平–上声

fú xiǎo	géhǎi	húshuǐ	héhǎo	yáobǎi	háomǐ
拂晓	隔海	湖水	和好	摇摆	毫米
chíjiǔ	huíshǒu	bácǎo	jí shǒu	huáběi	miáoxiě
持久	回首	拔草	棘手	华北	描写

阳平–去声

róng qì	liáokuò	féiwò	chéng jì	má lì	píngjiè
容器	辽阔	肥沃	成绩	麻利	凭借
pín lǜ	tóukào	ráoshù	qiánshào	wéirào	lóudào
频率	投靠	饶恕	前哨	围绕	楼道

上声–阴平

shǒudū	lǐ kuī	wǔxīng	liǔ shāo	tǐ jī	zǒngshuō
首都	理亏	五星	柳梢	体积	总说
yǒubāng	cǎichē	měiguān	gǎn jī	yǐ jīng	qǐ fā
友邦	彩车	美观	感激	已经	启发

上声–阳平

pǔ jí	lǚ liáng	qiǎn zé	lǎngdú	kǎochá	kǒutóu
普及	吕梁	谴责	朗读	烤茶	口头
qiǎ ké	wǎnxiá	zhǎochá	zǒudú	kǎohé	kǎixuán
卡壳	晚霞	找茬	走读	考核	凯旋

上声–去声

jiǎngkè	xuǎnpài	kǎ jù	guǎngdà	tǔ dì	wǔ jù
讲课	选派	卡具	广大	土地	舞剧
kǎoshì	zhǔyào	fěicuì	jǐn còu	jǐn kuài	wǔ lì
考试	主要	翡翠	紧凑	尽快	武力

去声-阴平

gòu sī　jiàn jiē　sù qīng　zhèngzhāng　jiàokān　fù sū

构思　间接　肃清　证章　校勘　复苏

xìngkuī　làngtāo　zhàochāo　shàoxīng　wèisuō　xiàochē

幸亏　浪涛　照抄　绍兴　畏缩　校车

去声-阳平

là zhú　làngcháo　liàn xí　zhùzhái　xù yán　rènhé

蜡烛　浪潮　练习　住宅　绪言　任何

fù ráo　là méi　kè fú　wùqiú　xìng fú　fàngxué

富饶　腊梅　克服　务求　幸福　放学

去声-上声

dàhǎi　zì zhǔ　zhùshǒu　jìn zhǐ　zì zhǐ　jì zhě

大海　自主　驻守　禁止　字纸　记者

jià shǐ　xià yǔ　lì shǐ　zhòuzhě　nài jiǔ　xì qǔ

驾驶　下雨　历史　皱褶　耐久　戏曲

3. 四音节成语

guāngmíng lěi luò　zhōng liú dǐ zhù　huāhóng liǔ lǜ　fēngtiáo yǔ shùn

光明磊落　中流砥柱　花红柳绿　风调雨顺

xīnmíngyǎnliàng　yīnyángshǎngqù　shānhé jǐn xiù　kāiqú yǐnguàn

心明眼亮　阴阳上去　山河锦绣　开渠引灌

shānmíngshuǐxiù　xīncháopéngpài　qíngtiān pī lì　xǔ xǔ rú shēng

山明水秀　心潮澎湃　晴天霹雳　栩栩如生

4. 绕口令

(1)拖拉机　阴平-阳平-去声

tuō lā jī　yì zhāng lí　fān dì　shēnyòu xì　lì

一台拖拉机，拉着一张犁，拖拉机拉犁犁翻地，翻地翻得深又细，拖拉机出的力，犁翻的地，你说是犁犁的地还是拖拉机翻的地？

(2)铜钉和铜板　阴平-阳平-上声-去声

tóngdīng hé tóngbǎn　dìng　dìng　dīng　dīngdìng　dìngdīng

铜钉和铜板，铜钉钉铜板，铜板钉铜钉，钉钉铜，铜钉钉。

5. 语段

(1)白云飞

báiyún fēi　piāo　jiǔ chóngxiāo　jǐng　zuìgāofēng　shéi　huángshān　jié bái　chónggāo

白云飞，白云飘。飘上黄山九重霄，山越高来景越美，最高峰上谁在笑？啊！黄山的云啊，你那样洁白，那样崇高。

xuán yá sōngshùshāo　dǒu　qiào　jiāo ào

白云飞，白云飘，飘上悬崖松树梢，崖越陡来松越俏，最陡的崖上谁在笑？啊！黄山的云啊，你那样美丽，那样骄傲。

(2)校园的早晨

yánzhe xiàoyuán shú xi　qīngchén　dú shū　chūshēng
沿着校园熟悉的小路，清晨来到树下读书，初升的太阳照

liǎnshang　zhàozhe shēnpáng　qīn ài　huǒbàn
在脸上，也照着身旁这棵小树。亲爱的伙伴，亲爱的小树，和我

gòng xiǎng yáng guāng yǔ lù　jì zhu　zhí dào zhǎng chéng cān tiān
共享阳光雨露，请记住我们这美好时光，直到长成参天

dà shù
大树。

6.短文

童谣　　金波

xǐ huan tīng xiǎo niǎo　shù lín　wǎn zhuàn míng
我和你一样，喜欢听小鸟在树林里婉转鸣

tí　xī shuài　cǎocóng　zhèn chì tánqín
啼，喜欢听蟋蟀在草丛里振翅弹琴。

朗读 童谣

gèng　sòngchàng tóngyáo
可是，我更喜欢听妈妈为我诵唱童谣。

zhí
那童谣是她小时候，从她的妈妈那儿学会的，她一直

láoláo　míng jì　xīnshang
牢牢地铭记在心上。

zhēncáng　zhīdao　nàme
她珍藏了二十多年，她知道将来会有那么一天，她要唱给一个孩

dìng hěn　jìngjìng　yī wēi　shēnpáng
子听；她知道那个孩子一定很喜欢听，他会静静的依偎在她身旁，

yǎngzhe
仰着小脸听着。

此刻，我就是那样听着，听着。

sòngchàng　qīngchén
当妈妈为我诵唱童谣的时候，如果是在清晨，那些小鸟就不再

jī ji zhāzhā　yè wǎn　xī shuài yě　xū　tánqín
叽叽喳喳地唱了；如果是在夜晚，蟋蟀也不再嘘嘘嘘嘘地弹琴了，它们

ān ān jìngjìng　qīngtīng
都安安静静地和我一起倾听着，倾听着。

shēnghuó　yàoshi　zhǎnxiàn
妈妈教我的童谣，是开启生活大门的钥匙，它在我面前展现了

xuàn lì duō cǎi　xīnlíng　chìbǎng　rénshēng zuì zǎo
绚丽多彩的世界；它又是我心灵的翅膀，让我开始了人生最早的

fēixiáng
飞翔。

童谣永远活在人们的记忆里，它是古老（gǔ lǎo）的，又是永远年轻（yǒng yuǎn nián qīng）的。它像一条永不干涸（gān hé）的小河，从妈妈的心里流进（liú jìn）我的心里（xīn li）。

（选自《小主持人语言能力训练》，湖南科学技术出版社2016年11月版）

北京的春节（节选）　　老舍

朗读
北京的春节

元宵（yuán xiāo）（汤圆）上市，新年的高潮（gāo cháo）到了——元宵节（从正月（zhēng yuè）十三到十七）。除夕（chú xī）是热闹（rè nao）的，可是没有月光；元宵节呢，恰好是明月当空（míng yuè dāng kōng）。元旦是体面（tǐ mian）的，家家门前贴着鲜红的春联（chūn lián），人们穿着（chuān zhe）新衣裳（yī shang），可是它还不够美。元宵节，处处悬灯结彩（xuán dēng jié cǎi），整条（zhěng tiáo）的大街像是办喜事，火炽（huǒ chì）而美丽。有名（yǒu míng）的老铺（lǎo pù）都要挂出几百盏（zhǎn）灯来，有的一律（yí lǜ）是玻璃（bō li）的，有的清一色（qīng yí sè）是牛角（niú jiǎo）的，有的都是纱灯（shā dēng）；有的各形各色（gè xíng gè sè），有的通通彩绘（cǎi huì）全部《红楼梦（hóng lóu mèng）》或《水浒传（shuǐ hǔ zhuàn）》故事（gù shi）。这，在当年，也就是一种广告；灯一悬起，任何人都可以进到铺中参观；晚间灯中都点上烛（zhú），观者（guān zhě）就更（gèng）多。这广告可不庸俗（yōng sú）。干果店在灯节还要做一批杂拌儿生意（zá bàn er shēng yi），所以每每独（dú）出心裁（chū xīn cái），制成（zhì chéng）各样的冰灯（bīng dēng），或用麦苗（mài miáo）做成一两条碧绿（bì lǜ）的长龙（cháng lóng），把顾客招来（zhāo lái）。

除了悬灯（xuán dēng），广场上还放花合。在城隍庙（chéng huáng miào）里并（bìng）且燃起火（rán qǐ huǒ）判（pàn），火舌（huǒ shé）由判官（pàn guān）的泥像（ní xiàng）的口、耳、鼻、眼中伸吐（shēn tǔ）出来。公园里放起天灯（tiān dēng），像巨星似的（jù xīng shì de）飞到天空。

男男女女（nán nán nǚ nǚ）都出来踏月（tà yuè）、看灯、看焰火（yàn huǒ）；街上的人拥挤不动（yōng jǐ dòng）。在旧社会里，女人们轻（qīng）易不出门，她们可以在灯节（dēng jié）里得到些自由。

小孩子们买各种花炮燃放(ránfàng)，即使(jí shǐ)不跑到街上去淘气(táo qì)，在家中照样(zhàoyàng)能有声(néng yǒu shēng)有光地玩耍(wánshuǎ)。家中也有灯：走马灯——原始的电影——宫灯、各型各色(gè xíng gè sè)的纸灯(zhǐdēng)，还有纱灯(shādēng)，里面有小铃(xiǎolíng)，到时候就叮叮(dīngdīng)地响。大家还必须吃汤圆呀。这的确(dí què)是美好快乐的日子。

（选自《读给孩子的散文》，海燕出版社2016年12月第1版）

秋的气味(节选)　林海音

秋天来了，很自然(hěn zì rán)地想起那条街——西单牌楼(páilou)。

无论(wúlùn)从哪个方向来，到了西单牌楼，秋天，黄昏(huánghūn)，先闻见(wénjiàn)的是街上的气味。炒栗子(chǎo lì zi)的香味弥漫(mímàn)在繁盛(fánshèng)的行人群中(xíngrén qúnzhōng)，赶快朝(cháo)向那熟悉(shú xi)的地方(dì fang)看去，和兰号的伙计(huǒ ji)正在门前炒栗子。和兰号是卖西点的，炒栗子也并(bìng)不出名(chūmíng)，但是因为(yīnwèi)它在街的转角(zhuǎnjiǎo)上，首当其冲(shǒudāng qí chōng)，就不由得就近(jiù jìn)去买。

来一斤吧！热栗子(rè lì zi)刚炒出来，要等(děng)一等，倒在箩中筛(luózhōngshāi)去裹糖汁(guǒtángzhī)的沙子。在等待秤(chēng)包的时候，另(lìng)有一种清香(qīngxiāng)的味儿从身边(shēnbiān)飘过，原来眼前街角摆的几个水果摊(tān)子上，啊！枣、葡萄(pú tao)、海棠、柿子、梨、石榴(shí liu)……全都上市了。香味多半是梨和葡萄散发(sàn fā)出来的。沙营(shāyíng)的葡萄，黄而透明(huáng ér tòumíng)，一撅(juē)两截，水都不留，所以有“冰糖包(bīngtángbāo)”的外号。京白梨(jīngbái lí)，细而嫩(xì ér nèn)，一点儿渣儿(zhā er)都没有。“鸭儿广”柔软(róuruǎn)得像豆腐(dòu fu)。枣是最普通的水果，郎家园(láng jiā yuán)是最出名(chūmíng)的产地，于是无枣不郎家园了。老虎眼(lǎohǔyǎn)，葫芦(hú lu)枣，酸枣(suānzǎo)，各有各的形状(xíngzhuàng)和味道。“喝了蜜的柿子”要等到冬季，秋天上市的是青皮(qīng pí)的脆柿(cuìshì)子，脆柿子要高桩儿(gāozhuāng r)的才更甜。海棠红着半(bàn)

个脸(ge liǎn)，石榴笑得露出(lòuchū)一排粉红(fěnhóng)色的牙齿(yáchǐ)。这些都是秋之果。

（选自《读给孩子的散文》，海燕出版社2016年12月第1版）

西湖漫笔（节选）

宗璞

六月，并(bìng)不是好时候，没有花，没有雪，没有春光(chūnguāng)，也没有秋意。那几天，有的是满湖烟雨(mǎn hú yān yǔ)，山光水色(shānguāng shuǐ sè)，俱是一片迷蒙(míméng)。西湖，仿佛在半醒半睡(bàn xǐng bàn shuì)。空气中，弥漫(mímàn)着经了雨的栀子(zhī zi)花的甜香(tián xiāng)。记起东坡诗句："水光潋滟晴(liànyàn qíng)方好，山色空蒙雨亦奇。"便想东坡自是最了解西湖的人，实在应该仔细观赏、领略(lǐnglüè)才是。

雨中去访灵隐(língyǐn)，一下车，只觉得绿意扑眼(lǜ yì pū yǎn)而来，道旁古木参天(gǔ mù cān tiān)，苍翠欲滴(cāng cuì yù dī)，似乎(sì hū)飘着的雨丝儿也都是绿的，飞来峰(fēi lái fēng)上层层叠叠(céngcéng diédié)的树木，有的绿得发黑，深(shēn)极了，浓(nóng)极了；有的绿得发蓝，浅极了，亮极了。峰下蜿蜒(wān yán)的小径(xiǎo jìng)，布满青苔(bù mǎn qīng tái)，直绿到了石头缝里(shítou fèng li)。在冷泉亭(lěng quán tíng)上小坐，直觉得遍体生凉(biàn tǐ shēng liáng)，心旷神怡(xīn kuàng shén yí)。亭旁溪水淙净(cóng jìng)，说是溪水，其实表达不出那奔流(bēn liú)的气势，平稳(píngwěn)处也是碧澄澄(bì chéngchéng)的，流得急了，水花飞溅(shuǐhuā fēijiàn)，如飞珠滚玉(rú fēi zhū gǔn yù)一般，在这一片绿色的影中(yǐngzhōng)显得分外(fènwài)好看。

在花港观鱼(huā gǎng guān yú)，看到了有一种绿。那是满地的新荷，圆圆的(yuányuán de)绿叶，或亭亭(tíngtíng)立于水上，或婉转(wǎnzhuǎn)靠在水面，只觉得一种蓬勃(péngbó)的生机(shēng jī)，跳跃满池(tiàoyuè mǎn chí)。绿色，本(běn)来是生命(shēngmìng)的颜色，我最爱看初春(chūchūn)的杨柳嫩枝(yáng liǔ nèn zhī)，那样鲜(xiān)，那样亮(liàng)，柳枝儿一摆(bǎi)，似乎蹬着脚告诉(sì hū dēng zhe jiǎo gào su)你，春天来了。荷叶，则要持重一些(chízhòng yì xie)，初夏，则更成熟(gèng chéngshú)，但那透过活泼(tòuguo huópo)的绿色表现出来的茁壮(zhuózhuàng)的生命力，是一样的。再加上叶面上的水珠儿滴溜溜滚(dī liū liū gǔn)着，简直好像满池荷叶都要裙袂飞扬(qúnmèi fēiyáng)，翩然起舞(piānrán qǐ wǔ)了。

从花港乘船(chéngchuán)而回，雨已停(tíng)了。远山青中带紫(qīngzhōng dài zǐ)，如同凝住(níngzhù)了一段云霞(yúnxiá)。波平如镜(bō píng rú jìng)，船儿在水面上滑行(huáxíng)，只有桨声欸乃(jiǎngshēng ǎi nǎi)，愈增(zēng)加(jiā)了一湖幽静(yōujìng)。一会儿摇船的姑娘歇了桨(gūniang xiē le jiǎng)，喝了杯茶，靠在船舷(chuánxián)，只见她向水中一摸，顺手(shùnshǒu)便带上一条欢蹦乱跳(huānbèng luàntiào)的大鲤鱼。她自己只微笑着，一声不出(yì shēng bù chū)，把鱼甩在船板(shuǎi zài chuán bǎn)上，同船的朋友(péngyou)看得入迷(rù mí)，连连(liánlián)说，这怎么可能(kěnéng)。

上岸时，又回头看那在浓重暮色(nóngzhòng mù sè)中变得无边无际的白茫茫(báimángmáng)的湖水，惊叹(jīngtàn)道：真是个神奇(shén qí)的湖。

我们整个(zhěnggè)的国家，不是也可以说是神奇(shén qí)的么？

（选自《读给孩子的散文》，海燕出版社2016年12月第1版）

第五节　音　节

训练目标

1. 了解汉语普通话音节的结构特点。
2. 熟悉普通话声母和韵母的配合规律。
3. 掌握辨正普通话声韵调配合的方法。

训练指导

一　普通话音节结构特点

音节是语音最小的自然单位，也是我们日常口语交际最容易分辨出来的语音单位。一般来说，一个汉字的读音就是一个音节（儿化语音现象是两个汉字只表示一个音节)。

音节是由音素构成的,音素是最小的语音单位。普通话音节的音素,最少一个,例如,é(峨);最多四个,例如huāng(慌)。普通话音节是由声母、韵母、声调三部分构成。韵母又可分为韵头、韵腹、韵尾。普通话音节最简单的是只有韵腹和声调构成,因此声调和韵腹是每个音节必不可少的成分。

汉语普通话音节除零声母外,声母都由辅音充当,而且不能辅音相连。充当韵头的是i、u、ü;韵腹由ɑ、o、e、ê、i、u、ü、-i充当;元音韵尾由i、u、ü、o充当;辅音韵尾有n、ng充当。

二　普通话声母韵母的拼合规律

普通话学习要掌握普通话声母韵母的拼合规律,找出与方言的对应关系,从而提高学习效率。参见表1。

表1　普通话声韵拼合简表

韵母 声母		开口呼	齐齿呼	合口呼	撮口呼
双唇音	b、p、m	+	+	只跟u相拼	−
唇齿音	f	+	−	只跟u相拼	−
舌尖中音	d、t	+	+	+	−
	n、l				+
舌面音	j、q、x	−	+	−	+
舌根音	g、k、h	+	−	+	−
舌尖后音	zh、ch、sh	+	−	+	−
舌尖前音	zcs	+	−	+	−
零声母	o	+	+	+	+

上表有几点说明:

1.表中画+的表示声母和韵母可以拼合,画−的表示不能拼合。

2.拼合就是相拼。能拼合只是说其中有的声母和有的韵母能相拼,不是说所有的声母和所有的韵母都能相拼。

3.双唇音、唇齿音只能和合口呼中的韵母u相拼,不能和合口呼中的其他韵母相拼,所以表中特意加以说明。

从这个表中可以看出,普通话声母和韵母配合的主要规律有以下四条:

1.b、p、m和d、t能和开口呼、齐齿呼、合口呼韵母相拼(b、p、m和合口呼相拼限于u),不能和撮口呼韵母相拼。

2.g、k、h,zh、ch、sh、r,z、c、s这三组声母能和开口呼、合口呼韵母相拼,不能和齐齿呼、撮口呼韵母相拼。

3.j、q、x和上述三组声母相反，只能和齐齿呼、撮口呼韵母相拼，不能和开口呼、合口呼韵母相拼。

4.n、l、零声母和四呼都能相拼。

掌握这些规律可以避免拼写上的一些错误。例如，知道j、q、x不能和开口呼韵母相拼，就不会把“尖”jiān误拼为jān；知道b、p、m、f和合口呼韵母相拼只限于韵母u，就不会把“波”bō误拼为buō。

值得指出的是，上述的规律并不是绝对的。声韵配合除了跟声母的发音部位和韵母发音时的舌位具有直接关联关系以外，也存在历史语音变化的因素，有时甚至还有非语音的因素发生影响。我们注意以下规律：

从开口呼音节排列表可以看出：

(1)舌尖元音-i属于开口呼音节，只与舌尖前声z、c、s和舌尖后声母zh、ch、sh、r相拼。

(2)er独立自成音节，不与任何声母相拼。

(3)舌尖中音声母d、t、n、l不与韵母en相拼。(nen“嫩”、den“扽”除外)

从齐齿呼音节表可以看出：

(1)齐齿呼韵母不与舌尖前音z、c、s舌尖后音zh、ch、sh、r舌根音g、k、h和唇齿音f相拼。

(2)韵母ia、iang不同声母双唇音b、p、m唇齿音f相拼。

(3)声母d、t不与韵母in相拼。

从合口呼音节表可以看出：

(1)合口呼韵母不与舌面声母j、q、x相拼。

(2)双唇音声母、舌尖中音声母只与韵母u、uo(o)相拼。

(3)声母n、l只与韵母ei相拼，声母d、t只与韵母ui相拼。

(4)舌尖前音声母z、c、s不与韵母ua、uai、uang相拼。

(5)ong必须前拼声母，不能独立成音节；ueng只能自成音节，不与任何声母相拼。

从撮口呼音节表可以看出：

(1)辅音声母与撮口呼韵母相拼的只有j、q、x、n、l。

(2)声母n、l只与韵母ü、üe相拼。

训练材料

短文

春天的小雨滴滴滴　　陈木城

朗读 春天的小雨滴滴滴

雨，已经(yǐ jīng)下了很久(hěn jiǔ)了。“叮叮咚咚(dīng dīng dōng dōng)”打在篷顶(dǐng)上的波浪板(bō làng bǎn)上。“滴滴嗒嗒(dī dī dā dā)”打在树枝(shù zhī)里(li)的叶子(yè zi)上。“叮(dīng)叮当当(dīng dāng dāng)”打在铁皮(tiě pí)的屋顶(wū dǐng)上。

雨，不大。却滴滴嗒嗒下个不停(tíng)，于是，屋子前后的小水沟流动(liú dòng)起来了，哗啦啦(huā la la)的水声(shuǐ shēng)像一股泉水(quán shuǐ)，从地底下涌(yǒng)出来，哗啦哗啦(huā la huā la)，哗啦哗啦，你推我挤似的(nǐ tuī wǒ jǐ shì de)。

打开一朵红色花伞(huā sǎn)，走在树林里的小路上，听雨滴(tīng yǔ dī dǎ)打在油加利树上，打在相思(xiāng sī)树上，打在羊甲蹄(yáng jiǎ tí)上，打在面包树上……淅淅沥沥(xī xī lì lì)，啪啦啪啦(pā la pā la)，哗啦啦(huā la la)，哗啦啦，发出各种不同的声音(shēng yīn)，整座森林(zhěng zuò sēn lín)就像一座音乐厅(yīn yuè tīng)一样。

小雨滴在树叶上集合(jí hé)起来，成为(chéng wéi)一颗大水珠(dà shuǐ zhū)，顺着叶脉(shùn zhe yè mài)滑下来打小鼓似的(dǎ xiǎo gǔ shì de)。

“啪(pā)！”

“通通通(tōng tōng tōng)！”

“咚(dōng)——咚咚咚(dōng dōng dōng)——”

突然，吹来一阵风(zhèn fēng)，树叶上的水珠统统跌(tǒng tǒng diē)下来了。

“嗵嗵嗵！”“咚咚咚！”“啪啪啪！”所有的鼓声都敲(gǔ shēng dōu qiāo)起来了，敲在小伞上，敲在地面上，好像地球就是一面鼓，雨滴们叮叮咚咚(dīngdīngdōngdōng)地要把地球敲响(qiāoxiǎng)。

站在楼顶(lóudǐng)上看雨。雨丝细细的，柔柔(róuróu)的，像花絮(huāxù)一般，随风飘散(suífēngpiāosàn)，然后轻轻(qīngqīng)地把种子撒(sǎ)在大地上。大人们(dàrénmen)说，这就是春雨(chūnyǔ)。下了春雨，春天就来了。我喜欢春雨，它在森林(sēnlín)里演奏(yǎnzòu)，在大地上播种(bōzhòng)。于是，春天听到了雨的鼓声(gǔshēng)，醒(xǐng)来了。所有的种子都回到了大地的床(chuáng)上，让母亲抱他、亲他、教他发芽(fāyá)。

我仰着脸(yǎngzheliǎn)，让雨打在我脸上，我伸出舌头(shēnchūshétou)，品尝(pǐncháng)一下这大地的乳汁(rǔzhī)，凉冰冰(liángbīngbīng)的，甜蜜蜜(tiánmìmì)的呢！

（选自《小主持人语言能力训练》，湖南科学技术出版社2016年11月版）

晨读　　葛翠林

20世纪30年代，我的故乡还把铁轮(tiělún)大车当作长途交通工具，我甚至(shènzhì)没听说(tīngshuō)过汽车。一般的家庭(jiātíng)里没有钟和表，白天看太阳(tàiyang)，夜里听打(dǎ)更人(gēngrén)敲梆(bāng)子报时辰(shíchen)。小孩子对时辰的概念(gàiniàn)是不知道几点钟，只知道几更。鸡刚打鸣(dǎmíng)，天蒙蒙亮(méngméngliàng)，我们就背着书包不顾一切往学校跑。深沉(shēnchén)的夜空，星儿眨动(xīng'er zhǎdòng)着眼睛(yǎnjing)。我快走，星儿也紧跟(jǐngēn)着我快走；我停住脚(tíngzhùjiǎo)，星儿也站住不动。星儿代替妈妈送我去上学，我感到很快活(kuàihuo)。寂静(jìjìng)的大街上，只有我模糊(móhu)的身影(shēnyǐng)移动着，嚓嚓……前边传来的脚步声，小巷(xiǎoxiàng)里又跑出几个影子来，小伙伴们呼唤(hūhuàn)着、追赶(zhuīgǎn)着，奔跑(bēnpǎo)到学校。我们把星星(xīngxing)关在门外，就坐在教室里摇晃(yáohuàng)着身子背诵(bèisòng)课文，这节课就是晨读(chéndú)。

那时的教科书课文很简单，第一课：天亮了；第二课：弟弟妹妹快起来……天天朗读(lǎng dú)，背得烂熟(làn shóu)，淘气(táo qì)的同学坐不住了，老师就利用这时间给我们读课外书，读完一本又读一本。

这位老师长着(zhǎng zhe)一副瘦小(fù shòu xiǎo)的身材(shēn cái)，清秀(qīng xiù)的脸有些苍白(cāng bái)，一双温柔而又善良(wēn róu ér yòu shàn liáng)的眼睛(yǎn jing)，时时闪出(shǎn chū)甜美的微笑。她讲话的声音(shēng yīn)很轻(hěn qīng)，但很清晰(qīng xī)，仿佛琴弦(qín xián)发出的悦耳声音。她是外省人(wài shěng rén)，住在学校西北角的一间小屋里。清晨(qīng chén)，谁第一个到校，就能看见她屋子里的小油灯映到(yóu dēng yìng)窗纸(chuāng zhǐ)上的亮光(liàng guāng)。她一听到教室里有动静(dòng jing)，就立刻(lì kè)走出自己的小屋，陪着(péi zhe)到校的学生坐在教室里。等(děng)同学们都到齐了，她就给我们读有趣的书。每天读一篇，读完了让我们背诵，我们很快就背熟了。老师给我们读冰心(bīng xīn)的《寄小读者》和朱自清(zhū zì qīng)的《背影(bèi yǐng)》，我们都能背出来。老师还读过《万卡》《爱的教育》等。那些生动的文章，深深(shēn shēn)打动着我们的心(xīn)。教室里静悄悄(jìng qiāo qiāo)的，只听见老师一字一句地读着，她的声音(shēng yīn)温柔(wēn róu)而又深沉(shēn chén)，当她读到最感人(zuì gǎn rén)的段落时，就停下来沉默(chén mò)着。这时候，几十颗幼小的心灵(xīn líng)，就和老师一起思索(sī suǒ)着，眼睛(yǎn jing)里含着泪水(lèi shuǐ)，回味着作品中的情景(qíng jǐng)。我们的心便飞到很远(hěn yuǎn)很远的地方(dì fang)。

书籍使我们认识(rèn shi)了许多可爱的人，熟悉(shú xi)了许多有趣的事情，长了不少见识(jiàn shi)，了解了世界上的许多地方，欣赏了一幅(fú)又一幅悲哀(bēi āi)又感人的画面，在奇异的童话世界里漫游(màn yóu)。我们为(wèi)美好的情感滋润(qíng gǎn zī rùn)着，常常出神(chū shén)地忘记了自己，忘记了自己是生活在一个偏僻(piān pì)的小镇(zhèn)，忘记了学校是一座破旧的古庙(gǔ miào)。阴暗又潮湿(yīn àn yòu cháo shī)的教室仿佛变成(biàn chéng)了迷人的宫殿(gōng diàn)，智慧(zhì huì)的星(xīng)在我们心(xīn)中闪光(shǎn guāng)……

（选自《读给孩子的散文》，海燕出版社2016年12月第1版）

训练指导

三　声韵调拼合关系辨正

1.不能把bo、po、mo、fo读成be、pe、me、fe

普通话双唇音b、p、m和唇齿音f，只与o相拼，不与e相拼。

bō	pò	pó	mō	mó	mǒ	fó
波	破	婆	摸	摹	抹	佛

2.不能把beng、peng、meng、feng读成bong、pong、mong、fong

普通话中b、p、m、f不与ong相拼，方言区的人学习时，必须把bong、pong、mong、fong读成beng、peng、meng、feng。

bēng	pēng	méng	fěng	bèng	péng	fèng
崩	砰	萌	讽	迸	彭	凤

3.不能把fei读成fi

普通话中唇齿音f不与齐齿呼相拼。

fēi	féi	fěi	fèi	fěi	fēi	fèi
非	肥	匪	废	斐	绯	吠

4.不能把ji、qi、xi读成gi、ki、hi。

普通话中g、k、h不与齐齿呼和撮口呼韵母相拼，方言中g、k、h与齐齿呼和撮口呼相拼的音节，普通话一般相应的读作j、q、x与齐齿呼和撮口呼相拼的音节。

jí	qī	xī	jiā	xiě	qián	jiè
即	期	希	佳	写	钱	借

训练材料

1.单音节

(1)

bō	bó	bǒ	bō	bó	bō	bò	
拨	搏	跛	钵	泊	播	簸	
pǒ	pò	pó	pò	pō	pò	pǒ	
叵	魄	鄱	粕	颇	迫	叵	
mó	mò	mō	mò	mó	mò	mó	fó
膜	墨	摸	蓦	魔	漠	模	佛

(2)

bèng	běng	bèng	béng	bèng	bēng	bèng
泵	绷	迸	甭	蚌	嘣	蹦
péng	pēng	péng	pēng	pěng	pèng	péng
棚	烹	鹏	怦	捧	碰	澎

měng méng měng mèng méng mēng méng
懵 盟 猛 梦 虻 蒙 朦

fēng féng fěng fèng féng fēng fèng
疯 逢 讽 凤 冯 峰 俸

fēi fèi fēi fěi fèi fēi féi
（3）菲 费 霏 诽 沸 妃 肥

jiǎn jié jiū jiǎo jiǒng juàn jià
（4）减 截 揪 角 窘 绢 价

qiā qiè qiáo qiú qióng qiǎn qué
掐 锲 瞧 囚 穹 浅 瘸

xiā xié xiào xiǔ xùn xián xiāng
瞎 携 啸 朽 逊 嫌 镶

2.双音节

bōdòng bóhòu bò ji bódòu bǒxíng bóchuán
bo 拨动 薄厚 簸箕 搏斗 跛行 驳船

bóshū bōtāo bǒluó bó zǐ bóchē bóxué
帛书 波涛 簸箩 脖子 泊车 博学

hǔpò pòjiù pōshuǐ pósuō pǒcè pōdù
po 琥珀 破旧 泼水 婆娑 叵测 坡度

pōjiā pòlì pòshǐ húpō zāopò póyáng
颇佳 魄力 迫使 湖泊 糟粕 鄱阳

mólì móxíng mózhǎng mòlì mǒshā mòrán
mo 磨砺 模型 魔掌 茉莉 抹杀 蓦然

lěngmò bómó móxiě mòshēng mòfēi mōsuǒ
冷漠 薄膜 摹写 陌生 莫非 摸索

fójiào
fo 佛教

bèngtiào bèngfā bēngdài bèngfá bèngbù béngshuō
beng 蹦跳 迸发 绷带 泵阀 蚌埠 甭说

bēngtā bèngshè béngxiǎng bèngzhá bēngkuì běngjǐn
崩塌 迸射 甭想 泵闸 崩溃 绷紧

péngyou péngsōng pénghuà pěnghuā péngchéng péngchē
peng 朋友 蓬松 膨化 捧花 鹏程 篷车

gōngpéng péngpài pēngrán pēngtiáo pèngzhuàng péngdǎng
工棚 澎湃 怦然 烹调 碰撞 朋党

měngliè ménglóng mèngxiǎng měngdǒng méngdòng mèngdōng
meng 猛烈 朦胧 梦想 懵懂 萌动 孟冬

méngyǒu mēngpiàn niúméng méngnàn měngnán měng là
盟友 蒙骗 牛虻 蒙难 猛男 勐腊

fēngshuò fèngxiáng féngyíng fēngdǐng fěngcì fēnglì
feng 丰硕 凤翔 逢迎 封顶 讽刺 锋利

fènglù fēngxiāng fénghé fēngkuáng fèngchéng fēngshù
俸禄 蜂箱 缝合 疯狂 奉承 枫树

fēifán fèixīn fèishuǐ fèi qì fèi rè fēi zǐ
fei 非凡 费心 沸水 废弃 肺热 妃子

fēiyǔ fēihóng féiměi fěibàng fèi zǐ fěibīng
蜚语 绯红 肥美 诽谤 痱子 匪兵

jiānchá jiā jù jiàoàn jiě shì jì shī jiǎng lì
j 监察 家具 教案 解释 技师 奖励

jù tuán juānchū jué qǐ jīngzhì jiǎnyuē jià jī
剧团 捐出 崛起 精致 简约 驾机

qì jī qiúláo qiáoshǒu qiāsuàn qián tú qiǎngshōu
q 契机 囚牢 翘首 掐算 前途 抢收

qièqǔ quēhàn qiào bì qiào lì qīndiǎn qínjiǎn
窃取 缺憾 峭壁 俏丽 钦点 勤俭

xī hàn xiǔmù xiū lǐ xiào fú xiǎnrán xiārén
x 锡焊 朽木 修理 校服 显然 虾仁

xiépò xuézhǎng xiángqíng xiáguāng xiūsè xù rì
胁迫 学长 详情 霞光 羞涩 旭日

3.四音节成语

bōtāoxiōngyǒng bóbóshēng jī bōyúnjiànyuè bǒ zú ér xíng
波涛汹涌 勃勃生机 拨云见月 跛足而行

pōyǒujiàn dì pòbù jí dài pò fǔ chénzhōu pòjìngchóngyuán
颇有见地 迫不及待 破釜沉舟 破镜重圆

mójiān jiē zhǒng mòzhōng yī shì mòbùguānxīn mòmòwúyǔ
摩肩接踵 莫衷一是 漠不关心 默默无语

fó mén jìn dì tiānbēng dì liè bèngbèngtiàotiào yùbàngzhīzhēng
佛门禁地 天崩地裂 蹦蹦跳跳 鹬蚌之争

bèng fā rè qíng péng bì zēnghuī péng bǐ wéijiān péngsōngsū cuì
迸发热情 蓬荜增辉 朋比为奸 蓬松酥脆

pēngránxīndòng mènghuànpàoyǐng mēngtóuzhuǎnxiàng shàxuèwéiméng
怦然心动 梦幻泡影 蒙头转向 歃血为盟

mèngmèi yǐ qiú fèngmáo lín jiǎo féngchǎngzuò xì fēngyǔ tóngzhōu
梦寐以求 凤毛麟角 逢场作戏 风雨同舟

fěng cì wākǔ fèiqǐnwàngshí fěi yí suǒ sī fēishēngzhōngwài fèi fǔ zhīyán
讽刺挖苦 废寝忘食 匪夷所思 蜚声中外 肺腑之言

jiānnánxiǎn zǔ jìng ér yuǎnzhī jiā chángbiànfàn jiǒngránbùtóng
艰难险阻 敬而远之 家常便饭 迥然不同

qiānfāngbǎi jì qì chōngniúdǒu qiányǎnghòuhé qiǎowúshēng xī
千方百计 气冲牛斗 前仰后合 悄无声息

xúnxìnnàoshì xūyǒu qí biǎo xíngyǐngbù lí xìn ér yǒuzhēng
寻衅闹事 虚有其表 形影不离 信而有征

4.绕口令

(1)东洞庭 西洞庭 eng-ong-ing

dōngdòngtíng gēnténg tónglíng fēng
东洞庭,西洞庭,洞庭山上一根藤,藤上挂个大铜铃,风起藤

tíng dìng jìng
动铜铃响，风停藤定铜铃静。

(2)路灯 eng-ing

dēng hónghuáng fēn qīng dēngtíng xíng
十字路口指示灯，红黄绿灯分得清，红灯停，绿灯行，行停、停行看灯明。
dēngmíng

5.短文

湖

柯愈勋

朗读 湖

kōng qì zhōng shuǐyàng
空气中，有水漾的气息，

shānmù
有杉木的气息，野花的气息，

shīrùnrùn
有湿润润的泥土的气息。

yún xù dàoyìng
洁白的云絮倒映湖中，

lán jìn jìn
蓝浸浸，蓝浸浸的湖啊，

dàoyìng xīnzhōng
倒映在、倒映在我的心中。

liánhuā yànhóng
湖中，有莲花开得艳红，

tuántuán lǜ yè shang shuǐzhūgǔndòng
团团绿叶上，有水珠滚动，

yángguāng biānzhīqīngtíng de mèng
阳光，在湖面编织蜻蜓的梦。

gēn yú gān zhǐ xū
一根鱼竿，只需一根鱼竿，

wúshù de xǐ yuè
我就会有无数的喜悦，

chóngféng
一次又一次和童年的我重逢。

（选自《小主持人语言能力训练》，湖南科学技术出版社2016年11月版）

谁见过风　　(英国)克里斯蒂娜

谁(shéi)也没见过风(fēng)，

无论(wúlùn)是你，

无论是我。

当树叶沙沙作响(shāshāzuòxiǎng)，

那是风在吹拂(chuī fú)。

谁也没有见过风，

无论是你，

无论是我。

当树向你频频点头(pínpíndiǎntóu)，

那是风在吹过。

朗读 谁见过风

(选自《小主持人语言能力训练》，湖南科学技术出版社2016年11月版)

绿叶的梦　　葛翠琳

我的童年是在大自然里度过的。高粱秆儿剥(gāoliang gǎn er bō)开来，做成(chéng)马车、灯笼(dēnglong)；河边抓把泥，捏成(niēchéng)碾磨(niǎnmò)、盆碗(pénwǎn)；柳(liǔ)条儿、苇叶儿做笛子，葫芦(hú lu)瓢(piáo)做船，荷叶当伞……一双小手创造(chuàngzào)了多少可爱的玩具！然而，最使我着迷(zháo mí)的还是绿叶(lǜ yè)。

我永远感激我的启蒙(qǐ méng)老师。除了教我们读书以外，老师还教我们搜(sōu)集标本(jí biāoběn)，采集各种绿叶汇拢(huìlǒng)在一起，并讲述(jiǎngshù)它们的知识(zhīshi)和趣闻(qùwén)。那真(zhēn)是令人(lìngrén)愉快的活动。

星期天，我们跑遍(pǎobiàn)密密的树林、杂草丛生(zá cǎo cóngshēng)的河边、广阔(guǎngkuò)的田野和一道道土岗(tǔ gǎng)。爬大树，钻丛林(zuāncóng lín)，嬉笑(xī xiào)，打闹，欢乐的笑声惊飞(xiàoshēngjīngfēi)

了觅(mì)食(shí)的小鸟。篮(lán)子里装(zhuāng)满(mǎn)了各(gè)种(zhǒng)绿叶。我们用元宝树叶穿(chuān)成(chéng)项(xiàng)链(liàn)，用金(jīn)黄(huáng)色(sè)的菟(tù)丝(sī)子(zǐ)草(cǎo)做成戒(jiè)指(zhi)和手(shǒu)镯(zhuó)，豆角花挂在耳(ěr)朵(duo)上，野菊花插(chā)满(mǎn)了小辫儿……在旷(kuàng)野(yě)的课堂里，绿叶和野花谱(pǔ)写(xiě)成(chéng)我们生活的乐(yuè)章(zhāng)。

我们每人都想找到一种新(xīn)奇(qí)少(shǎo)见(jiàn)的叶子，因此少不了争(zhēng)强(qiáng)和探(tàn)险(xiǎn)。我们常常有意外的发现，但也少不了刺(cì)伤(shāng)手(shǒu)脚(jiǎo)。毛(máo)栗(lì)子(zi)、酸(suān)枣(zǎo)树(shù)的尖刺儿几(jī)乎(hū)在每人身上都留下过伤(shāng)痕(hén)。

秋天，树叶在风(fēng)中(zhōng)飘(piāo)落(luò)，像一群群蝴蝶飞向我们。我们背(bēi)着(zhe)筐(kuāng)，扛(káng)着(zhe)筢(pá)，奔跑着，欢呼着，搂(lōu)树叶，堆成垛(duò)，躺在上面打滚，翻跟(gēn)头(tou)，坐下来挑选出那些漂(piào)亮(liang)的叶子。鲜红的，金黄的，串(chuàn)成(chéng)长长的彩色叶(yè)链(liàn)挂在教室里，满屋洋(yáng)溢(yì)着丰(fēng)收(shōu)的欢乐。那许许多多留做标本的叶子成了我们的珍(zhēn)宝(bǎo)：圆(yuán)形(xíng)的、条状的、桃形的、针(zhēn)状(zhuàng)的、蛋形的、元宝状的、叶面带茸(róng)毛的……一一陈(chén)列(liè)开来。

老师让我们观察并讲(jiǎng)述(shù)这些叶子。羽(yǔ)状(zhuàng)的山(shān)扁(biǎn)豆(dòu)叶子可当茶，祛(qū)痰(tán)止(zhǐ)渴(kě)；细长的垂(chuí)柳(liǔ)叶子可解酒毒，治皮(pí)癣(xuǎn)；桑(sāng)叶(yè)清(qīng)热(rè)明(míng)目(mù)，治手脚麻木；薄(bò)荷(he)叶医感冒头(tóu)疼(téng)……祖辈传下来的民(mín)间(jiān)药(yào)方(fāng)，丰富有趣的生活知识，也随(suí)着(zhe)一串串叶片，留(liú)在我的记(jì)忆(yì)里(lǐ)。

（选自《读给孩子的散文》，海燕出版社2016年12月第1版）

春　　丰子恺

春(chūn)是多么可爱的一个名(míng)词(cí)！自古以来的人都赞美它，希望它常(cháng)在(zài)人(rén)间(jiān)。诗人，特别是词客，对春爱(ài)慕(mù)尤(yóu)深(shēn)。试翻词选，差不多每一页上都可以找到一个春字。后人听惯(tīngguàn)了这种话，自然地随喜附和(suí xǐ fù hè)，即使(jí shǐ)没有理解春的可爱的人，一说起春也会觉得欢喜(huān xǐ)。这一半是春这个字的音(yīn)容所暗示(róng suǒ àn shì)的。"春！"你听，这个音读起来何等(hé děng)的铿锵(kēng qiāng)而惺忪(xīng sōng)可爱！这个字的形状(xíng zhuàng)何等齐整(qí zhěng)妥帖(tuǒ tiē)而具足对称(jù zú duì chèn)的美！这么美的名词所隶属(lì shǔ)的时节，想起来一定很(dìng hěn)可爱。好比听见名叫"丽华"的女子，想来一定是个美人。

然而实际(rán ér shí jì)上春不是那么可喜的一个季节。我积三十六年之经验(jīng yàn)，深知暮(shēn zhī mù)春以前的春天，生活(shēng huó)上是很不愉快的。

梅花带雪开了，说道是漏泄(lòu xiè)春的消息。但这完全是精神(jīng shén)上的春，实际上雨雪霏霏(yù xuě fēi fēi)，北风烈烈(běi fēng liè liè)，与严冬(yán dōng)何异？所谓迎春(yíng chūn)的人，也只是瑟缩(sè suō)地躲在房栊内(fáng lóng nèi)，战栗(zhàn lì)地站在屋檐(wū yán)下，望望枯枝(kū zhī)一般的梅花罢了！

再迟个把月罢，就像现在：惊蛰(jīng zhé)已过，所谓春将半了(chūn jiāng bàn liǎo)。住在都会(dū huì)里的朋友想象此刻的乡村(xiāng cūn)，足有画图一般美丽，连忙写信(xiě xìn)来催(cuī)我写春的随笔(suí bǐ)。好像我偎傍(wēi bàng)着春，惹他们妒忌似的(dù ji shì de)。其实我们住在乡村间的人，并没有感到快乐(kuài lè)，却生受(shēng shòu)了种种的不舒服(shū fu)，寒暑表激烈(jī liè)地升降(shēng jiàng)于三十六度至六十二度之间(zhī jiān)。一日之内，乍暖乍寒(zhà nuǎn zhà hán)。暖起来可以想起都会里的冰淇淋(bīng qí lín)，寒起来几乎(jī hū)可见天然冰(tiān rán bīng)，饱尝(bǎo cháng)了所谓"料峭(liào qiào)"的滋味(zī wèi)。天气又忽晴忽雨(hū qíng hū yǔ)，偶一出门，干燥(gān zào)的鞋子往往拖泥带水(tuō ní dài shuǐ)回来。"一春能(chūn néng)有几番晴(fān qíng)"是真(zhēn)的；"小楼一夜听春雨(tīng chūn yǔ)"其实没有什么好听，单调得很(dān diào de hěn)，远不及你们都会里的无线电的花样繁(yàng fán)多呢。春将半了，但它没有给我们一点舒服，只教我们天天愁寒(chóu hán)，愁暖(chóu nuǎn)，愁风(chóu fēng)，愁雨。正是(zhèng shì)"三分春色二分愁，更(gèng)一番风雨！"

春的景象(jǐngxiàng)，只有乍寒、乍暖、忽晴、忽雨是实际而明确(míngquè)的。此外虽有春的美景，但都隐约模糊(yǐnyuē mó hu)，要仔细探寻(tànxún)，才可依稀仿佛见到，这就是所谓“寻春(xúnchūn)”罢？有的说“春在卖花声(màihuāshēng)里”，有的说“春在梨花”，又有的说“红杏(hóngxìng)枝头春意闹(nào)”，但这种景象在我们这枯寂(kū jì)的乡村里都不易见到。即使(jí shǐ)见到了，肉眼(ròuyǎn)也不易认识(rènshi)。总之，春所带来的美，少而隐(shǎo ér yǐn)；春所带来的不快，多而确(duō ér què)。诗人词客似乎也承认(chéngrèn)这一点，春寒(chūnhán)、春困(chūnkùn)、春愁(chūn chóu)、春怨(chūnyuàn)，不是诗词中的常谈(chángtán)么？不但现在如此，就是再过个把月，到了清明时节(qīngmíng shíjié)，也不见得一定春光明媚(míngmèi)，令人极乐(lìngrén jí lè)。倘(tǎng)又是落雨，路上的行人将要“断魂(duànhún)”呢。

可知春徒美其名(tú měi qí míng)，在实际生活上是很不愉快的。实际，一年中最愉快的时节，是从暮(mù)春开始的。就气候上说，暮春以前虽然大体逐渐(zhújiàn)由寒(hán)向暖(xiàngnuǎn)，但变化多端，始终(shǐzhōng)是乍寒，乍暖，最难将息的时候。到了暮春，方才冬天的影响完全消灭(xiāomiè)，而一路向暖(yí lù xiàngnuǎn)。就景色(jǐng sè)上说，春色不须寻找(xúnzhǎo)，有广大的绿野青山(lǜ yě qīngshān)，慰人心目(wèirénxīnmù)。古人词云：“杜宇一声春去，树头无数青山(qīngshān)。”原来山要到春去的时候方才全青(fāngcáiquánqīng)，而惹人注目(rě rénzhùmù)。我觉得自然景色中青草(qīngcǎo)和白雪是最伟大的现象(xiànxiàng)。造物者描写“自然”这幅大画图时，对于春红、秋艳，都只是略蘸(lüèzhàn)些胭脂(yānzhī)、硃磦(cānchì)，轻描淡写(qīngmiáodànxiě)。到了描写白雪与青草，他就毫不吝惜(háo bù lìn xī)颜料，用刷子蘸(zhàn)了铅粉(qiānfěn)、藤黄(ténghuáng)和花青而大块地涂抹(tú mǒ)，使屋屋皆白，山山皆青，这仿佛是米派山水的点染(diǎnrǎn)法，又好像是Cezanne风景画(fēngjǐnghuà)的“色的块”，何等泼辣(hé děng pō là)的画风！而草色青青，连天遍(liántiānbiàn)野，尤为和平可亲(hépíng kě qīn)，大公无私(dà gōng wú sī)的春色。花木有时被关在私人的庭院(tíngyuàn)里，吃了园丁(yuándīng)的私刑(sī xíng)而献媚(xiànmèi)于绅士淑女(shēnshì shū nǚ)之前。草则

zì shēng zì zhǎng　　guìjiàngāoxià　　　　　　zuòpǐn
到处自生自长，不择贵贱高下。人都以为花是春的作品，其实春工
huāzhī　　　　　　　　　guǎngfàn　shēngzhǎng
不在花枝，而在于草。看花的能有几人？草则广泛地生长在大地
shòu dà zhòng　xīnshǎng
表面，普遍地受大众的欣赏。这种美景，是早春所见不到的。那时
mǎnmùqiáocuì　　　　lìngrén　kuài
候山野中枯草遍地，满目憔悴之色，看了令人不快。必须到了暮春，枯
jìn　　　　qīngshān lǜ yě　　　　wèi zhī yì xīn
草尽去，才有真的青山绿野的出现，而天地也为之一新。一年的好景，
cǐ shí　　　ēnchǒng　　　wéizuìshēnhòu
无过于此时。自然对人的恩宠，也已此时为最深厚了。

jiǎng qiú shí lì　　　zhòng shì　　chēng zhī wéi
讲求实利的西洋人，向来重视这季节，称之为May（五月）。
　　　　　　　　　　　yú lè
May是一年中最愉快的季节，人间有种种的娱乐，即所谓May-queen（五月美人）、May-pole（五月彩柱）、May-games（五月游艺）等。May这一个
qīngchūn　shèngnián　　　　　　　　　yóu rú
字，原是"青春""盛年"的意思。可知西洋人视一年中的五月，犹如
rénshēng　　　xìng fú　jīngcǎi　　　　míng fú qí
人生中的青年，为最快乐、最幸福、最精彩的时期。这的确是名符其
shí　　　　　　　　　　　chēng　　　　zhèngshì
实的。但东洋人的看法就与他们不同：东洋人称这时期为暮春，正是
　　　　　　gǎnkǎi bēitàn
留春、送春、惜春、伤春，而感慨、悲叹、流泪的时候，全然说不到乐。东洋
nǎi　lǜ liǔ cáihuángbànwèiyún
人之乐，乃在"绿柳才黄半未匀"的新春，便是那忽晴、忽雨、乍暖、乍
　　　　　　　　　　　　　　　　　　mòcháhuā liǔ
寒、最难将息的时候。这时候实际生活上虽然并不舒服，但默察花柳的
méngdòng jìngguāntiān dì　jīngshen
萌动，静观天地的回春，在精神上是最愉快的。故西洋的"May"
　　　　　　　　　　　hěnhǎotīng
相当于东洋的"春"。这两个字读起来声音都很好听，看起来样子都很美丽。不过May是物质的、实利的，而春是精神的、艺术的。东西洋文化的
pànbié　　kuījiàn
判别，在这里也可窥见。

（选自《现代同题散文荟萃》，湖南文艺出版社1990年5月第2版）

训练指导

四　音节的拼读和拼写

(一)音节的拼读

拼读就是急速连读声母和带调韵母,拼合成一个音节。拼读方法有二种:

1. 两拼法,也就是声韵拼读法,先读声母,读音轻短,再接着读带调的韵母,拼读出音节。例如,h-ái→hái(孩),t-è→tè(特)。

2. 声介合母与韵母拼读法,把声母和韵头i、u、ü结合成声介合母,作为整体认读再与带声调的韵腹韵尾相拼读。例如,hu-án→huán(环),gu-āng→guāng(光)。

(二)音节的拼写

1.y、w的用法

y、w是起隔音作用的字母。

y、w的使用有两种方法:

①加写,i、u、ü开头的零声母,i、u、ü充当韵腹,还有ü开头的零声母音节。如,yi、yin、ying、yu、wu、yue、yuan、yun。

②改写,i、u开头的零声母音节,i、u充当韵头的零声母音节。如,ya、ye、yao、you、yan、yang、yong、wa、wo、wai、wei、wan、wen、wang、weng。

2. 隔音符号的使用

a、o、e开头的音节,连接在其他音节后,就要用隔音符号“’”隔开,避免音节界限发生混淆。

企鹅qǐ’é　　西安xī’ān　　名额míng’é　　木偶mù’ǒu

3.ü 上两点的省略

ü 行的韵母与j、q、x相拼时,两点可以省略。由声韵调的配合关系,我们知道j、q、x只与撮口呼韵母相拼,不与合口呼韵母相拼,所以省略两点不会造成混淆。

jù	jué	quān	qún	xuǎn	xué
据	掘	圈	群	选	学

4.iou　uei　uen的省写

iou、uei、uen三个韵母前加声母时，分别写成它们的省写式iu 、ui、un。

　niú　tuí　lún
如，牛、颓、轮。

5.按词连写

拼写普通话原则上是以词为单位，按词连写，就是把一个词的每个音节连写在一起，词语与词语之间分开。

hěnjiǔ　hěnjiǔ　yǐqián　yǒu　yī zuò　shān
很久　很久　以前，有　一座　山。

hǎicháo　gǎnxiè　sānmíngzhì　hóngshí zì　pú taotáng
海潮　感谢　三明治　红十字　葡萄糖

6.大写字母的用法

①一个句子开头的第一个字母、诗歌每行第一个字母要大写。

Jiàoyù　shì　qiángguó　zhī　běn。

教育　是　强国　之　本。

Chuángqián　míngyuè　guāng　床前明月光，

Yí　shì　dìshang　shuāng。疑是地上霜。

②地名、国名等专有名词中每一个词的第一个字母，都要大写。

Húnán　Héngyáng　Zhūzhōu

湖南　衡阳　株洲

Zhōnghuá　Rénmín　Gònghéguó

中华　人民　共和国

③姓和名的每一部分第一个字母要大写。

Ouyáng Xiū　Lǐ Qīngzhào　Qū Yuán

欧阳修　李清照　屈原

④专有名词和普通名词连写在一起，第一个字母要大写。

Qīngshǐ

清史

⑤书刊名、商标名、商店名等全部大写。

WENHAI SHUDIAN　CHANGHONG PAI　WULIANGYE

文海书店　长虹牌　五粮液

训练材料

诗文

十四行诗(第54首) (英)莎士比亚

yǒuzhēn tiān jiā guānghuī
啊,美如果有真来添加光辉,

xiǎn de gèng
它就会显得更美,更美多少倍!

méigui rènwéi
玫瑰是美的,不过我们还认为

bāohán
使它更美的是它包含的香味。

dānkànyán sè shēndù nàme qiángwēi
单看颜色的深度,那么野蔷薇

gēnhán wánquán
跟含有香味的玫瑰完全是一类,

bèi lěi
野蔷薇自从被夏风吹开了蓓蕾,

zhītóu rú chī rú zuì
也挂在枝头,也玩得如痴如醉;

hǎochu róngmào
但是它们的好处只在容貌上,

guānshǎng qiǎorán
它们活着没人爱,也没人观赏就悄然消亡。玫瑰就不是这样,

tí liàn fēnfāng
死了还可以提炼出多少芬芳;

shàonián
可爱的美少年,你的美一旦消亡,

shī zhēn tí liànchéng qí xiāng
我的诗就把你的真提炼成奇香。

(屠岸译)

(选自《小主持人语言能力训练》,湖南科学技术出版社2016年11月版)

一只小鸟 冰心

——偶记前天在庭树下看见的一件事

xiǎo niǎo cháo dā máo yǔ wèicéngfēng
有一只小鸟,它的巢搭在最高的枝子上,它的毛羽还未曾丰

满(mǎn)，不能(néng)远(yuǎn)飞(fēi)；每日只在巢里啁啾(zhōu jiū)着，和两(liǎng)只老鸟说着话儿，它们都觉得(jué de)非常地快乐(kuài lè)。

朗读 一只小鸟

这一天早晨(zǎo chen)，它醒(xǐng)了。那两只老鸟都觅食(mì shí)去了。它探(tàn)出头来一望(yi wàng)，看见那灿烂(càn làn)的阳光，葱绿(cōng lǜ)的树木，大地上一片的好景致(jǐng zhì)；它的小脑子里(nǎo zi li)忽然充满(chōng mǎn)了新意(xīn yì)，抖刷(dǒu shuā)抖刷翎毛(líng máo)，飞到枝子上，放出那赞美(zàn měi)“自然”的歌声(gē shēng)来。它的声音里满含(mǎn hán)着清(qīng)——轻(qīng)——和——美(měi)，唱的时候，好像“自然”也含笑(hán xiào)着倾听(qīng tīng)一般。

树下有许多(xǔ duō)的小孩子，听见(tīng jiàn)了那歌声，都抬起头来望着——

这小鸟天天出来歌唱(gē chàng)，小孩子们也天天来听它，最后他们便想捉(zhuō)住它。

它又出来了！它正(zhèng)要发声，忽然嗤的(chī de)一声，一个弹子(dàn zǐ)从下面射(shè)来，它一翻身(yì fān shēn)从树上跌(diē)下去。

斜刺(xié cì)里两只老鸟箭也似的(jiàn yě shì de)飞来，接住了它，衔上巢(xián shang cháo)去。它的血从树隙(shù xì)里一滴(yì dī)一滴的落到地上来。

从此那歌声便消歇(xiāo xiē)了。

那些孩子想要仰望(yǎng wàng)着它，听它的歌声，却不能了。

（选自《读给孩子的散文》海燕出版社2016年12月第1版）

雪（节选）　鲁彦

美丽的雪花飞舞(fēi wǔ)起来了。我已经有三年不曾见(céng jiàn)着它。

去年在福建，仿佛比现在更迟一点，也曾见过雪。但那是远处山(yuǎn chù shān)顶(dǐng)的积雪，可不是飞舞着的雪花。在平原(píng yuán)上，它只是偶然地随着雨点洒下来几颗，没有落到地面的时候。它的颜色是灰的，不是白色；它的重量像是雨点，并不会飞舞。一到地面，它立刻融成(róngchéng)了水，没有痕迹(hén jì)，也未(wèi)尝跳跃(chángtiàoyuè)，也未尝发出窸窣(xī sū)的声音，像江浙(jiāngzhè)一带下雪子时的模样(múyang)。这样的雪，在四十年来第一次看见它的老年的福建人，诚然(chéngrán)能感到特别的意味(yì wèi)，谈得津(jīn)津有味，但在我，却总觉得索然(suǒrán)。“福建下过雪”，我可没有这样想过。

我喜欢眼前飞舞着的上海的雪花。它才是“雪白(xuěbái)”的白色，也才是花一样的美丽。它好像比空气还轻(qīng)，并不从半空里落下来，而是被空气从地面卷起来的。然而它又像是活的生物(shēngwù)，像夏天黄昏时候的成群(chéngqún)的蚊蚋(wénruì)，像春天流蜜(liú mì)时期的蜜蜂，它的忙碌(máng lù)的飞翔，或上或下，或快或慢，或粘(nián)着人身，或拥入窗隙(yǒng rù chuāng xì)，仿佛自有它自己的意志和目的。它静默(jìngmò)无声(wúshēng)。但在它飞舞的时候，我们似乎听见了千百万人马的呼号(hū háo)和脚步声，大海的汹涌的波涛声(bōtāoshēng)，森林(sēn lín)的狂吼声(kuánghǒushēng)，有时又似乎听见了情人的切切的密语声，礼拜堂的平静(píngjìng)的晚祷声(wǎndǎoshēng)，花园里的欢乐的鸟歌(niǎo gē)声(shēng)……它所带来的是阴沉与严寒(yīnchén yǔ yánhán)。但在它飞舞的姿态中，我们看见了慈祥的母亲，柔和的情人，活泼(huópo)的孩子，微笑的花，温暖(wēnnuǎn)的太阳，静默(jìngmò)的晚霞……它没有气息。但当它扑到我们面上的时候，我们似乎闻到了旷野(kuàngyě)间鲜洁(xiān jié)的空气的气息，山谷中幽雅(yōuyǎ)的兰花的气息，花园里浓郁(nóngyù)的玫瑰的气息，清淡(qīngdàn)的茉莉花的气息……在白天，它做出千百种婀娜(ē nuó)的姿态，夜间，它发出银色(yín sè)的光辉，照耀(zhàoyào)着我们行路的人，又在我们的玻璃(bō li)窗上札札(zházhá)地绘就了各式各样的花卉和树木，斜的，直的，弯的，倒的；还有那条河流(hé liú)，那天上的云……

现在，美丽的雪花飞舞了。我喜欢，我已经有三年不曾见着(céngjiànzhe)它。我的喜欢有如四十年来第一次看见它的老年的福建人。但是，和老年的福建人一样，我回想着过去下雪时候的生活，现在的喜悦就像这钻进窗隙(chuāng xì)落到我桌上的雪花似的(shìde)渐渐融化，而且立刻消失了。

记得某年在北京的一个朋友的寓所(yù suǒ)里，围着火炉，煮着全中国最好的白菜和面，喝着酒，剥(bō)着花生，谈笑得几乎(jī hū)忘记了身在异乡；吃得满面通红，两个人一路唱着，一路踏着吱吱地叫着的雪，踉跄(liàngqiàng)地从东长安街的起头踱到(duódào)西长安街的尽头，又忘记了正(zhèng)是异乡最寒冷(hánlěng)的时候。这样的生活，和今天一比，不禁(bù jīn)使我感到惘然(wǎngrán)。

人间的欢乐无平衡(pínghéng)，人间的苦恼(kǔ nǎo)亦无边限。世界无终极之点，人类亦无末日之时。我既生为今日的我，为什么要追求或留恋(liú liàn)今日的我以外的我呢？今日的我虽说是寂寞(jì mò)地孤单地看守着永没有人或电话来访的房子，但既可以安逸(ān yì)地躲在房子里烤着火，避免风雪的寒冷(hánlěng)；又可以隔着玻璃，诗人一般地静默地鉴赏(jiànshǎng)着雪花飞舞的美的世界，不也是足以自满(zì mǎn)的吗？

抓住现实(zhuāzhùxiànshí)。只有现实是最宝贵的。

眼前(yǎnqián)雪花飞舞着的世界，就是最现实的现实。

看哪！美丽的雪花飞舞着呢。这就是我三年来相思着而不能(xiāng sī zhe ér bù néng)见到的雪花。

（选自《现代同题散文荟萃》，湖南文艺出版社1990年5月第2版）

第六节　语流音变训练

训练目标

1. 掌握轻声。
2. 掌握儿化。
3. 掌握上声、一不变调。
4. 掌握语气词“啊”的音变。

语流音变

训练指导

语流音变是指在连续的语流中音节与音节之间互相影响产生的语音变化。要说流利标准的普通话，必须掌握普通话语流里的音变现象。

一　轻声

（一）什么是轻声

在连续的语流中，某些音节失去原来的声调，读成又轻又短的调子，我们称作轻声。

（二）轻声的性质

轻声总的特点是能量小，音强弱，音长短，它是音高、音强、音长、音色变化的综合效应。

（三）轻声的作用

轻声可以区别词义，例如：大意（yì），是指主要意思，是名词；大意（yi），是指疏忽、粗心的意思，是形容词。

轻声可以区别词性，例如：地道（dào），指地下通道，是名词；地道（dao），指纯正的，是形容词。

(四)轻声的分类

1.有规律的轻声,也称为语法轻声:

(1)语气助词"啊、吧、吗、呢"等:

行吗　　他呢　　好吧　　是啊

(2)时态助词"着、了、过"、结构助词"的、地、得":

听着　　走了　　说过　　你的书　　悄悄地来　　好得很

(3)名词的后缀"子、头、儿",表示多数的"们":

椅子　　馒头　　牛儿　　同学们

(4)个别量词"个、封、些":

三个　　写封信　　有些　　某些

(5)合成词组成中的"上、下、里、面、边、头"方位词:

屋里　　墙上　　底下　　前边　　后面　　里头

(6)动词、形容词后面的趋向动词:

红起来　　进来　　听起来　　跑过来　　冷下去

(7)重叠式的名词、动词,后面一个音节:

说说　　笑笑　　读读　　奶奶　　娃娃　　星星

2.习惯上读轻声的词:

窗户　　月亮　　眼睛　　耳朵　　行李　　折腾　　姑娘

招呼　　便宜　　钥匙　　明白　　知道　　胳膊　　包袱

训练材料

1.读准下列有规律的轻声音节。

说吧　　来吗　　好啊　　你呢

去过　　做着　　读了　　他的班级　　热情地接待　　跑得快

裙子　　石头　　羊儿　　老师们　　朋友们

一个　　两个　　桌上　　心里　　地下　　前头

东边　　上面　　停住　　站起来　　跑过去　　跳下去

听听　　姥姥　　太太　　走走　　躺躺　　躲躲

2.普通话必读轻声词表。

爱人　　案子　　巴掌　　靶子　　把子　　爸爸　　白净　　班子

板子　　帮手　　梆子　　膀子　　棒槌　　包袱　　包涵　　包子

豹子	杯子	被子	本事	本子	鼻子	比方	鞭子
扁担	辫子	别扭	饼子	拨弄	脖子	簸箕	补丁
不由得	不在乎	步子	部分	裁缝	财主	苍蝇	差事
柴火	肠子	厂子	场子	车子	称呼	池子	尺子
虫子	绸子	除了	锄头	畜生	窗户	窗子	锤子
刺猬	凑合	村子	耷拉	答应	打扮	打点	打发
打量	打算	打听	大方	大爷	大夫	带子	袋子
耽搁	耽误	单子	胆子	担子	刀子	道士	稻子
灯笼	提防	笛子	底子	地道	地方	弟弟	弟兄
点心	调子	钉子	东家	东西	动静	动弹	豆腐
豆子	嘟囔	肚子	缎子	对付	对头	队伍	多么
蛾子	儿子	耳朵	贩子	房子	份子	风筝	疯子
福气	斧子	盖子	甘蔗	杆子	干事	杠子	高粱
膏药	稿子	告诉	疙瘩	哥哥	胳膊	鸽子	格子
个子	根子	跟头	功夫	弓子	公公	功夫	钩子
姑姑	姑娘	谷子	骨头	故事	寡妇	褂子	怪物
关系	官司	罐头	罐子	规矩	闺女	鬼子	柜子
棍子	锅子	果子	蛤蟆	孩子	含糊	汉子	行当
合同	和尚	核桃	盒子	红火	猴子	后头	厚道
狐狸	胡琴	糊涂	皇上	幌子	胡萝卜	活泼	火候
伙计	护士	机灵	脊梁	记号	记性	夹子	家伙
架势	架子	嫁妆	尖子	茧子	剪子	见识	毽子
将就	交情	饺子	轿子	结实	街坊	姐夫	姐姐
戒指	金子	精神	镜子	舅舅	橘子	句子	卷子
咳嗽	客气	空子	口袋	口子	扣子	窟窿	裤子
快活	筷子	框子	困难	阔气	喇叭	喇嘛	篮子
懒得	浪头	老婆	老实	老太太	老头子	老爷	老子
姥姥	累赘	篱笆	里头	力气	厉害	利落	利索
例子	栗子	痢疾	连累	帘子	凉快	粮食	两口子
料子	林子	翎子	领子	溜达	聋子	笼子	炉子
路子	轮子	萝卜	骡子	骆驼	妈妈	麻烦	麻利
麻子	马虎	码头	买卖	麦子	馒头	忙活	冒失
帽子	眉毛	媒人	妹妹	门道	眯缝	迷糊	面子

苗条	苗头	名堂	名字	明白	蘑菇	模糊	木匠
木头	那么	奶奶	难为	脑袋	脑子	能耐	你们
念叨	念头	娘家	镊子	奴才	女婿	暖和	疟疾
拍子	牌楼	牌子	盘算	盘子	胖子	狍子	盆子
朋友	棚子	脾气	皮子	痞子	屁股	片子	便宜
骗子	票子	漂亮	瓶子	婆家	婆婆	铺盖	欺负
旗子	前头	钳子	茄子	亲戚	勤快	清楚	亲家
曲子	圈子	拳头	裙子	热闹	人家	人们	认识
日子	褥子	塞子	嗓子	嫂子	扫帚	沙子	傻子
扇子	商量	上司	上头	烧饼	勺子	少爷	哨子
舌头	身子	什么	婶子	生意	牲口	绳子	师傅
师父	虱子	狮子	石匠	石榴	石头	时候	实在
拾掇	使唤	世故	似的	事情	柿子	收成	收拾
首饰	叔叔	梳子	舒服	舒坦	疏忽	爽快	思量
算计	岁数	孙子	他们	它们	她们	台子	太太
摊子	坛子	毯子	桃子	特务	梯子	蹄子	挑剔
挑子	条子	跳蚤	铁匠	亭子	头发	头子	兔子
妥当	唾沫	挖苦	娃娃	袜子	晚上	尾巴	委屈
为了	位置	位子	蚊子	稳当	我们	屋子	稀罕
席子	媳妇	喜欢	瞎子	匣子	下巴	吓唬	先生
乡下	箱子	相声	消息	小伙子	小气	小子	笑话
谢谢	心思	星星	猩猩	行李	性子	兄弟	休息
秀才	秀气	袖子	靴子	学生	学问	丫头	鸭子
衙门	哑巴	胭脂	眼睛	燕子	秧歌	养活	样子
吆喝	妖精	钥匙	椰子	爷爷	叶子	一辈子	衣服
衣裳	椅子	意思	银子	影子	应酬	柚子	冤枉
院子	月饼	月亮	云彩	运气	在乎	咱们	早上
怎么	扎实	眨巴	栅栏	宅子	寨子	张罗	丈夫
帐子	招呼	招牌	折腾	这个	这么	枕头	镇子
芝麻	知识	侄子	指甲	指头	种子	珠子	竹子
主意	主子	柱子	爪子	转悠	庄稼	庄子	壮实
状元	锥子	桌子	字号	自在	粽子	祖宗	嘴巴
作坊	琢磨						

3.读短文

青纱帐(节选)

王统照

北方有的是遍野(biàn yě)的高粱(gāoliang)，以及所谓秫秫(shúshú)，每到夏季，正(zhèng)是它们茂生(màoshēng)的时季。

身个儿高，叶子长大(chángdà)，不到晒米(shàimǐ)的日子，早已在其中可以藏住人(cángzhùrén)，不比麦子豆类隐藏(yǐncáng)不住东西(dōng xi)。这些年来，北方，凡是有乡村的地方(dì fang)，这个严重的青纱帐季(qīngshāzhàng jì)，便是一年中顶难(dǐngnán)过而要戒严(jièyán)的时候(shíhou)。

高粱米在东北几省(jǐ shěng)中是一般家庭的普通食物，东北人在别的地方住久了，仍然(réngrán)还喜欢(xǐ huan)吃高粱米煮饭(zhǔfàn)。除那几省之外，在北方也是农民的主要食物，可以糊成饼子(hú chéng bǐng zi)，摊作煎饼(tān zuò jiān bǐng)，而最大的用处(yòngchu)是制造白干酒(zhìzào báigān jiǔ)的原料(yuánliào)，所以白干酒也叫作高粱酒。中国的酒类性烈易醉(jiǔ lèi xìng liè yì zuì)的莫过于高粱酒。可见这类农产物(nóngchǎnwù)中所含精液之纯(jīng yè zhī chún)，与北方土壤气候(tǔ rǎng qì hou)都有关系，但高粱的特性(tè xìng)也由此可以看出。

为甚么北方农家有地不全种能产(néngchǎn)小米的谷类，非种高粱不可？据农人(nóngrén)讲起来自有他们的理由。不错，高粱价值(jià zhí)不要说不及麦，豆，连小米也不如。然而每亩的产量(chǎnliàng)多，而尤其(yóu qí)需要的是燃料(ránliào)。我们的都会(dūhuì)地方现在是用煤，也有用电与瓦斯(wǎ sī)的，可是在北方的乡间因为(yīnwèi)交通不便与价值高贵的关系(guān xi)，主要的燃料是高粱秸(gāoliang jiē)。如果一年地里不种高粱，那么(nàme)农民的燃料便自然发生恐慌(fā shēng kǒnghuāng)。除去为(wèi)作粗糙(cū cāo)的食品(shípǐn)外，这便是在北方夏季到处能看见一片片高秆红穗(gāogǎn hóngsuì)的高粱地的缘故(yuángù)。

(选自《读给孩子的散文》，海燕出版社2016年12月第1版)

星　　巴金

在一本比利时(bǐ lì shí)短篇小说里，我无意间见到这样的句子：

“星星(xīngxing)，美丽的星星，你们是滚(gǔn)在无边的空间中，我也一样，我了解你们……是，我了解你们……我是一个人……一个能感觉(nénggǎnjué)的人……一个痛苦的人……星星，美丽的星星……”

我明白这(míngbaizhè)个比利时某车站小雇员的哀诉(āi sù)的心情(xīnqíng)。好些人都这样地对蓝空(lánkōng)的星群讲过话。他们都是人世间(rénshìjiān)的不幸者(xìngzhě)。星星永远给他们以无上的安慰。

在上海一个小小舞台上，我看见了屠格涅夫(tú gé niè fū)笔下的德国音乐家老伦蒙(lǎolúnméng)。他或者坐在钢琴前面(gāngqínqiánmian)，将最高贵的感情(gǎnqíng)寄托在音乐(yīnyuè)中，呈现(chéngxiàn)给一个人，或者立在蓝天底下，摇动他那白发飘飘的头，用赞叹(zàntàn)的调子(diàozi)说着：“你这美丽的星星(xīngxing)，你这纯洁(chún jié)的星星。”望着蓝空里眼瞳似(yǎntóngshì)的闪烁(shǎnshuò)着的无数星子(xīng zi)，他的眼睛润湿(yǎnjingrùnshī)了。

我了解这个老音乐家的眼泪，这应该(yīnggāi)是灌溉灵魂(guàngàilínghún)的春雨罢。

在我的房间外面，有一段没有被屋瓦遮掩(zhēyǎn)的蓝天。我抬起头可以望见嵌(qiàn)在天幕上的几颗明星(míngxīng)。我常常出神(chūshén)地凝视(níngshì)着那些美丽的星星。它们像一个人的眼睛(yǎnjing)，带着深深(shēnshēn)的关心望着我，从不厌倦(yànjuàn)。这些眼睛每一霎动(shàdòng)，就像赐予(cì yǔ)我一次祝福。

在我的天空里星星是不会坠落(zhuìluò)的。想到这，我的眼睛也湿了。

（选自《现代同题散文荟萃》，湖南文艺出版社1990年5月第2版）

训练指导

二 儿化

(一)什么是儿化

在普通话中,元音er可以单独成为音节。同时它与其他韵母可以融合成一个音节,使这个韵母转变为卷舌韵母,这种语音现象称为“儿化。”“儿化”后的韵母就是儿化韵,就是在发韵母的同时,附加卷舌动作而发出来的音。儿化的基本性质就是卷舌作用。儿化用两个汉字表示,但并不是两个音节,而是一个音节,读的时候仍要读成一个音节。

(二)儿化的规律

韵母儿化,大致有两种情况。一种是虽然儿化了,但是原来韵母不变,只是在发韵母的同时加上卷舌动作。如“牙刷儿”“板擦儿”“粉末儿”,儿化的韵母发音不变,只是增加了卷舌音的色彩。另一种是儿化后,原来的韵母发生了变化。如“树根儿”“胡同儿”“别针儿”,儿化后韵尾丢失。

普通话的韵母除了er以外,都可以儿化。变化规律如下:

(1)韵母或尾音是ɑ、o、e、u,儿化后不变,加r。例如:

号码儿　小花儿　粉末儿　书桌儿　草帽儿　麦苗儿
唱歌儿　眼珠儿　小猴儿　打球儿

(2)韵尾是i、n,去掉i或者n,加r。例如:

壶盖儿　小孩儿　一块儿　刀背儿　香味儿　心眼儿
拐弯儿　好玩儿　花园儿　窍门儿　墨水儿　针尖儿

(3)韵尾是ng,去掉ng,加r,元音鼻化。例如:

电影儿　胡同儿　小瓮儿　帮忙儿　张庄儿　小声儿

(4)韵母是i、ü,韵母不变,加r。例如:

玩意儿　毛驴儿　小曲儿　金鱼儿　主角儿　抽屉儿

(5)韵母是-i(舌尖元音),去掉-i,加er。例如:

唱词儿　没事儿　吃食儿　有字儿　细丝儿　树枝儿

(6)韵母是ui、in、un、ün,去掉i、n,加er。例如:

麦穗儿　干劲儿　水纹儿　脚印儿　没准儿　冰棍儿
闯劲儿

(三)儿化的作用

(1)儿化可以区别词义,例如:

头(脑袋)　　头儿(带头的人,首领)

眼(眼睛)　　眼儿(小孔儿,窟窿)

(2)儿化可以区别词性,例如:

画(名词、动词)　　画儿(名词)

盖(名词、动词)　　盖儿(名词)

尖(形容词)　　尖儿(名词)

堆(动词、量词)　　堆儿(量词)

(3)儿化可以表示细小、亲切、喜爱的感情色彩。例如:

女孩儿　　小猴儿　　小球儿　　药丸儿　　脸蛋儿　　唱曲儿

小调儿

训练材料

1.请根据儿化的变化规律读准下列儿化词语:

包干儿　打岔儿　鞋带儿　打杂儿　小孩儿　刀把儿　板擦儿

裤衩儿　在哪儿　盘儿菜　在那儿　皮板儿　找茬儿　收摊儿

老伴儿　脸蛋儿　腰板儿　白班儿　蒜瓣儿　快板儿　摆摊儿

一下儿　扇面儿　露馅儿　相片儿　心眼儿　小辫儿　差点儿

影片儿　聊天儿　沿边儿　一点儿　照面儿　有点儿　照片儿

豆芽儿　中间儿　鸭儿梨　单弦儿　刀片儿　一丁点儿　坎肩儿

名画儿　闹着玩儿　玩儿命　好玩儿　烟卷儿　铺盖卷儿

出圈儿　绕远儿　春卷儿　纳闷儿　泥人儿　挨个儿　刨根儿

饱嗝儿　桑葚儿　嗓门儿　大个儿　串门儿　下本儿　调门儿

邪门儿　够本儿　爷们儿　走神儿　开刃儿　愣神儿　有门儿

傻劲儿　锅贴儿　送信儿　藕节儿　带劲儿　巧劲儿　没音儿

冰棍儿　没准儿　光棍儿　那会儿　哪会儿　这会儿　墨水儿

跑腿儿　一会儿　围嘴儿　打盹儿　烟嘴儿　胖墩儿　走味儿

蒲墩儿　奶嘴儿　蛐蛐儿　名角儿　旦角儿　主角儿　金鱼儿

咬字儿　忘词儿　枪子儿　顶事儿　铜子儿　没事儿

病号儿　年头儿　纽扣儿　老头儿　口哨儿　掌勺儿　裤兜儿

死扣儿　抓阄儿　线轴儿　顶牛儿　走道儿　跑调儿　碎步儿
大伙儿　干活儿　被窝儿　上座儿　围脖儿
鼻梁儿　透亮儿　起名儿　人影儿　荫凉儿　打鸣儿　一个劲儿

2.朗读快板儿,读准儿化韵。

(1)学滑冰　　郭洋

有个小孩儿叫马小弟儿,滑冰学得一个劲儿。
这天寒风嗖嗖雪花儿飘,倒是个滑冰的大好天儿。
背冰鞋儿,戴手套儿,白围脖儿,红小帽儿。
又酷又靓好神气儿,又蹦又跳哼小曲儿。
说小弟儿呀道小弟儿,一上冰场就冒傻劲儿。
连跌儿跤又摔跟头儿,四脚朝天泄了气儿。
教练帮他找窍门儿,他练那滑呀琢磨出味儿。
滑冰原来这么有趣儿,冰上跑得像飞人儿。
滑冰上瘾的马小弟儿,红红的脸蛋儿冒热气儿。
滑了一圈儿又一圈儿,直到冰场要关门儿。

(选自《小主持人语言能力训练》,湖南科学技术出版社2016年11月版)

(2)艰苦朴素好习惯

雷锋他艰苦朴素好习惯,处处为国家来打算,
自己做了个节约箱,捡了东西里面装,
里边儿有:鞋帮儿、鞋底儿、鞋后跟儿,
麻绳儿头,碎铁丝儿,旧皮板儿、橡皮筋儿,
铆钉儿、螺丝儿、大头针儿,碎布条儿、烂布块儿,
毛巾、袜子、破手绢儿,罐头盒儿、瓶子盖儿,
废铜烂铁、麻袋片儿,
一件儿、一件儿、又一件儿,
艰苦朴素好习惯。

(选自《小主持人语言能力训练》,湖南科学技术出版社2016年11月版)

3. 朗读短文。

火烧云　　萧红

朗读 火烧云

晚饭过后，火烧云(huǒshāoyún)上来了。霞光(xiáguāng)照得小孩子的脸红红(liǎnhónghóng)的。大白狗变成(biànchéng)红的了，红公鸡变成金(jīn)的了，黑母鸡变成紫檀(zǐ tán sè)色的了。喂猪的老头儿在墙根站(qiánggēnzhàn)着，笑盈盈(xiàoyíngyíng)地看着他的两头小白猪变成小金猪。他刚想说：“你们也变了……”旁边(pángbiān)走来个乘凉(chéngliáng)的人对他说：“您老人家(nínlǎorén jia)必要高寿，您老是金胡子(jīn hú zi)了。”

天上的云从西边一直烧到东边，红彤彤(hóngtóngtóng)的，好像是天空着了火(zháo le huǒ)。

这地方(dì fang)的火烧云变化极多，一会儿红彤彤(hóngtóngtóng)的，一会儿金灿灿(jīn càncàn)的，一会儿半紫半黄(bàn zǐ bànhuáng)，一会儿半灰半百合色。葡萄灰(pú taohuī)，梨黄(lí huáng)，茄子紫(qié zi zǐ)，这些颜色天空都有，还有些说也说不出来，见也没见过的颜色(yán sè)。

一会儿，天空出现一匹马(pǐ mǎ)，马头向南，马尾向西。马是跪(guì)着的，像等(děng)人(rén)骑到它的背上，它才站起来似的(shìde)。过了两三秒钟，那匹马大起来了。马腿伸开(shēnkāi)了，马脖子也长了，尾巴(wěiba)可不见了。看的人正在寻找(xúnzhǎo)马的尾巴，那匹马变模糊(móhu)了。

忽然又来了一条大狗。那条狗十分凶猛(shífēnxiōngměng)，它在前边跑着，后边似乎(sì hū)还跟着好几条小狗。跑着跑着，小狗不知跑哪里去了，大狗也不见了。

接着又来了一头大狮子(shī zi)，跟庙门前的大石头(shítou)狮子一模一样(yì mú yí yàng)，也那么大，也那样蹲(dūn)着，很威武很镇静(hěnzhènjìng)地蹲着。可是一转眼(zhuǎnyǎn)就变了，再也找不着(zhǎobuzháo)了。

一时恍恍惚惚（huǎnghuǎnghū hū）的，天空里又像这个，又像那个，其实什么（shénme）也不像，什么也看不清（kàn bu qīng）了。必须低下头，揉一揉（róu yi róu）眼睛（yǎnjing），沉静（chénjìng）一会儿再看。可是天空偏偏不等待（děngdài）那些爱好它的孩子。一会儿工夫（gōng fu），火烧云下去了。

（选自《读给孩子的散文》，海燕出版社2016年12月第1版）

训练指导

三　变调

某些音节发音时受到相邻音节声调的影响，改变原来的读音，这种声调变化现象叫变调。在普通话中最显著的是上声变调和"一""不"的变调。

1. 上声变调

（1）上声在（阴平、阳平、去声）前面变成半上，即由214变为21。例如：

在阴平前：首都　保温　产生　厂家　武装　老师　小说　展开　始终

在阳平前：点燃　火柴　狡猾　老人　祖国　海洋　语言　改良　旅行

在去声前：本质　岗位　企业　岗哨　古代　感谢　准确　法定　晚饭

（2）上声在上声前面，前一个上升变为阳平，调值为35。例如：

彼此　领导　勇敢　水果　选举　岛屿　打扫　场景　采取　笔挺　把守　美好　野草　恼火　理想　胆敢　果品　饱满　粉笔　水准　讲演　稿纸

（3）三个上声相连，按语音停顿情况变化。

双单格：停顿在第二个上声字后，前两个上声字变为阳平，调值为35。如：

管理组　洗脸水　演讲稿　虎骨酒　展览馆　手写体　总统府

单双格：停顿在第一个上声字后，那么第一个上声变为半上，调值为21；第二个上声字变为阳平，调值为35；第三个上声字声调不变，调值为214。如：

老古董　厂领导　纸雨伞　柳组长　党小组　海产品　老首长

2."一""不"的变调

(1)"一"的变调

"一"在单念或在词语末尾,以及做序数时读原调,阴平,调值为55。如:

三七二十一　数一数二　统一　万一　表里如一　始终如一

"一"在阴平、阳平、上声前面时,变为去声。如:

在阴平前:一般　一边　一天　一周　一瞥　一心　一端　一间

在阳平前:一直　一头　一行　一时　一连　一齐　一团　一条

在上声前:一起　一桶　一准　一体　一举　一总　一早　一手

"一"在去声前,变为阳平。如:

一道　一块　一定　一半　一并　一概　一律　一再　一贯　一切　一致

"一"在重叠动词中间读轻声。如:

听一听　看一看　试一试　走一走　问一问　尝一尝　说一说　读一读

(2)"不"的变调

"不"在单念或在句末读原调,去声。如:不! 我不! 绝不

"不"在阴平、阳平、上声前面时,也读原调,去声。如:

在阴平前:不安　不单　不慌　不堪　不公　不屈　不惜　不消

在阳平前:不成　不曾　不叠　不符　不和　不急　不才　不凡

在上声前:不齿　不准　不许　不等　不朽　不轨　不久　不法

"不"在去声前时变为阳平。如:

不懈　不愧　不但　不外　不幸　不适　不逊　不肖　不论　不变

"不"在词语中间时读轻声。如:

管不着　看不起　差不多　用不着　来不来　看不看　了不起

训练材料

1.读准下列词语中上声字的变调。

上阴

火车　北方　指标　水箱　许多　海鸥　祖先　始终　打击　纺织　垦荒

上阳

美德　选择　总结　保存　好评　考察　主持　讲台　果园

铁锤　典型

上去

坦率　恳切　想念　妥善　老练　水库　铁路　海燕　晚会

柳树　暖室

上上

彼此　采访　浏览　请帖　晌午　本领　感慨　潦草　悔改

谱曲　骨髓　草拟　耻辱　砝码　诋毁　辅佐　俯角　傀儡

海藻　勇猛　榫眼　窈窕

2.读准下列词语中“一”的变调。

(1)单用或在词语末尾、做序数

一、二、三　一一得一　一一过问　始终如一　一一口试　十一

第一　统一　同一　万一　一月一日　表里如一　言行不一

传说不一

(2)在去声前

一半　一道　一定　一概　一共　一贯　一晃　一刻　一路　一瞬

(3)在阴平、阳平、上声前

阴前

一般　一身　一心　一声　一天　一边　一斑　一经　一发

一生

阳前

一连　一则　一旁　一同　一头　一直　一行　一时　一如

一齐

上前

一晃　一览　一准　一早　一总　一举　一手　一体　一口

一己

(4)在重叠动词中间

阴(中)

听一听　说一说　穿一穿　吃一吃　修一修　翻一翻

歇一歇

阳(中)

读一读　谈一谈　停一停　尝一尝　来一来　查一查

刨一刨

上(中)

写一写　洗一洗　走一走　管一管　跑一跑　剪一剪　理一理

去(中)

泡一泡　笑一笑　做一做　看一看　跳一跳　画一画　念一念

3.读准下列词语中“不”的读音。

(1)单用、在词语末尾、在非去声前

单用

不,不!

末尾

我不　绝不　就不　偏不

阴前

不安　不单　不慌　不甘　不堪　不公　不屈　不消　不依　不兴

阳前

不才　不暇　不祥　不成　不合　不觉　不容　不良　不妨　不仁

上前

不忍　不解　不少　不比　不仅　不可　不满　不许　不免　不爽

(2)在去声前

不必　不变　不测　不够　不但　不愧　不料　不要　不对　不幸

(3)在词语中间读轻声

擦不擦　酸不酸　新不新　平不平　忙不忙　冷不冷　等不等　痛不痛

4.读准下列语段中的“一”“不”变调。

(1)一字歌

一颗豆,一粒米,一颗一粒要爱惜;

一点油,一滴水,一点一滴不浪费;

一枝花,一棵树,一草一木要爱护;

一分钟,一秒钟,一分一秒不放松。

(2)对对歌

一边多,一边少,一筐苹果一把刀。

一个大,一个小,一个西瓜一颗枣。

一边大,一边小,一头肥猪一只猫。

一边多，一边少，一群大雁一只鸟。
一个大，一个小，一棵大树一根草。
一边唱，一边跳，大小多少记得牢。

5.读准下列诗歌中“一”“不”的变调。

银色的雨　　李昆纯

朗读　银色的雨

勇敢地跃下
yì sī sī yì
一丝丝，一颗颗
cuìmiáo zuì le
喜了翠苗，醉了花朵
lián yī sì kuò
圈圈儿、圈圈儿涟漪四扩
江河在笑
xuán qǐ yí ge jiǔ wō
旋起一个个酒涡
向着大海
bēnxiè
小溪奔泻着
yí lù
唱起一路喜歌
yějūn lín shī yì shēn
野菌却怕淋湿一身
chēng qǐ yì bǐngxiǎosǎn
撑起一柄小伞
duǒ jiǎoluò
躲在小小的角落

（选自《小主持人语言能力训练》，湖南科学技术出版社2016年11月版）

出色的建筑家　　佚名

朗读
出色的建筑家

ruǎnruǎn shātānshang
软软的沙滩上，
yì qún
一群娃娃，
yíngzhe
迎着扑来的浪花
跑过来，

yí chuàn jiǎoyìn
一串串脚印——

yì kǒu shuǐwā
一口口小小的水洼。

多有趣啊，

dòu xiǎoxiè
逗来了顽皮的小蟹，

yǐn bèngtiào
引来了蹦跳的小虾。

shēngshēngchēngzàn
像在声声称赞：

jiǎoyìn chítáng
一个脚印一口池塘，

zhēnshíchū sè
真实出色的建筑家。

（选自《小主持人语言能力训练》，湖南科学技术出版社2016年11月版）

光阴（节选） 陆蠡

朗读 光阴

zhèngshì qiūnuǎn hěnzǎo
正是这样秋暖的日子，在很早很早以前。家门
hé chǎng pái liè yì hángháng pù shài
前的禾场上排列着一行行的谷，在阳光下曝晒着
gǔ lì shèng yīn
田里新收割来的谷粒。芙蓉花盛开着。我坐在它的荫
zhú luó shēn zi
下，坐在一只竹箩里面，——我的身子还装不满一竹
gǔ duī zhàměng tángláng chóng yì
箩——我玩着谷堆里捉来的蚱蜢、螳螂和甲虫，我玩着玩着，无意
shi guāngyīn
识地玩去我的光阴。祖父是爱惜光阴的。他匆匆出去，匆匆回来，复匆
bù kěn yí kè xiū xi zhēn xī jǐn yǒu
匆出去，不肯有一刻休息。但是他珍惜也没有用，他仅有不多的光阴。
děng qiǎorán piēxià wèishénme
等到他在一个悄然的夜晚，撇下我们而去时，我还不懂他为什么要离
jìn
开我们，原来他把光阴用尽了。

qīnxiěxìn yīnggāizhīdao
还是在不多年以前，父亲写信给我说：“你现在长大了，应该知道光
zhuān ài wán
阴的可贵。听说你在学校里专爱玩，功课也不用功……”父亲也珍惜起

光阴来了。大概他开始忧光阴之穷匮(qióngkuì)，遂(suí)于无意中把忧心吐露(tǔ lù)给我。在当时我不是能领(nénglǐng)会的。我仍(réng)是嫌(xián)光阴过得太慢。“今天是星期(xīng qī)一呢！”便要发愁(fā chóu)。“什么时候是圣诞节呢(shèngdàn jié ne)？”虽则我并不喜欢这异邦(yì bāng)的节日。“怎样还不放假呢？”我在打算过那些佳美(jiā měi)的日子。光阴是推移(tuī yí)得太慢了，像跛(bǒ)脚的鸭子。于是我用欢笑去噪逐(zàozhú)它，把它赶得快些。正如执棰(zhèng rú zhíchuí)的孩子驱赶(qū gǎn)着鸭群(yā qún)，唿哨(hū shào)起快活(kuàihuo)的声音促紧(cù jǐn)不善于行(shàn yú xíng)的水禽(shuǐqín)的脚步，我曾用(céngyòng)欢笑驱赶我的光阴。

（选自《读给孩子的散文》，海燕出版社2016年12月第1版）

训练指导

四　语气词“啊”的音变

语气词“啊”用在句子末尾时，由于受到前面音节末尾音素的影响，读音发生变化。它的变化规律如下：

（一）前面的音素是 a、o(ao、iao 除外)、e、ê、i、ü 时，读 ya，汉字写作“呀”。例如：

1.原来是她呀！

2.你快说呀！

3.我们应该注意节约呀！

4.一定要认真学习呀！

5.他是你哥哥呀！

6.好大的雨呀！

（二）前面的音素是 u(包括 ao、iao)时，读成 wa，汉字写作“哇”。例如：

1.你作文写得多好哇！

2.她的手真巧哇！

3.这是一本多好的书哇！

4.小刘真是个多面手哇！

5.我们涌起激动的心潮哇！

6.到底有没有哇？

7.好高的大楼哇！

（三）前面的音素是n时，读成na，汉字写作“哪”。

1.快来看哪！

2.大家加油干哪！

3.你走路可要小心哪！

4.她真是个不知疲倦的人哪！

（四）前面的音素是ng时，读成nga，汉字写作“啊”。例如：

1.同学们一起唱啊！

2.你看行不行啊？

3.情况怎么样啊？

4.你快来帮忙啊！

5.今天下午要劳动啊！

6.他的歌声多好听啊！

（五）前面的音素是-i（舌尖后元音）、er时，读ra，汉字写作“啊”。例如：

1.她写的是首诗啊！

2.这到底是怎么回事啊？

3.怎么那么无耻啊？

4.用的什么纸啊？

5.原来是她女儿啊！

（六）前面音素是-i（舌尖前元音）时，读成za，汉字写作“啊”。例如：

1.写的什么字啊？

2.唱的什么词啊？

3.你在哪家公司啊？

4.这个月多少工资？

5.你来过一次啊！

训练材料

1.读准下面句子里“啊”的音变。

（1）父母就等你回家呀！

多美丽的花呀！

快爬上山坡啊！

大家快来吃水果呀！
快给大伙儿唱支歌呀！
这群孩子真活跃呀！
日子过得可真快呀！
钓了好大一条鱼呀！

(2)您家在哪儿住哇？
她的普通话说得真好哇！
孩子还这么小啊！
家里屋顶还漏不漏哇？
看你蹭的一身油哇！
你家住几楼哇？

(3)这件事可不简单哪！
笑得可真欢哪！
咱们都是亲人哪！
吃这么多冷饮哪？

(4)小点儿声啊！
她行不行啊？
主人公的遭遇真不幸啊！
太不管用啊！

(5)写的什么字啊？
你迟到是第几次啊？
他排行老四啊！

(6)这病没法治啊！
什么了不起的事啊？
怎么这么无知啊？
随便你怎么吃啊！

2. 读准下面短诗中“啊”的音变。

春　天

谢武彰

风儿(fēng er)跑得直喘(zhíchuǎn)气(qì)，
向大家报告好消息(xiāo xi)。

chūntiān
春天来了，春天来了！

zhàn zhītóushang
花朵站在枝头上，

看不见春天，

diǎn qi
就踮起脚尖，

jí zhezhǎo
急着找。

nǎ li ya
春天，在哪里呀？

春天在哪里呀？

huā er zhīdao
花儿，不知道自己就是春天！

（选自《小主持人语言能力训练》，湖南科学技术出版社2016年11月版）

朗读 春天

小路边　佚名

lù cǎisè shǒujuàn
小路边，谁丢了一块彩色的手绢哪？

táohuā xìnghuā
红的桃花，白的杏花，

nèn lǜ zhǎyǎn
还有嫩绿的小草在眨眼，

mìfēng huācóng pánxuán
蜜蜂在花丛中盘旋。

shí qǐ
我小心地把它拾起，

pěng lái
哦，像捧来一叶春天。

zhuī yíngzhechénfēng
追呀，追呀，我迎着晨风向前，

xúnzhǎo zhèng chóu péngyou
去寻找那正在发愁的小朋友，

huángěi zhāngkuài lè xiàoliǎn
还给他一张快乐的笑脸。

pǎo duōcǎi
跑哇，跑哇，我举起多彩的春色，

shānshuǐ jìn rǎn
把一路山水尽染……

（选自《小主持人语言能力训练》，湖南科学技术出版社2016年11月版）

朗读 小路边

3.短文

谈吃(节选)　　夏丏尊

说起新年的行事(xíngshì),第一件在我脑中(nǎozhōng)浮起(fú qǐ)的是吃。回忆幼时一到冬季,就日日盼望(pànwàng)过年,等(děng)到过年将届(jiāng jiè),就乐不可支(lè bù kě zhī)。因为过年的时候,有种种乐趣(lè qù),第一是吃的东西(dōng xi)多。

中国人是全世界善吃(shànchī)的民族。普通人家,客人一到,男主人即(jí)上街办吃场,女主人即入厨罗酒浆(jiǔ jiāng),客人则坐在客堂里嗑(kè)瓜子,耳听碗盏刀俎(wǎnzhǎndāozǔ)的声响(shēngxiǎng),等候(děnghòu)吃饭。吃完了饭,大事已毕,客人拔(bá)起步(bù)来说“叨扰(dāorǎo)”,主人说“没有什么好的待你”,有的还要苦留:“吃了点心(diǎn xin)去”“吃了夜饭去”。

遇到婚丧(hūnsāng),庆吊(qìngdiào)只是虚文,果腹倒是实在(shízai)。排场(páichǎng)大的大吃七日五日,小的大吃三日一日。早饭,午饭,点心,夜饭,夜点心,吃了一顿又一顿,吃得来不亦乐乎(yì lè hū),真是酒可为池(jiǔ kě wéichí),肉可成林(chéng lín)。

过年了,轮流(lún liú)吃年饭(niánfàn),送食物。新年了,彼此拜来拜去,讲吃局。端午要吃,中秋要吃,生日(shēng rì)要吃,朋友相会要吃,相别要吃。只要取得出名词(míng cí),就非吃不可,而且一吃就了事(liǎoshì),此外不必别有什么。

俗语(sú yǔ)说得好,只有“两脚(liǎngjiǎo)的爷娘不吃,四脚的眠床(miánchuáng)不吃”,中国人吃的范围之广,真(zhēn)可使他国人为之吃惊(chījīng)。中国人于世界普通的食物之外,还吃着他国人所不吃的珍馐(zhēnxiū):吃西瓜的实,吃鲨鱼的鳍(qí),吃燕子的窝,吃狗,吃乌龟,吃蛇,吃狸猫(lí māo),吃癞蛤蟆(lài há ma),吃癞头鼋(lài tóuyuán),吃小老鼠。如果能够,怕连天上的月亮(yuèliang)也要挖下来尝尝(chángchang)哩(li)。

至于吃的方法，更(gèng)是五花八门，有烤，有炖(dùn)，有蒸(zhēng)，有卤(lǔ)，有炸(zhá)，有烩(huì)，有醉(zuì)，有炙(zhì)，有熘(liū)，有炒，有拌，真真一言难尽(zhēnzhēn yī yánnán jìn)。古来尽有(jìn yǒu)许多做菜的名厨司(míngchú sī)，其名字(míng zi)都和名卿相(míngqīngxiāng)一样煊赫(xuān hè)地留在青史(qīngshǐ)上。不，他们之中有的并升(bìngshēng)到高位，老老实实(lǎolǎoshíshí)就是名卿相。如果中国有一件事可以向世界自豪(zì háo)的，那么这并(bìng)不是历史之久，土地之大，人口之众(zhòng)，军队之多，战争之频繁(pínfán)，乃是善吃(shànchī)的一事。中国的菜肴(càiyáo)，已征服(zhēng fú)了全世界了。有人说，中国人有三把刀为(wéi)世界所不及，第一把就是厨刀(chúdāo)。

（选自《读给孩子的散文》，海燕出版社2016年12月第1版）

听泉　（日本）东山魁夷

鸟儿(niǎo er)飞过旷野(kuàng yě)。一批又一批，成群(chéng qún)的鸟儿接连不断地飞了过去。

有时候四五只联翩飞翔(lián piān fēi xiáng)，有时候排成一字长蛇阵(cháng shé zhèn)。看，多么壮观(zhuàngguān)的鸟群啊！……

鸟儿鸣叫(míngjiào)着，它们和睦相处(hé mùxiāngchǔ)，互相激励；有时又彼此憎恶(bǐ cǐ zēngwù)，格斗，伤残(shāngcán)。有的鸟儿因疾病(jí bìng)、疲惫(pí bèi)或衰老(shuāilǎo)而失掉队伍。

今天，鸟群又飞过旷野。它们时而(shí ér)飞过碧绿(bì lǜ)的田原，看到小河在太阳照耀下流泻(liú xiè)；时而飞过丛林(cóng lín)，窥见(kuījiàn)鲜红的果实在树荫(shùyīn)下闪烁(shǎnshuò)。想从前，这样的地方有的是。可如今，到处都是望不到边的漠漠荒原(mòmòhuāngyuán)。任凭(rèn píng)大地改换了模样(múyang)，鸟儿一刻也不停歇(tíngxiē)，昨天，今天，明天(míngtiān)，它们继续打这里飞过。

不要认为鸟儿都是按照自己的意志飞翔(yì zhì fēi xiáng)的。它们为什么飞？它们飞向何方？谁都弄不清楚(nòng qīngchu)，就连那些领头(lǐngtóu)的鸟儿也无从知晓(wúcóngzhīxiǎo)。

为什么必须飞得这样快？为什么就不能慢一点儿呢？

guāngyīn cōngcōngmángmáng shì
鸟儿只觉得光阴在匆匆忙忙中逝去了。然而，它们不知道
yǒnghéng zháo le míshìde
时间是无限的，永恒的，逝去的只是鸟儿自己。它们像着了迷似的那
jù liè zhènhé áoxiáng xìng
样剧烈，那样急速地振翮翱翔。它们没有想到，这会招来不幸，会使鸟
gèng
儿更快地从这块土地上消失。

ránhū lā lā chìbǎng
鸟儿依然忽喇喇拍击着翅膀，更急速，更剧烈地飞过去……

sēn lín hóngqīngchè dīngdīngdōngdōng xiǎngshēng qiǎo
森林中有一泓清澈的泉水，发出叮叮咚咚的响声，悄
rán liú tǎng duǎnzàn
然流淌。这里有鸟群休息的地方，尽管是短暂的，但对于飞越荒原的鸟
xiǎo qì děngzhēn shēngwù
群来说，这小憩何等珍贵！地球上的一切生物，都是这样，一天过去
yíng jiē míng xīnshēng
了，又去迎接明天的新生。

xiē yǎng jīngshen qīngtīng xù yǔ míngquán
鸟儿在清泉旁歇歇翅膀，养养精神，倾听泉水的絮语。鸣泉
啊，你是否指点了鸟儿要去的方向？

dì céngshēn yǒng jiànduàn bēn liú yuè jìn
泉水从地层深处涌出来，不间断地奔流着，从古到今，阅尽地
róng kū zhīdao yīnggāi
面上一切生物的生死荣枯。因此，泉水一定知道鸟儿应该飞去的方向。

qīngchè yìngzhào shēnyǐng
鸟儿站在清澈的水边，让泉水映照着身影，它们想必看到了自
pí juàn míngbai tiānzhījiāo zǐ qù
己疲倦的模样。它们终于明白了鸟儿作为天之骄子的时代已经一去
bù fù fǎn
不复返了。

suíchù néng kùnnan jǐn kuài
鸟儿想随处都能看到泉水，这是困难的。因为，它们只顾尽快
飞翔。

sì hū lián xù fēi xiáng běnshēn
不过，它们似乎有所觉悟，这样连续飞翔下去，到头来，鸟群本身
mǐnmiè dànyuàn jǐn zǎodǒng de
就会泯灭的。但愿鸟儿尽早懂得这个道理。

huāngliáng fēi xiáng
我也是鸟群中的一只，所有的人都是在荒凉的不毛之地上飞翔
bù xī
不息的鸟儿。

fánluànshēnghuó zhē bì shēngyīn
人人心中都有一股泉水，日常的烦乱生活，遮蔽了它的声音。
xǐng xīnlíng shēnchù tīng yōurán míngshēng
当你夜半突然醒来，你会从心灵的深处，听到幽然的鸣声，那
zhèng chányuán
正是潺湲的泉水啊！

mí shī féng
回想走过的道路，多少次在旷野上迷失了方向。每逢这个时候，当我
tīng xīnlíngshēn míngquán chóngxīn qián jìn biāozhì
听到心灵深处的鸣泉，我就重新找到了前进的标志。

chángchángwènwǒ chéngshí zǒng
泉水常常问我：你对别人，对自己，是诚实的吗？我总是
shēngǎnnèijiù
深感内疚，答不出话来，只好默默低着头。

chū zì nèixīn qí wàng chéngshí
我从事绘画，是出自内心的祈望：我想诚实地生活。心灵的泉水
gàosu pǔ sù shě qì qīnggāo piānzhí
告诉我：要谦虚，要朴素，要舍弃清高的偏执。

zhēnshí
心灵的泉水教导我：只有舍弃自我，才能看见真实。

kùnnan shènzhì kěnéng xù xù dī yǔ
舍弃自我是困难的，甚至是不可能的，我想。然而，絮絮低语的泉
míngmíngbáibái zhèng
水明明白白地对我说：美，正在于此。

陈文德　译

（选自《译林》1980年第3期）

第二章　发声技能训练

训练目标

1. 掌握有控制的胸腹联合式科学呼吸方法。
2. 掌握“以口腔为主，三腔共鸣”的发声方法。
3. 掌握吐字归音的方法。

第一节　呼吸训练

训练目标

一　了解发声的原理。

二　掌握有控制的胸腹联合呼吸的科学发声方法。

训练指导

一　发声原理

科学的呼吸方法

声音的发出是与呼吸、发声、共鸣、咬字四个环节紧密相连的。肺部呼出的气息经过气管，震动喉头内的声带，发出微弱的声音。这种原声必须通过咽腔、口腔、鼻腔、胸腔等腔体的共鸣，得到扩大和美化，再经过唇、齿、牙、舌、腭的协调作用，产生不同的声音。这就是发声原理。

“气乃音之帅也”。没有气息，声带就无法振动发出声音。呼出的气息是人体发声的动力源泉，声音的强弱、高低、长短、大小以及共鸣状态，都与呼出气息的速度、流量、大小、压力大小有直接的关系。只有气息控制好了，才能有效地控制声音。因此，在发声训练中，气息控制训练是发声训练最基础、最关键的一环。

二　有控制的胸腹联合式呼吸方法

胸腹联合呼吸法的要求：一要有持久的控制力，二要能够保持比较稳定的气息压力，三要呼气时间长，四要对气息的控制收放自如，五要学会无声吸气。

气息不仅仅是发声的动力，在有声语言表达中，它也是重要的表达手段，气息是“情动于衷”与“声发于外”的中间过渡环节，是有声语言表达中情与声之间必经的桥梁。

1.吸气

要领：扩展两肋，膈肌下降，小腹内收。

（1）坐在椅子前部二分之一或者三分之一处，头正肩平腰直，目光前视，下巴微微内含，身体微微前倾，肩胸放松，保持良好的精神状态。

（2）以衣服中间的纽扣为标记，让气息沿着后背缓缓吸入体内，两肋打开，吸到最下纽扣的位置，气息在腰带周围积蓄，有饱胀的感觉，小腹收紧，向丹田集中用力。

（3）闻花香，远处飘来一股花香，闻闻，是什么花的香味？气要吸得深入、自然，体会膈肌下降，扩展两肋。

（4）半打哈欠。口半开，不张大嘴地打哈欠，体会最后一刻的感觉。

2.呼气

要领：稳实均匀，有控制，有变化。

呼气过程就是有声语言表达中的用气过程，呼气要平稳，有控制，能够随着表达内容和情感的变化，调整气息的快慢、强弱，控制气息的流速和压力。

（1）吸气后，缓缓吹起桌面的灰尘。

（2）撮起双唇，吹响空瓶。

要求气息均匀缓慢地流出，呼气时间逐渐延长，达到30秒。

技能训练

（1）数数字，以每秒两个的速度数数字，“1、2、3、4……”

（2）发出纯净的、自然音高一致的“a”的延长音。

（3）数葫芦。吸气后，控制两秒钟，清晰地发出“一口气数不了二十四个葫芦，一个葫芦，两个葫芦，三个葫芦……二十四个葫芦”。

（4）数枣。轻快流畅，呼出气流发音时，小腹收紧，托住字音，吐字清晰地发出“出东门，是大桥，大桥底下一树枣，拿着竹竿去打枣，青的多，红的少。一颗枣，两颗枣，三颗枣，四颗枣，五颗枣，六颗枣，七颗枣，八颗枣，九颗枣，十颗枣，九颗枣，八颗枣，七颗枣，六颗枣，五颗枣，四颗枣，三颗枣，两颗枣，一颗枣。这就是《数枣》的绕口令，一口气说完，才叫好”。

训练材料

歌声（节选）　吴伯箫

朗读
歌声（节选）

感人(gǎnrén)的歌声(gēshēng)留给人的记忆是长远(chángyuǎn)的。无论哪(wúlùn nǎ)一首(shǒu)激动人心(rénxīn)的歌，最初(zuìchū)在哪里听过，哪里的情景(qíngjǐng)就会深深(shēnshēn)地留在记忆里。环境(huánjìng)，天气，人物，色彩，甚至连听(shèn zhìlián tīng)歌时的感触(gǎnchù)，都会烙印(làoyìn)在记忆的深处，像在记忆里摄下(shèxià)了声音的影片(yǐngpiàn)一样。那影片纯粹(chúncuì)是用声音绘制(huìzhì)的，声音绘制色彩，声音绘制形象(xíngxiàng)，声音绘制感情。只要在什么时候(shénmeshíhou)再听到那种歌声，那声音的影片便一幕幕放映(fàngyìng)起来。“云霞灿烂如堆锦(rú duī jǐn)，桃李兼红(jiān hóng)杏(xìng)”，《春之花》那样一首并不高明(bìng bù gāomíng)的歌，带来一整套(zhěngtào)辛亥革命以后启蒙学堂(qǐ mēng xuétáng)的生活。“我们是开路先锋”，反映(fǎnyìng)出一个暴风(fēng)雨来临(lái lín)的时代。“我的家在松花江上”，描绘出抗日战争(zhànzhēng)初期一幅动乱(yì fú dòngluàn)的景象(jǐng xiàng)。……

我以无限怀恋(huáiliàn)的心情，想起延安的歌声来了。

冼星海(xiǎnxīnghǎi)同志指挥得那样有气派，姿势(zī shi)优美，大方；动作有节奏(jié zòu)，有感情。随着指挥棒的移动，上百人，不，上千人，还不，仿佛全部到会的，上万人，都一齐歌唱。歌声悠扬(yōuyáng)、淳朴(chúnpǔ)，像谆谆(zhūnzhūn)的教诲(jiàohuì)，又像娓娓(wěiwěi)的谈话，一直唱到人们的心里，又从心里唱出来，弥漫(mí màn)整个(zhěng gè)广场(guǎng chǎng)。声浪(shēng làng)碰(pèng)到群山(qún shān)，群山发出回响(huí xiǎng)；声浪越过延河，河水演出伴奏；几番(fān)回荡(huí dàng)往复一直辐散(fú sàn)到遥远的地方(dì fang)。抗日战争的前方(qián fāng)后方(hòu fāng)，有谁没有听过，没有唱过那种从延安(yán ān)唱(chàng)出来的歌呢？

理由　　林清玄

许久以来，我一直在找一个理由(lǐ yóu)，来说明(shuō míng)我为什么(shén me)爱你；可是我找不到那个理由。因为(yīn wèi)我不能把我对你的爱只限定(xiàn dìng)于一个理由。

情感的深厚(shēn hòu)使我无法找出一个固定(gù dìng)的理由来说明为什么，因为每一个为什么后面还隐藏(yǐn cáng)着更多(gèng duō)的为什么，如果一直想去追问(zhuī wèn)什么和为什么，到最后一定会失去我们所追问的本意(běn yì)。

有一次我们去探望(tàn wàng)一位家庭很美满(tíng hěn měi mǎn)的老师，想去探问(tàn wèn)他们相爱的理由，老师说的话我很喜欢："其实，我们两人都是不完美(wán měi)的，由于生死(shēng sǐ)不渝(yú)的爱，使我们有勇气去追寻(zhuī xún)彼此的完美。但是在途中(tú zhōng)我们发觉更多的不完美，所以我们一直追寻下去。"看到两个小儿女分别依偎(yī wēi)在父母的怀里，我心中竟(jìng)获得了极大的感动。沿着松江路走出来，大雨在劲风(jìng fēng)中下着，我竟仍禁(réng jīn)不住心中的雀跃(què yuè)。

那是一次神奇(shén qí)的经验(jīng yàn)，好似(hǎo sì)在茫茫(máng máng)的黑夜里突然看见远处的灯光(dēng guāng)，以为那一定是证明(zhèng míng)爱情(ài qíng)的唯一理由了，照这样走去，必然会找到那一盏灯(zhǎn dēng)火。

从来我都认为爸爸妈妈的爱情是伟大而完美的，他们虽然只受过很少的教育，却能(néng)相厮(xiāng sī)相守相敬如宾(jìng rú bīn)几十年，我是忍不住的好奇，可是每次总是话到嘴边碍难启齿(ài nán qǐ chǐ)。后来有一天一家人围坐着看电视，我便偷偷地禀问(bǐngwèn)妈妈那个理由，手里打着毛线的妈妈忽然浮出少女的羞涩(xiū sè)，在老花眼镜(yǎnjìng)的掩饰(yǎnshì)下也掩不住双颊(shuāngjiá)的桃红。

“去问你爸爸。”妈妈说。

走到爸爸旁边为他斟(zhēn)了一杯茶，也同样地问那个理由，没想到一向威严(wēiyán)的爸爸也会有一丝不自在(zì zai)，嘴角闪过一抹神秘(mǒ shén mì)的微笑说：

“问你妈妈去。”

对于这两个答案(dá àn)我觉得迷惑(míhuò)了，那一盏看似很近(hěn jìn)的灯火又一下子远到天边，闪烁(shǎnshuò)着不可了解的光芒(guāngmáng)。是不是几十年的相爱让他们的理由升华(shēnghuá)到无形(wúxíng)呢？或者他们的理由是另(lìng)一种境界(jìngjiè)？又或者是他们也不知道到底是何理由？那一天夜里，想到爸爸妈妈之间的情爱(qíng ài)，辗转(zhǎnzhuǎn)不能成眠(néng chéngmián)，我终于想通“不能言传”是中国人生活的最高境界(jìng jiè)，爱情又何尝(hécháng)不是？

起先是想找一个理由，那像是到一个繁花盛(fánhuāshèng)开的园子里去摘(zhāi)花，原来只想摘一朵，一走进才发现，每一朵都开得璨灿(càncàn)，各有各的美处，一时间竟让(jìngràng)人慌乱(huāngluàn)了手脚，分不出、记不起要摘哪一种的哪一朵好，后来还是空手走出了花园。任它繁花争长(fánhuāzhēngzhǎng)，不是比随意(suí yì)摘一朵花好吗？

也许，爱情真是用不着任何理由：如何去问一棵仙人掌(xiānrénzhǎng)，它为何不在沃土上植根(zhígēn)偏要在沙漠里开花？如何去问一棵无花果(wúhuāguǒ)，它为何喜欢结果不喜欢开花？如何去问一朵玫瑰(méigui)呀！它在温室里为何活得那么坦然(tǎnrán)？只知道一旦有爱情，仙人掌在沙漠也开花，无花果不开花也结果，玫瑰在任何一处地方(dì fang)都活得坦然(tǎnrán)。只有爱，能拔起擎天(qíngtiān)的巨木，能升腾(shēngténg)冷漠(lěngmò)的生命(shēngmìng)，能裸露(luǒ lù)许多灵魂(línghún)，以及能在长长(chángcháng)的阴(yīn)夜袭来(xí lái)时也有耐心(nàixīn)期待天光(tiānguāng)。

所有的理由都不可靠，都是一条不可把握的渺茫(miǎománg)的线。有人说，爱这么深(shēn)，没有理由是不行(xíng)的，于是大家去寻找(xúnzhǎo)理由，说是爱上那巧巧的鼻子，爱上樱樱(yīngyīng)的红唇(chún)，爱上眼睛(jing)像月亮(yuèliang)。总有一天理由被找尽(jìn)了，那一天也是爱情完结(wán jié)的一天。为理由去爱以后，请就不要回头去找那个(zhǎo nà ge)理由了吧！

我摸不清(mōbuqīng)去爱的理由，只知道你一天不从长长的阶梯(jiē tī)走来，一天不看到你脸上美妙(měimiào)的微笑，一天不在厨房里为我烧菜(shāocài)，我就会在茫茫的黑夜里独坐(dúzuò)一夜，让寂寞(jì mò)一口一口吞噬(tūnshì)了我的生命(shēngmìng)。

（选自《精美散文青春·温情卷》，长江文艺出版社1995年7月第1版）

婚姻能不能继续保有爱的持续性

蒋勋

01 爱情选择常两难

爱情(ài qíng)的选择常常是两难(liǎngnán)的，爱谁多爱谁少。那个比重很轻微(hěnqīngwēi)，不可能有全部爱或全部不爱这么绝对(juéduì)的事。

如果不是两难，就没那么好谈(nàmehǎotán)的了。

我们常常会看到一些绯闻案(fēiwén àn)，一个男子身边有三个女性(nǚxìng)，或是一个女人周旋(zhōuxuán)在两个男人之间(zhījiān)。我想，他们之间都不是全爱或全部不爱的问题，也不是因为(yīnwèi)爱了这一个人，就不爱另(lìng)一个。

爱情是很复杂(fù zá)的，其中有很多微妙(wēi miào)的东西，连当事人都很难搞清楚(qīngchu)。

只有从一个非常宽容(kuānróng)的角度，你才能够了解到在这样的事件中，每一个人是如何努力(nǔ lì)调整(tiáozhěng)自己，使自己进步(jìn bù)，增加(zēng jiā)自己在对方心目中的比重(bǐ zhòng)。

02　在婚姻里保有爱的持续性

我常常在想一个问题，婚姻(hūnyīn)可不可能继续保有爱的持续性(chíxùxìng)？

因为我看到一些朋友(péngyou)本来很爱读书、很上进、很在意自己的形象(xíngxiàng)，结了婚之后却开始发胖……

我不知道该用什么字去形容(xíngróng)，婚姻好像让两个人开始自我放弃(zì wǒ fàng qì)了。

我真的觉得，当你开始每天睡觉(shuìjiào)十二小时，不上进、不读书，然后发胖、不在意自己的衣着(yī zhuó)时，你就是不爱对方了。

因为你已经不在意自己是不是吸引(xī yǐn)对方，不怕对方觉得你是不好的。

我相信(xiāngxìn)我可以跟一个人在一起二十年，他都是新鲜(xīnxiān)的、迷人(mírén)的，而且我也会自然而然地觉得，在他面前我不可以太差，我不会让自己发胖，让自己讲话言不及义(yán bù jí yì)。

我想如果因为跟一个人结婚而变得庸俗(yōngsú)，或是对方变得庸俗，真是一件令人厌烦(lìngrényànfán)的事情(shìqing)。

千万不要让婚姻变成(biànchéng)恋爱(liàn ài)的句点，它应该是可以延续(yánxù)的。

03　专一是很困难的

在一些关于爱情的抽象(chōuxiàng)论述(lùnshù)中，我们绝对不会反对"专情(zhuānqíng)"这件事情，我们最常常歌颂(gēsòng)的也是专情，一种"专一"和"专心(zhuānxīn)"，爱一个人至死不渝(zhì sǐ bù yú)，当我们对一个人这么说的时候，当然就是一生一世(yì shēng yí shì)的事情(shìqing)。

甚至(shèn zhì)是生生世世，像"七世夫妻"的故事，海枯石烂(hǎi kū shí làn)，还要结下来(lái)

生缘(shēngyuán)的。

可是，所谓(suǒwèi)的“专一”、“专心”要如何解释？

每一个人在他不同的成长过程(chéngzhǎngguòchéng)中，都会有不同的领悟(lǐngwù)吧。

就像你在春天时，到阳明山(yángmíngshān)上走一走，繁花盛开(fánhuāshèngkāi)，你凝视(níngshì)着其中一朵，这一刻是不是专一、专心？

而当下一刻，你的视线(shìxiàn)转移到天上飘浮(piāo fú)的白云，这一刻又是不是专一、专心？

04　爱情不是生命的唯一

把人的事情放到自然规则(zì rán guī zé)里去看，你会有一种更大(gèng dà)的宽容。

在现实中，哀伤(āi shāng)很难忍(nán rěn)得住，嫉妒(jí dù)很难平复(píng fù)下来，怒气(nù qì)很难克制(kè zhì)，可是当你回到大自然、回到宇宙(yǔ zhòu)，回到更大的空间里，你会觉得爱情真的不是生命(shēngmìng)的唯一。

在爱情最大的哀愁(āi chóu)中，你还是要忍着眼泪坐公交车去上课、上班，你还是要工作，还是要面对生活中除了爱情之外，所有繁复(fán fù)的事情。

我不敢粗暴(cū bào)地说“你不能哀伤”，因为我知道为爱情哀伤是多么痛苦(tòng kǔ)的事情，我只能说，你必须要度过这个哀伤，要在成长(chéng zhǎng)的过程(guò chéng)中(zhōng)，学会让自己领悟爱情不是生命的唯一，你要带着这份哀伤继续生活，更重(gèngzhòng)要的是继续爱人。

05　多一些爱的支点

当然，很多人在哀伤的当下(dāngxià)，会觉得我忍不住、我过不去。我明说的是，哀伤很难过，但一定(yí dìng)会过、一定能(néng)过的。

当你度过了之后心境(xīnjìng)就会不同，再回过头看自己花很长时间度过的那个关卡(guānqiǎ)时，就会觉得其实是钻(zuān)在牛角尖(niú jiǎo jiān)里，只要能够跳出来，就没事了。

我也会建议，每个人生命里爱的支点(zhīdiǎn)要多一点。支点就是你所倚靠(yǐ kào)、你的爱所支撑(zhīchēng)的对象。

在物理学当中，物体如果只有一个支点，是很不稳定(wěndìng)的；就像一座高大的建筑物，地基要有很多支点支撑才能平衡(pínghéng)、才会稳定(wěndìng)。

我宁愿(nìngyuàn)爱是可以平均分摊(píngjūn fēntān)的，爱我的人，他同时也有亲情(qīnqíng)的爱、友情的爱、同事的爱，以及在生活当中还有其他吸引(xī yǐn)他的爱的事物。

我会很感谢这些人、这些事帮我分担(fēndān)了他的爱，没有全部压在我身上，让我喘(chuǎn)不过气来。

随着年龄和经验(niánlíng hé jīngyàn)，你会明白(míngbai)，爱应该(yīnggāi)是要放大、扩大(kuò dà)，而不是把自己封闭(fēng bì)起来。

（选自蒋勋：《生活十讲》，长江文艺出版社2017年8月第1版）

友谊与爱情　丁思逸

童年是一场梦(mèng)；少年是一幅(yì fú)画；青年(qīngnián)是一首诗；壮年(zhuàngnián)是一部小说；中年是一篇散文；老年是一套哲学。人生(rénshēng)各个阶段都有特殊的意境(yì jìng)，构成(gòuchéng)整个人生(zhěng rénshēng)多姿多彩的心身历程(xīnshēn lì chéng)。其中如诗如画的青少年时期孕育(yùnyù)着最纯真(chúnzhēn)的感情(gǎnqíng)；初恋(chūliàn)是一朵含苞(hánbāo)待放的感情之花，怯生生(qièshēngshēng)的欲语还羞(yù yǔ háixiū)，稚嫩(zhìnèn)而懦弱(nuòruò)，不堪风(kānfēng)吹雨打，容易随风飘去，留下淡淡的惆怅(chóuchàng)。这是思春期(sī chūn qī)的一种幼稚的对异性的憧憬(chōngjǐng)和幻想而已。

从前封建(fēngjiàn)社会“男女授受不亲”或“男女之间只有爱情，没有友谊(yǒu yì)”之类的观念(guānniàn)早已落伍(luòwǔ)，不合新时代潮流(cháo liú)了。现在青春男女自由选择朋友，多方观察，选定(xuǎndìng)对象，由当初淡淡的友谊，慢慢进展，蜕变成浓浓(tuì biàn chéng nóng)的爱情，经过如梦如诗(rú mèng rú shī)的恋爱阶段，挽手步入结婚礼堂才是标准的婚姻(hūn yīn)三部曲。没有友谊的基础，何来爱情？所谓一见钟情(yī jiàn zhōng qíng)的奇遇究竟(jiū jìng)是偶然，闪电(shǎndiàn)式的结婚喜剧也不一定妥当(tuǒdang)。友谊(yǒu yì)是孕育爱情的蓓蕾(bèi lěi)，恋爱是爱情之花的盛开(shèngkāi)，结婚可不是恋爱的结束，而是更精彩(gèng jīngcǎi)的统集，花开得更完美、更馥郁(fù yù)，并且边开边结下丰美(fēngměi)的果实。

男女间的感情是微妙的，情人眼里出西施，恋爱中的男女陶醉(táo zuì)在诗情画意(shī qíng huà yì)的幻想中，只看到对方美好的一面，雾里看花，隔着一层朦胧(méng lóng)神秘的美感。婚后才发觉心目中的白马王子原来是个笨牛(bèn niú)，曾经拜倒(bài dǎo)迷你裙下的她也不是维纳斯(wéi nà sī)的化身。婚姻的美满幸福不是天赐的，需要双方共同努力培养，对方的缺点要容忍(róngrěn)，自己的个性要改进，相互切磋琢磨(qiēcuō zhuó mo)，像两个多角石头碰(pèng)在一起，越磨越圆，才能渐趋圆满(yuánmǎn)。

婚前多交几个异性朋友，可以比较选择，原是合情合理(hé qíng hé lǐ)的事。年轻时，在感情的汪洋中漂流探险(piāo liú tànxiǎn)，寻找理想的对象，留下一些浪漫的回忆，也是人生旅途(lǚ tú)中的韵事(yùnshì)。一旦结了婚，就得收住感情的帆，准备驶入爱的避风港(bì fēng gǎng)，过风平浪静(fēng píng làng jìng)的生活。婚前的友谊是自由自在、无拘无束(wú jū wú shù)的，婚后的爱情是独占的、专一的。为了避免无谓的风波，必须把稳感情的舵，当心情海里的暗礁(ànjiāo)，纵然(zòngrán)沿途有多少迷人的旖旎(yǐ nǐ)风光，也只能远眺(yuǎntiào)欣赏(xīnshǎng)，不可涉足其间，流连忘返(liú lián wàng fǎn)，迷失方向。

有人说，男女因误解而结婚，因了解(liǎo jiě)而离婚。又有人说：女人是被爱的，不是被了解的。实在是耐人寻味(nài rén xún wèi)的问题。果真因了解而离婚，宁可(nìng kě)

不了解，只管爱就好了。新婚燕尔（xīnhūnyàn ěr），卿卿（qīngqīng）我我，偶尔闹点小意见，也只是一阵感情的涟漪（lián yī）荡漾（dàngyàng）而已，立刻雨过天晴（yǔ guò tiān qíng），互相道歉，反而增加情（qíng）趣（qù）。不久，孩子降临，忙得没有闲情（xiánqíng）逸致（yì zhì）闹风波，青春的一首诗是很容易朗诵（lǎngsòng）过去的。

壮年的小说却是多姿多彩的，这个时期的人生，就像棋局的中盘，千变万化，风起云涌（fēng qǐ yúnyǒng），异军突起，成败得失，难以逆料（nán yǐ nì liào）。这部小说不管它如何写法，我们总希望男女主角有始有终（zhǔjué yǒushǐ yǒuzhōng），克服一切险阻，把稳（wěn）爱（ài）的小舟，安然渡过去。现在的社会多半婚后都有职业，女人走出厨房，接触社会群相（qúnxiàng），对于男女间的友谊（yǒu yì）也有比较开朗（kāilǎng）的看法，对于先生的应酬（yìngchóu）交际也不必多疑多问，男人对太太也是百分之百地放心。成功的婚姻基于互相敬爱和信任，更（gèng）有赖于（lài yú）双方自重（zì zhòng）自爱的修养。

中年是人生的秋天，思想成熟（chéngshú），子女长大，事业有成，经济富裕，从此迈向人生的坦途。这篇散文应该写来轻松流畅（qīngsōng liú chàng），毫不费力，也值得自我陶醉（táozuì）。不过万一掉以轻心（qīngxīn），不加约束也有可能节外生枝（jié wàishēngzhī），无端遇风波，触上感情的暗礁。现代人寿命延长，驻颜有术，中年心身未衰（xīnshēnwèishuāi），事业发达，精力过剩（jīng lì guòshèng），交际场中偶尔逢场作戏，灯红酒绿，心醉神迷，所谓“四十而不惑”的话，有时候好像不怎么可靠呢！时代不同，这句话恐怕可要打点折扣（zhékòu）吧？

夫妻双方对于爱情和友谊的看法，往往有些出入，两者观念如果混淆（hùnxiáo）不清（bùqīng），容易引起误解，徒生龃龉（tú shēng jǔ yǔ）。尤其女人比较小心眼，往往疑心生暗鬼，越想越不对，疑窦丛生（yí dòucóngshēng），于是来个电话查勤，突击检查，甚至秘密跟踪（gēnzōng），演出侦探小说的话剧来。男人也有特别多心的，对于在外做事的漂亮太太很不放心，整天猜想一大堆，疑云重重（yí yúnchóngchóng）。其实，只要有信心，互相信赖(xìn lài)，对于友谊和爱情之间的界限，有明确(míngquè)的认识(rènshi)，也就不至于庸人自扰(yōng rén zì rǎo)，自寻烦恼(zì xún fánnǎo)。

友谊和爱情都是人生旅途中寂寞心灵的良伴，友谊淡如茶，爱情浓似酒，好茶清香解渴，好酒芳醇醉人(fāngchún zuìrén)。能有机会结识几个知音益友是人生难得的幸运，香茗(xiāngmíng)尽管多尝无碍，好酒可不能随便乱喝，只有两人珍藏的幸福美酒，可以浅斟低酌(qiǎnzhēn dī zhuó)，深情款款(shēnqíng kuǎnkuǎn)，慢慢地品尝(pǐncháng)。

所以这一篇秋天的散文需要两人衷诚(zhōngchéng)合作，才能写得开朗豁达(huò dá)，飘逸潇洒(piāo yì xiāo sǎ)，趣味隽永(juànyǒng)。

当夕阳无限好，白头偕老(xiélǎo)时，茶香酒味都已尝尽透彻(cháng jìn tòuchè)，此中有真意，欲辨已忘言(yù biàn yǐ wàngyán)，唯有相顾莞尔(xiāng gù wǎn ěr)、笑而不答的哲学况味了。

（选自《精美散文青春·温情卷》，长江文艺出版社1995年7月第1版）

第二节　共鸣控制训练

训练目标

掌握“以口腔为主，三腔共鸣”的有声语言表达共鸣方式。

训练指导

有声语言表达有自己的共鸣特点，以口腔为主、以胸腔共鸣为基础、以微量的鼻腔和咽腔共鸣为辅的共鸣方式。声带振动发出的声音很微弱，必须通过共鸣作用，扩大发声效率，美化声音质量。

有声语言表达对共鸣的要求：一要泛音适量，二要声束集中，三要字音清晰，四要声音自然。

声音的整体感觉线路：由小腹丹田气息的支撑，经过胸腔垂直向上，到咽腔、口腔流动向前，“挂”在硬腭前部，透出口腔。也就是说，经过咽腔、口腔的声束，沿着上腭中线前行，向硬腭前部流动冲击，有声音“挂”在硬腭前部的感觉，发出的声音明亮、圆润。

共鸣控制可以使有声语言表达声音丰富多彩，清晰、圆润、响亮、浑厚，具有可塑性、空间立体感，扩大音量，美化声音，增强有声语言的表现力。

技能训练

1. 口腔共鸣训练

(1)牙关练习

共鸣控制

牙关开合的练习，放松下巴，用手扶住放松、微收的下巴，慢慢抬头打开口腔，再慢慢低头闭上口腔，从容地发音：ai、ei、ao、ou。

打开后上下牙槽平行，呈倒U字形。体会声束沿上颚中线向前流动冲击，挂在前腭的感觉。

(2)竖起后咽壁练习

调节颈部姿势，使后咽壁竖起来，发单韵母a、o、e、i、u，体会上下贯通的共鸣感觉。

颈部的角度要适中，不直不僵，不松不软，把声音从喉咙中吊出来，使声音“站得住”。鞭炮的响声，pi-li-pa-la。

(3)声束冲击练习

发较短促的音，体会声束集中冲击硬腭前部的感觉和声音的力度。唇齿紧贴提高声音的明亮度，嘴角略微上抬，“提颧肌”，消除消极音色。

ba bi bu	pa pi pu	ma mi mu fa (fi) fu
da di du	ta ti tu	na ni nu la li lu
ga (gi) gu	ka (ki) ku	ha (hi) hu
jia ji ju	qia qi qu	xia xi xu
zha zhi zhu	cha chi chu	sha shi shu ra ri ru
za zi zu	ca ci cu	sa si su

2. 胸腔共鸣训练

用较低的声音发ha，打雷声honglonglong，声音从胸腔发出，声音是浑厚的，用手轻按胸部，能够感受到发音时胸部的振动。一般来说，较低且柔和的声音易于产生胸腔共鸣。

(1)音高练习

有层次的爬高或者降低声音，在本人音域范围内，一级一级的升高，然后一级一级的下降。例如：伟大的祖国，伟大的人民。

一句高一句低的交替进行。

一句话内由低到高，再由高到低。体会胸腔共鸣的变化。

(2)低音读韵母练习

放松胸部，用低音读韵母，感受声音从胸腔透出，浑厚省力。体会声音在胸部的回荡和气息压力的变化。

ɑ——ɑ——ɑ　　iɑo——iɑo——iɑo　ɑng——ɑng——ɑng

3.鼻腔共鸣训练

(1)提腭练习

半打哈欠。打开牙关，提起软腭，发 mɑ，单元音 ɑ、o、e，在垂下软腭，发鼻化元音 ɑ、o、e，体会发音时软腭的不同状况。

(2)口鼻音交替练习

交替发口音 ɑ 和鼻音 mɑ。

ɑ——mɑ——ɑ——mɑ

发口音时软腭上抬，堵塞鼻腔通道，使用口腔共鸣；发鼻音时，软腭下垂，打开鼻腔通道，发出的是鼻腔共鸣音。

4.泛音共鸣练习

声音距离控制，1 米——10 米——20 米——50 米——100 米——200 米。

(1)老师，你好！

(2)苗苗，等我。

(3)小明，快回来。

5.以“口腔为主，三腔共鸣”，用泛音共鸣朗读《长江之歌》，要求读出事物的时空感受，用有声语言体现事物的大小、远近、高低、时间久暂。

你从雪山走来，春潮是你的风采；
你向东海奔去，惊涛是你的气概。
你用甘甜的乳汁，哺育各族儿女；
你用健美的臂膀，挽起高山大海。
我们赞美长江，你是无穷的源泉；
我们依恋长江，你有母亲的情怀。

你从远古走来，巨浪荡涤着尘埃；
你向未来奔去，涛声回荡在天外。

你用纯洁的清流，灌溉花的国土；
你用磅礴的力量，推开新的时代。
我们赞美长江，你是无穷的源泉；
我们依恋长江，你有母亲的情怀。
啊，长江，啊，长江——

训练材料

1. 同声韵夸张练习：

bā bá bǎ bà dā dá dǎ dà
八 拔 把 爸 搭 答 打 大

fēi féi fěi fèi yāo yáo yǎo yào
飞 肥 斐 费 腰 摇 咬 药

chū chú chǔ chù wān wán wǎn wàn
出 除 储 触 弯 玩 婉 万

2. 四声韵夸张组合练习：

bīngqiángmǎzhuàng shānqióngshuǐjìn shānmíngshuǐxiù shānménghǎishì
兵强马壮 山穷水尽 山明水秀 山盟海誓

qiānchuíbǎiliàn fēiyánzǒubì fēngtiáoyǔshùn fēiqínzǒushòu
千锤百炼 飞檐走壁 风调雨顺 飞禽走兽

xīnmíngyǎnliàng guātiánlǐxià guāngmínglěiluò yāomóguǐguài
心明眼亮 瓜田李下 光明磊落 妖魔鬼怪

yōuróuguǎduàn ānchángchùshùn xīnhuáipǒcè xīnzhíkǒukuài
优柔寡断 安常处顺 心怀叵测 心直口快

yīnmóuguǐjì huātuánjǐncù jīmínggǒudào jīmíngquǎnfèi qīlízǐsàn
阴谋诡计 花团锦簇 鸡鸣狗盗 鸡鸣犬吠 妻离子散

hūpéngyǐnbàn jīniánlěiyuè gūyúnyěhè qīngqiúhuǎndài
呼朋引伴 积年累月 孤云野鹤 轻裘缓带

xiōngwúdiǎnmò gāowéndiǎncè gāoliángzǐdì shēnmóuyuǎnlǜ
胸无点墨 高文典册 膏粱子弟 深谋远虑

chuāngmíngjījìng sīqiánxiǎnghòu shēnqiángtǐzhuàng xīndúshǒulà
窗明几净 思前想后 身强体壮 心毒手辣

fānránhuǐwù zhīqínggǎnyì huāhóngliǔlǜ
幡然悔悟 知情感义 花红柳绿

3.短文：

江南的冬景（节选）　郁达夫

江南(jiāngnán)的地质(dì zhì)丰腴(fēng yú)而润泽(rùn zé)，所以含得住(hán de zhù)热气，养得住植物；因而(yīn ér)长江一带，芦花(lú huā)可以到冬至而不败，红叶也有时候会保持得三个月以上的生命(shēngmìng)。像钱塘(qiántáng)江两岸的乌桕(wū jiù)树，则红叶落后，还有雪白的桕子着(jiù zi zhuó)在枝头，一点一丛(cóng)，用照相机照将出来，可以乱(luàn)梅花之真(zhēn)。草色顶(dǐng)多成了赭色(zhě sè)，根边总带点绿意(lǜ yì)，非但野火烧不尽(jìn)，就是寒风(hánfēng)也吹不倒的。若遇到风和日暖(fēng hé rì nuǎn)的午后，你一个人肯(kěn)上冬郊去走走，则晴天碧落(qíngtiān bì luò)之下，你不但感不到岁时(suì shí)的肃杀(sù shā)，并且(bìng qiě)还可以饱觉(bǎo jué)着一种莫名其妙(mò míng qí miào)的含蓄(hán xù)在那里的生气(shēng qì)；“若是冬天来了，春天(chūntiān)也总马上回来”的诗人的名句(míng jù)，只有在江南的山野里(shān yě li)，最容易体会得出。

江南河港(hé gǎng)交流，且又地滨(dì bīn)大海，湖沼(hú zhǎo)特多，故空气里时含水分(shí hán shuǐ fēn)；到得冬天，不时也会下着微雨(wēi yǔ)，而这微雨寒村(hán cūn)里的冬霖景象(dōng lín jǐng xiàng)，又是一种说不出的悠闲境界(yōu xián jìng jiè)。你试想想，秋收过后，河流边三五家人家会聚在一道的一个小村子里，门对长桥，窗临远阜(chuāng lín yuǎn fù)，这中间又多是树枝槎丫(shù zhī chá yā)的杂木树林(zá mù shù lín)；在这一幅冬日农村(yì fú dōng rì nóng cūn)的图上，再洒上一层(sǎ shang yì céng)细得同粉(fěn)也似(shì)的(de)白雨，加上一层(céng)淡得几不成墨(jǐ bù chéng mò)的背景(bèi jǐng)，你说还够不够悠闲(yōu xián)？若再要点景致(jǐng zhì)进去，则门前可以泊(bó)一只乌(wū)篷小船(xiǎo chuán)，茅屋里可以添几个喧哗(xuān huá)的酒客，天垂暮(tiān chuí mù)了，还可以加一味红黄(hóng huáng)，在茅屋窗中画上一圈暗示着灯光的月晕(yuè yùn)。人到了这一个境界(jìng jiè)，自然会得胸襟(xiōng jīn)洒脱(sǎ tuō)起来，终至于得失惧亡(dé shī jù wáng)，死生不问(sǐ shēng bú wèn)了；我们总该记得唐朝那位诗人做的“暮雨潇潇江上村”的一首绝句罢？诗人到此，连对绿林豪客都客气起来了，这不是江南冬景的迷人又是什么？

（选自《读给孩子的散文》，海燕出版社2016年12月第1版）

敬畏生命　张晓风

朗读　敬畏生命

那是一个夏天的长得不能再长的下午，在印第安纳州的一个湖边，我起先是不经意地坐着看书，忽然发现湖边有几棵树正在飘散一些白色的纤维，大团大团的，像棉花似的，有些飘到草地上，有些飘到湖水里。我当时没有十分注意，只当是偶然风起所带来的。

可是，渐渐地，我发现情况简直令人吃惊。好几个小时过去了，那些树仍旧浑然不觉地，在飘送那些小型的云朵，倒好像是一座无限的云库似的。整个下午，整个晚上，漫天漫地都是那种东西。第二天情形完全一样，我感到诧异和震撼。

其实，小学的时候就知道有一类种子是靠风力靠纤维播送的。但也只是知道一条测验题的答案而已。那几天真的看到了，满心所感到的是一种折服，一种无以名之的敬畏。我几乎是第一次遇见生命——虽然是植物的。

我感到那云状的种子在我心底强烈地碰撞上什么东西，我不能不被生命豪华的、奢侈的、不计成本的投资所感动。也许在不分昼夜的飘散之余，只有一颗种子足以成树，但造物者乐于做这样惊心动魄的壮举。

我至今(jīn)仍然(réngrán)在沉思之际(chén sī zhī jì)想起那一片柔媚(róumèi)的湖水，不知湖畔(húpàn)那群种子中有哪一颗种子成了小树？至少，我知道有一颗已经成长。那颗种子曾(céng)遇见了一片土地，在一个过客的心之峡谷(xīnzhīxiágǔ)里，蔚然成荫(wèiránchéngyīn)，教会她，怎样敬畏生命(jìngwèishēngmìng)。

（选自《精美散文哲理·文化卷》，长江文艺出版社1995年7月第1版）

第三节　吐字归音训练

训练目标

掌握普通话有声语言吐字归音的要领，做到吐字准确、清晰、明亮、圆润、集中、流畅。

训练指导

吐字归音是我国传统说唱艺术理论关于咬字的方法。从汉语音节结构的特点出发，根据汉语音节结构，把一个音节的发音过程为字头、字腹、字尾三个部分，在有声语言表达中，实现咬字器官对音节各部位的控制。吐字归音是气息、发声、共鸣作用的归宿，也是体现作品内容和思想感情的手段。

吐字归音

具体要求：字正腔圆，“字正”，指字音正确规整，清晰有力；“腔圆”，行腔圆润饱满。字头（声母和韵头）部位准确，弹动轻快有力；字腹（韵腹）拉开立起，圆润饱满；字尾（韵尾）干净利落，趋向鲜明，到位弱收。

字头、字腹、字尾的发音是一个有机整体，呈枣核状，滑动必须连贯，流畅自然。

技能训练

1.声母、韵母拆合练习。

b——a——ba　　　　p——a——pa

b——a——i——bai　　p——a——i——pai

b——a——n——ban　　p——a——n——pan

2. 象声词练习。

吧嗒嗒　滴溜溜　咕隆隆　乒乓乓　刷啦啦　哗啦啦
劈啪啪　铛啷啷　呼啦啦　哐当当　叮咚咚　嘀哒哒
嘀呖呖　轰隆隆　扑通通　淅沥沥　扑哧哧　咯吱吱
咕噜噜　扑棱棱　扑腾腾　花楞楞

3. 词语练习。

冰雹　颁布　偏旁　美满　命名　芬芳　反复　跌倒　单调　淘气
奶牛　恼怒　流露　靓丽　广告　感官　开课　慷慨　恍惚　军舰
经济　欠缺　学校　详细　真正　专注　抽查　拆除　说事　软弱
沙发　大妈　发达　打岔　麻纱　教条　疗效　巧妙　笑料　吊桥
衰老　怀揣　摔坏　外踝　响亮　洋相　奖项　踉跄　装潢　矿床
看管　泛滥　深沉　琴音　军训　演练　天线　专款　传唤　渊源
轩辕　春天　温存　苍茫　商场　萌生　宁静　并行　通红　工农
白费　暧昧　水位　快慰　高潮　逃跑　报道　草帽　收购　丑陋

4. 四声成语练习。

来龙去脉　来日方长　老马识途　狼狈不堪　浪子回头　牢不可破
老当益壮　老生常谈　雷厉风行　冷嘲热讽　两袖清风　量力而行
燎原烈火　龙腾虎跃　包罗万象　超群绝伦　刀山火海　道貌岸然
调兵遣将　泛滥成灾　防患未然　放虎归山　广开言路　高风亮节
高瞻远瞩　豪情壮志　好大喜功　浩浩荡荡　江河日下　娇生惯养
矫枉过正　慷慨激昂　冒名顶替　脑满肠肥　鸟语花香　庞然大物
抛砖引玉　乔装打扮　相安无事　相辅相成　响彻云霄　逍遥法外
扬长而去　阳关大道　遥相呼应　咬牙切齿　耀武扬威　高朋满座
早出晚归　造谣惑众　张冠李戴　招摇过市　高谈阔论　遥遥无期

5. 古诗词练习。

凉州词　　唐·王之涣

黄河远上白云间，一片孤城万仞山。
羌笛何须怨杨柳，春风不度玉门关。

绝句　　唐·杜　甫

两个黄鹂鸣翠柳，一行白鹭上青天。
窗含西岭千秋雪，门泊东吴万里船。

6.短文。

鸟和树（节选）　　靳以

朗读 鸟和树

人类(rén lèi)惯于把一些樊笼(fán lóng)和枷锁(jiā suǒ)加在其他生物(shēng wù)的身上(shēnshang)或颈项(jǐngxiàng)上，只是为了自己的贪欲(tān yù)，所以鸟该是不爱人类的，可是它却爱树，那沉默(chén mò)的大树伸出枝叶(shēn chū zhī yè)去，障住(zhàng zhù)了阳光，也遮(zhē)住风雨，可以安置(ān zhì)它的巢(cháo)，也可以供(gōng)它短暂(duǎn zàn)的休憩(xiū qì)。它站(zhàn)在山边(shān biān)，站在水旁，给远行人(yuǎn xíng rén)留下最后的深刻(shēn kè)的影(yǐng)子；招致仓皇(zhāo zhì cāng huáng)的归鸟，用残余(cán yú)的力量，迅速(xùn sù)飞向枝头，它就是那么挺然(tǐng rán)地站着，用臃笨(yōng bèn)的身躯抵(shēn qū dǐ)住风(zhù fēng)雨的摇撼(yáo hàn)，小小的鸟啊，在它的枝干(zhī gàn)间自在(zì zài)地跳跃(tiào yuè)。

如果我是一株树(zhū shù)啊，我要做一株高大粗壮(gāo dà cū zhuàng)的树，把我的顶际插入(dǐng jì chā rù)云端(yún duān)，把我的枝干伸向辽远(liáo yuǎn)。我要看的深远(shēn yuǎn)，当着太阳沉(chén)下去了，我用我的全心(quán xīn)来迎接(yíng jiē)四方八面的失巢(shī cháo)的小鸟，要它们全都栖(qī xī)息在我的枝干间(zhī gàn jiān)，要它们全能(quán néng)从我的身上(shēnshang)得着一份温暖(wēn nuǎn)，用我的汁液(zhī yè)作为它们的养料(yǎng liào)，我还为它们抵挡(dǐ dǎng)风雨的侵蚀(qīn shí)，我想那时候它们该真心(zhēn xīn)爱我了，因为我已经(yǐ jīng)不是那个属于(shǔ yú)使它们厌恶(yàn wù)的人类中的，我失去了那份自(zì)私和贪鄙(sī hé tān bǐ)，为了小鸟的幸福(xìng fú)我情愿肩(qíng yuàn jiān)起最辛(zuì xīn)苦最沉重(chén zhòng)的担子(dàn zi)。

（选自《读给孩子的散文》海燕出版社2016年12月第1版）

第三章　朗读训练

训练目标

1.了解什么是朗读、朗读的基本要求。
2.掌握朗读的技巧和方法。
3.学会运用朗读的技巧,准确、流利、生动地朗读作品。

训练内容

1.朗读备稿训练。
2.朗读内部技巧训练。
3.朗读外部技巧训练。
4.四种文体的朗读训练。

第一节　朗读概说

训练指导

一　什么是朗读

朗读

朗读是用标准的普通话把文字作品转化为有声语言的再创作活动。朗,指的是声音的清楚响亮;读,指的是把无声的文字作品依照文字念出声音来。朗读就是用清晰、响亮的声音,结合各种语言表达手段,传递作品思想感情的一种语言艺术。朗读者对文字作品的理解、感受、感情融合到声音里,把书面文字语言转化为有声语言,声情并茂地传情达意。

第一,朗读是朗读者文化修养的集中体现。听众听到的是朗读者的声音,看到的是朗读者的形象,声音和形象共同展现出朗读者的文化、修养、感情、气质、风度等。

第二，朗读是一种再创作活动。朗读不仅仅是把文字转化为声音的简单过程，而是进行语言艺术创作的复杂过程。汉字是表意文字，书面语言文字对于有声语言有一定的局限性，难以把有声语言细微的情感表达显现出来，不可能把有声语言里蕴含的丰富多彩的语气声情并茂地表现出来。朗读者的声音可以弥补这些缺憾，将文字所承载的信息和情感更完美地表现出来，甚至可以把文字背后作者、作品包含的丰富内涵传递出来。

朗读有"眼到—心到—嘴到"三个过程。这三个过程中，"心到"才是灵魂，朗读者必须设身处地感受到作者笔触之下的真切情感，心有所感才能言之有情，才能感动他人。

第三，朗读是朗读者艺术修养的综合体现。朗读综合了多种艺术门类的特点，如文学、语言、表演、形体、舞台等。朗读者应该具有一定的文学修养，能够欣赏分析各种文体的作品，这是朗读传情达意的基础；朗读者必须具备相应的语言修养，熟练掌握普通话的标准发音、科学发声技巧，善于正确地运用朗读技巧，这是表情达意的条件；朗读者必须具备一定的舞台表演能力，敢于在大庭广众之下说话，有自然的形体和表情，这是朗读者表情达意的重要能力；朗读者还必须具备一定的政治思想修养、社会知识修养，这是朗读者表情达意的前提。

二　朗读的基本要求

朗读应该使用标准、规范的普通话，朗读时要求普通话声、韵、调到位，吐字清晰，音色圆润，声音有一定的响度。

朗读时，要忠实于原作品，做到不丢字、不添字、不改字、不错读字音，要读得语句流畅自然。朗读者的任务，是把书面作品的内涵，通过自己的有声语言创造性地再现给听众。因此，朗读者既要与作者心灵沟通，又要与听众神情交流；既要感染自己，又要使听众产生共鸣。要达到声情合一、质朴归真的境地。

朗读时要根据作品的内容、风格，以及朗读者自身的语音条件，采用不同的方式和技巧去朗读，把握好朗读的分寸。

训练材料

青春万岁(序诗)　　王蒙

所有的日子,所有的日子都来吧,
让我编织你们,用青春的金线,
和幸福的璎珞,编织你们。

有那小船上的歌笑,月下校园的欢舞,
细雨蒙蒙里踏青,初雪的早晨行军,
还有热烈的争论,跃动的、温暖的心……

是转眼过去了的日子,也是充满遐想的日子,
纷纷的心愿迷离,像春天的雨,
我们有时间,有力量,有燃烧的信念,
我们渴望生活,渴望在天上飞。

是单纯的日子,也是多变的日子,
浩大的世界,样样叫我们好惊奇,
从来都兴高采烈,从来不淡漠,
眼泪,欢笑,深思,全是第一次。

所有的日子都去吧,都去吧,
在生活中我快乐地向前,
多沉重的担子我不会发软,
多严峻的战斗我不会丢脸。

有一天,擦完了枪,擦完了机器,擦完了汗,
我想念你们,招呼你们,
并且怀着骄傲,注视你们。

心中长出一片森林　　佚名

你是否做过一个很美的梦，在梦里，你无所不能。

你是否练就了一颗勇敢的心，这颗心，刀枪不惧。

你是否一如既往的期待明天，盼朝阳，冉冉上升。

如果你有梦想，那就努力去实现。并不是向往到达终点时的鲜花与掌声，而是在经风沐雨后，你终于可以给自己这颗不服输、不认命的身躯，一个由衷的赞许。

一路走来，你越挫越强，越挫越勇。一路走来，你跌跌撞撞，鼻青脸肿。可你也清楚，这一路，并不是全部，你知道自己未来还有那么长那么长的一段路要走。但是，这个世界变得太快，快得一加一都已经有了各种千奇百怪的答案，所以你不知道自己有没有准备好。

你当然想顺势而为、迎难而上，所以你才蓄势待发，努力积攒力量。你当然想一鸣惊人、得到别人的认同，所以你步伐铿锵，目光坚定，凝视着前方。

你知道一粒顽强的种子终有一日会破壳而出，直到拥有冲破地层的力量，发芽生长。

人们都说越是贫瘠的土地越是能长出参天的大树。但我知道，你心中一定孕育了一片森林。森林绿波涛涛，生机勃勃。森林万木萌发，郁郁葱葱。明明只是一颗小小的种子，却在不经意间，成为这么大一股神奇又震撼的能量。

你是一颗小小的种子，却无法阻止你做着一个大大的梦。在你的梦里，叶子的每一条脉络，都是因你而喷涌；树根的每一圈年轮，都是为你而转圜。你是一颗小小的种子，可你却深深知道，只有做着一片森林的梦，才能成为最励志、最与众不同的种子。

你果然是那颗与众不同的种子，你终于把积蓄已久的阳光、雨水、养料通通用上，造就出一片与众不同的浩瀚森林。

心中长出一片森林，用来遇见最好的自己。

第二节　朗读的基本技巧

训练目标

1. 能够根据作品的内容和风格,确定朗读目的,把握朗读的基调。

2. 掌握各种朗读技巧,朗读不同体裁的作品。

训练内容

朗读的基本技巧,即内部技巧——情景再现、内在语、对象感;外部技巧——停连、重音、语气、节奏。

一　朗读的备稿

训练指导

朗读是一种再创作活动,要求朗读者通过原作的书面语言,忠实准确地反映作品的精神实质、情感内涵,鲜明生动地传达作品的思想感情,使用自己的有声语言传达出作品的主要精神和艺术魅力。让听众领会朗读的内容的同时,要使听众在感情上受到感染。

准备稿件,有六个步骤:划分层次、概括主题、联系背景、明确目的、找出重点、确定基调。

1. 划分层次

层次是一篇文字作品的结构和布局。为了朗读的需要,对自然段落进一步加工整理,是对自然段落的归并和划分。

归并是把文字作品内在联系比较紧密的自然段落归并为一个大的层次或者一个大的部分。

划分是在一个较长的自然段内,把内在联系较为紧密的句子划分为一个个小的层次。短小的自然段可以不再划分。

经过归并和划分,文字作品的脉络就清晰了,人物、事件的来龙去脉,观点、例证等前因后果逻辑关系,朗读时思路明晰。

2. 概括主题

主题是一篇文字作品的中心思想。概括主题要揭示出作品的深刻思想内涵，有利于调动朗读者的思想感情。主题的概括要准确、简洁、明晰。

3.联系背景

文字作品都有作者相应的写作背景，朗读时也有朗读的特定背景环境。联系背景是为了把握作品的整体思路和朗读时的针对性，有利于朗读者进一步丰富和感受作品。

4.明确目的

目的是作者意图的升华，朗读者要明确朗读自己的目的，即作品朗读后所达到的效果，它解决的是为什么要朗读这篇作品的问题。同一篇作品的主题具有稳定性，朗读目的在不同的时期，也应有不同的侧重和表现。

5.找出重点

重点一般是指直接表现作品主题、体现朗读目的、抒发朗读者感情、感染听众的地方。

6.确定基调

基调，是作品总的感情色彩和分量。朗读时总的态度倾向，它体现的是朗读者对整体作品的认识、感受的结果。

朗读作品的语句、段落、层次都有更为具体的内容，我们朗读时感情的色彩、分量应该与内容相适应。随着作品内容的发展，感情色彩和分量应该不断变化，这种变化是形成作品基调的具体因素，也受作品总的基调的影响和制约。

技能训练

生命　生命　　杏林子

我常常想，生命是什么呢？

昨晚，我在灯下写稿，一只飞蛾不停地在我头顶上飞来飞去，骚扰着我。趁它停下来的时候，我一伸手捉住了它，只要我的手指稍一用力，它就不能动弹了。但它挣扎着，极力鼓动双翅，我感到一股生命的力量在我手中跃动，那样强烈！那样鲜明！飞蛾那种求生的欲望令我震惊，我忍不住放了它！

墙角的砖缝中掉进一粒香瓜子，过了几天，竟然冒出一截小瓜苗。那小小的种子里，包含着一种多么强的生命力啊！竟使它可以冲破坚硬的外壳，在没有阳光、没有泥土的砖缝中，不屈向上，茁壮生长，即使它仅仅活了几天。

有一次，我用医生的听诊器，静听自己的心跳，那一声声沉稳而有规律的心跳，给我极大的震撼，这就是我的生命，单单属于我的。我可以好好地使用它，也可以白白地糟蹋它。一切全由自己决定，我必须对自己负责。

虽然生命短暂，但是，我们却可以让有限的生命体现出无限的价值。于是，我下定决心，一定要珍惜生命，决不让它白白流失，使自己活得更加光彩有力。

分析提示：

(1)层次：全文共有五个自然段，分为三个层次。

第一层，第1自然段作者对生命提出的思考。

第二层，第2—4自然段，通过三个小故事，阐述强烈的生之欲望、顽强的生命力、对自己的生命负责的态度。强调生命的可贵，表达出对生命强烈的热爱和敬畏。

第三层，第5自然段，表达对生命意义的深刻感悟。

(2)主题：表达了作者强烈的生命意识、对生命的敬畏，积极奋进的人生态度，启发读者珍视生命。

(3)背景：身残志坚的杏林子面对人生的挫折，不屈不挠，与病魔抗争，珍视生命，探寻生命的意义，实现生命的价值。

(4)目的：激励人们乐观生活，让有限的生命发挥无限的价值，让人生更有光彩、更有意义。

(5)重点：第4—5自然段。

(6)基调：温暖、平实、自然。

训练材料

给我一点水(节选)　张晓风

“假如，你在乡下，在湖泊分布的高地上，不管你随兴走哪条路，十次有九次，你会沿路走下溪谷，走到溪流停贮的潭畔，这件事真有不可思议的魔力。只要那个地区有水，你就算找个沉浸梦境而精神最恍惚的人，叫他站着，开步走，他就会把你一路带到水边，一点也错不了。……玄思冥想一向和水结了不解缘，这是人人都知道的。”

朗读 给我一点水

上面那段话是麦尔维说的，他写下一部以水域为背景的小说《白鲸记》。

算时间是百把年前了。

那个时代的人是幸运的，因为还知道什么叫做“干净的水”。水仍然可以很无愧的作为凡人的梦境。

如果，让我有幸碰到好心的神仙，如果神仙容我许一个愿，我大约会悲喜交集，失声叫道：

“不，什么都不要给我，我什么都不缺，我只求你把我失去的还给我。哦，不，我失去的太多，我不敢求，我只求你还给我一片干净的水，给我鲜澄的湖，给我透明的溪涧，给我清澈的灌溉渠，给我浩淼无尘的汪洋！”

水，永远是第一张诗笺。

“关关雎鸠，在河之洲……”

不学诗，无以言；不观水，无以诗。三百则“温柔敦厚”原是始于一带河洲啊！

“江南可采莲，莲叶何田田。”

六朝乐府的恣肆古艳，其实是来自南国的潋滟泽光呢！

沙漠中的旅人需要一皮囊水润喉，我需要的更多，我需要一片水，可以为镜鉴来摄我之容，可以为渊薮来酝酿诗篇，可以为歌行来传之子孙，而且像黄河、像洙泗，让我桀骜无依的心有所归依，有所臣服。

那样的水在哪里呢？

（选自《张晓风散文》，浙江文艺出版社1997年6月第1版）

古典的月亮　红炉醉调笙

推窗望月，那月总是含了古典的诗意，难怪古人会说“爱月吟花卧独迟”，清幽的月光，迷离的花香，让人如何舍得睡去？

很怀念古时的月亮。天清露凉的夜晚，一片皎洁的月光静静地流淌过来，流过嫦娥的袖，流过吴刚的酒，流过秦时长城，流过汉家关阙，然后，顺着唉乃的桨声流到婉约的江南，流过三秋桂子，流过十里荷香，流过西湖边的画船，流过暮色中的箫鼓，流过浣纱女子的捣衣声……在这如诗如画、亦真亦幻的梦境里，那些悠远古雅的画面又一一地展现在我的面前了，尽管月色古旧，尽管银汉无声，却让我想要一饮再饮。

就是这一轮月，这空灵恬静的一轮月，曾经在王维的笔下流淌出清新的韵律；那个初秋的傍晚，山雨初晴，万物一新，花木葱茏，群山静寂，在渐渐苍茫的暮色中，一轮皎洁的明月袅袅地升上了天空。顺流而下的渔舟轻盈地划过荷塘，莲花摇曳，水波荡漾，搅乱了荷塘月色，划破了乡村的宁静，这是多么幽美恬静、清新自然的意境啊！

就是这一轮月，这纤尘不染的一轮月，曾经在张若虚的眼中铺展出雄浑的大气——“春江潮水连海平，海上明月共潮生”。许多年前的那个夜晚，诗人的丹青妙手轻轻挥洒，便点染出春江月夜的诗情画意——澄澈的月光荡涤了尘世万物，将大千世界涂染成一片银色的梦幻。江月有恨，流水无情；春光将老，人却在天涯！这一番离愁别绪、这一腔思念之情就这样伴着徘徊的明月，在时光的长河里缓缓地流淌到今朝。

一轮明月，总会让人生出许多的遐想。今夜，这一轮月，又袅袅地盘桓在我的窗前。这照过了千古，又照耀着今朝的一轮月，漫溢着无边的温柔，在浮动的暗香里，氤氲成前朝的一幅水墨丹青。这一份古典与诗意，怎不教人沉醉？怎不教人痴迷？

二　内部技巧

1.情景再现

训练指导

情景再现是指以作品提供的背景内容为基础，使作品中的人物、事件、情节、场面、景物、情绪等，在朗读者脑中不断浮现，形成连续活动的画面，引发相应的态度、感情，这个过程就是情景再现。朗读者在理解和感受作品过程中，感受到作品中的形象、情景，更要感受、体验到作品中的情感、内蕴，从而达到情景交融的境界，这个过程是运动的、融合的、整体的。

在理解情景再现的过程中要注重把握好三个关键词：感受、想象、表达。感受作品是基础，由作品内容触发的联想、想象是桥梁，有声语言的表达是朗读目的实现。

情景再现一般有四个过程。

（1）理清头绪。阅读作品后，我们的头脑中连续的画面是怎样开始的，又是如何发展变化，结果怎样。做到心中有数，这是情景再现的基础。

（2）设身处地。要把作品所叙述的一切事物当作亲身所见、亲耳所闻、亲身经历，进入具体事件的场景中去，获得现场感，产生“我就在”的自觉感受。

(3)触景生情。当作品描述的某种画面在我们脑海中浮现时，要做出积极的情感反应，作品往往是寄情于景，我们朗读时要触景生情。触景生情是情景再现的核心。

(4)现身说法。头脑中再现作品中的情景，经过朗读者自己的消化吸收，使听众产生相应情景的再现，从中受到感染，完成自己的朗读者任务。

情景再现作为联想、想象活动，需要朗读者有深刻的理解、细致丰富的感受作基础，以作品提供的事物为原型，符合传情达意的需要。

技能训练

层层的叶子中间，零星地点缀着些白花，有袅娜地开着的，有羞涩地打着朵儿的；正如一粒粒的明珠，又如碧天上的星星。微风过处，送来缕缕清香，仿佛远处高楼上渺茫的歌声似的。

(朱自清《荷塘月色》)

在苍茫的大海上，狂风卷集着乌云，在乌云和大海之间，海燕像黑色的闪电高傲地飞翔。

(高尔基《海燕》)

热心肠的同志送给我两瓶。一开瓶子塞儿，就是那么一股甜香；调上半杯一喝，甜香里带着股清气，很有点鲜荔枝的味儿。喝着这样的好蜜，你会觉得生活都是甜的呢。

(杨朔《荔枝蜜》)

她又擦了一根。火柴燃起来了，发出亮光来了。亮光落在墙上，那儿忽然变得像薄纱那么透明，她可以一直看到屋里。桌上铺着雪白的台布，摆着精致的盘和碗，肚子里填满了苹果和梅子的烤鹅正冒着香气。

(安徒生《卖火柴的小女孩》)

看！——

一捶起来就发狠了，忘情了，没命了！百十个斜背腰鼓的后生，如百十块被强震不断击起的石头，狂舞在你面前。骤雨一样，是急促的鼓点；旋风一样，是飞扬的流苏；乱蛙一样，是蹦跳的脚步；火花一样，是闪射的瞳仁；斗虎一样是强健的风姿。黄土高原，爆出一场多么壮阔、多么豪放、多么火烈的舞蹈哇——安塞腰鼓。

（刘成章《安塞腰鼓》）

训练材料

爱情的故事　　张天民

年轻的白杨，绿色的长椅，
湖畔上并肩坐着我和你，
我们的双脚埋进青草窝，
我们的影子映在明镜里。

你磨着我讲一个故事，
还指定要关于爱情的，
我猛然想起一对夫妻，
好像和我们差不多年纪。

他们的身边也有一排白杨，
可白杨树上缠着铁蒺藜；
他们也坐过一条长椅，
是老虎凳啊，斑斑血迹！

他们的脚下没有青草悉索，
只有那铁镣在沉重地叹息；
他们把爱人无邪的眼睛，
当作能照见心灵的镜子。

他们的情话是“同志，坚持！”
他们的誓言是“不屈，胜利！”

放风的时候远远一望，
把万千情意彼此赠与。

就在他们第一个孩子降生时，
丈夫被拖到荒郊野地，
婴儿的呐喊是生命的破晓鸡啼，
“共产党万岁”的呼叫响彻在金鸡声里！

婴儿的周岁是母亲的刑期，
临行前夜她把血书缝在婴儿的衣襟里，
地下党的同志拆开血书，
闪烁光芒的是坚贞的意志！

有了他们的生死别离，
幸福和青春才有权并肩坐这长椅！
如果祖国需要我爬冰卧雪，
分离那天让我们想想过去。

祖国，你就是我要唱的那首歌（节选）

碑林路人

你是一粒种子落在干涸的土地
你是一抹云霞挂在失血的天空
你是滚滚东去的长江波涛
你是汹涌而来的黄河巨浪
祖国，你就是我要唱的那首歌

当金色的霞光洒满巍巍的秦岭
当五星红旗在雪域高原上冉冉升起
当千年的古莲冲破黑暗的土地
当伤痕累累的脊梁在狂风暴雨中勇敢的挺立
祖国，我亲爱的祖国，你就是我要唱的那首歌

你从五千年的史卷中走来

你从血雨腥风的厮杀中崛起
你是大篆小楷的横平竖直
你是唐诗宋词的婉转韵律
你是敦煌飞天而起的壁画
你是丝绸之路依旧清脆的款款驼铃
你是无韵的《离骚》
你是多情的《红楼》
你是秦淮的明月
你是西子的歌喉

当我站在遥远的他乡眺望我的祖国
你的黄皮肤、你的黑眼睛,就是我的母亲
你的山川、你的河流、你的红土地、你的黑土地,
都是我不忍割舍的家园
你是我血水、汗水滋养的童话
你是我骨骼里铮铮而响的力量
我爱你深沉博大的情怀
我爱你涅槃重生的勇气
纵然我只是一颗无名的种子
我依旧要在你辽阔的土地上吐蕊、萌芽
祖国,亲爱的祖国,你就是我最爱唱的那首歌

当朝霞冲破黎明前的黑暗
当十三亿龙的传人同唱一首歌
当北雁南归
当落叶归根
当花满乾坤
当誉满中华
祖国,我要为你唱首歌

唱出青花瓷的婉约
唱出千年编钟的质朴
唱出《三字经》《百家姓》的童真

唱出浓墨淡彩的《清明上河图》
祖国,你就是我要唱的那首歌

我的歌声是希望的田野
我的歌声是丰收的十月
我的歌声是满园的春色
我的歌声是壮丽的启程
祖国,请听我为你唱首歌
祖国,你就是我要唱的那首歌

2.内在语

训练指导

内在语是在有声语言表达中不便表露、不能表露,或没有完全表露出来和没有直接表露出来的语句关系和语言本质。作品的文字常常是"言有尽而意无穷",我们在具体朗读时,必须由表及里,将语言蕴含的言外之意、无尽之意挖掘出来,读出语言的"弦外之音"。

训练材料

学会幽默　　王　蒙

我喜欢幽默。

我希望多一点幽默,少一点气急败坏,少一点偏执极端。

从容才能幽默。平等待人才能幽默。超脱才能幽默,游刃有余才能幽默。聪明透彻才能幽默。

就是说,浮躁难以幽默。装腔作势难以幽默。钻牛角尖难以幽默。捉襟见肘难以幽默。迟钝拙笨难以幽默。

就是说,我希望多一点幽默,并不是仅仅为了一笑。当然也希望一点笑容,少一点你死我活。

我更希望多一点清明的理性,少一点斗狠使气。多一点雍容大度,少一点斤斤计较。多一点趣味轻松,少一点亡命习气。

也多一点语言的丰富、美感，乃至于游戏，少一点千篇一律、倒胃口和干巴巴。

有一种人自己不幽默，也不许旁人幽默，他们太可怜了。我想起了外国作家的说法：如果人群中有一个危险分子而你不知道是谁，那么请你讲一个笑话，有正常反应即有幽默感的人大体是好人，而一脑门子官司，你愈说得可笑愈是立目横眉的，则多半是“克格勃”。

3.对象感

训练指导

朗读中的对象感是指朗读者能够设想和感觉到对象的存在和反应，从感觉上意识到听众的心理、要求、愿望、情绪等，由此调动自己的思想感情。

对象感的把握，主要是指朗读对象的性别、年龄、职业、人数等一般情况，朗读对象所处的环境、气氛，他们的心理、素养等个性因素。

在朗读中要流露出与朗读对象相应的态度、眼神、语气、姿态，从而增强朗读的感染力。

技能训练

天上的街市　郭沫若

远远地街灯明了，
好像闪着无数的明星。
天上的明星现了，
好像点着无数的街灯。

我想那飘渺的空中，
定然有美丽的街市。
街市上陈列的一些物品，
定然是世上没有的珍奇。

你看，那浅浅的天河，
定然是不甚宽广。
那隔河的牛郎织女，
定能够骑着牛儿来往。

我想他们此刻，
定然在天街闲游。
不信，请看那朵流星，
是他们提着灯笼在走。

我微笑着走向生活　　汪国真

我微笑着走向生活，
不论生活以什么方式回敬我。

报我以平坦吗？
我是一条欢乐奔流的小河。

报我以崎岖吗？
我是一座大山庄严的思索！

报我以幸福吗？
我是一只凌空飞翔的燕子。

报我以不幸吗？
我是一根劲竹经得起千击万磨！

生活里不能没有笑声，
没有笑声的世界该是多么寂寞。

什么也改变不了我对生活的热爱，
我微笑着走向火热的生活！

技能训练

春天的后面不是秋　　郭小川

春天的后面不是秋，
何必为年龄发愁？
只要在秋霜里结好你的果子，
又何必在春花面前害羞？

有时候我也着急，
那是因为工作的不顺利；
有时候我也发愁，
那是因为我的祖国还很落后。

我曾踏遍人生的领土，
最后才知道，
这是人生唯一正确的道路——
人民的事业与世长久，
谁的生命与它结合，
白发就上不了他的头。

我不再有什么别的希望，
只希望人民不再受苦难；
我不再有什么别的要求，
我的要求就在大家的要求里头。

啊！朋友，
春天的后面不是秋，
何必为年龄发愁！

月的中国　　阎月君

江天一色无纤尘，皎皎空中孤月轮。
江畔何人初见月，江月何时初照人。——张若虚《春江花月夜》

从未曾去过也不曾有来
所谓的日子播种在窗外
唯一的裤子精心洗了又晒
年年盼年
年年吃去春的野菜年年把月放在江里
年年用九歌的魂把她嫁娶
我们喝江中的水喝她永不枯竭的隐秘
并得知祖先曾喝过她的水被她吮干过
我们是她心甘情愿的鱼儿
争宠吃醋受苦于她的河
我们恋着的双腿永是成不了佛了
我们在春天只痴心于一种花
说不尽勿忘我勿忘我的悄悄话
我们把这花一路栽种下去
便再也走不出走不出这块土地

对酒当歌　歌山光也歌水色
拍遍栏杆　摸红叶的台阶
长空浩瀚啊银河是一条流向何处的河
夕阳西下　伊人断肠在天涯
瘦马瘦马哟　犹自吻落花

在东方朗碧的天空下
有清泪千年蜿蜒为芬芳
一行黄河　一行长江
寒蝉凄切　何人独对长亭晚凉
落红飞花　荷锄怅惘的是哪家的姑娘

基督基督你永不会读懂
这神秘多情的东方之泪
更不必说 那凤毁于火亦生于火
那披发浪子当哭的长歌

我和庄生并不隔膜
有我的时候就有蝴蝶
有我的时候就有苏东坡的月色
月色总在有雾的江边等着
从前李白曾踏歌来过
那以后的歌声便夜夜从未断过
月啊月 你吮尽了中国
月啊月 你化作金灿灿的颜色
那金黄的颜色是龙的颜色
月啊月 你是中国
寒食夜 见河汉袅袅你浑圆将落
那满月之上装了什么
有什么舞着且歌着
纵使换了盛满五千年也是沉甸甸的
更何况太多的苦痛与伤别
而我们仍把你当少女的唇吻着
当慈母的怀抱倾吐着当圣洁的天使崇拜着
我们是心甘情愿的鱼儿
我们恋着的魂纵使飞天也成不了佛了
永是
一串串清泪啊
一声声中国

三　外部技巧

1.停连

训练指导

朗读过程中,声音中断、停止的地方就是停顿;不停顿、不休止的地方,特别是有标点符号,却不中断、不休止的地方,就是连接。停顿和连接都是有声语言中,显示语意、抒发情感的常用方法。

朗读中的停顿和连接,既是生理需要,也是心理需要。思想感情的运动需要停顿,就停顿;需要连接,就要连接。停连应该服从思想感情运动的需要。在停连的运用上,生理上换气的需要必须服从心理情感表达的需要;停顿不是思想感情的空白与中断,恰当的停顿可使朗读有声语言未尽之意更加明确,往往是情感的汇聚处与爆发点。下面例子中"︿"表示停连关系。

技能训练

(1)停连的三个原则

①标点符号是参考

朗读作品的标点符号显示了文字语言的停连关系,如顿号、逗号、句号、问号、感叹号等,自然段之间另起一行作为标志。但是停顿和连接是朗读有声语言的标点符号。我们应该强调打破标点符号的限制和束缚,掌握朗读有声语言特有的标点符号,运用好停连。

②语法关系是基础

对朗读作品的理解感受和有声语言的表达,必须通过符合语法规范的作品语句朗读才能实现,每一句话都符合语法,是我们进行朗读有声语言创作的基础。

③情感表达是根本

朗读作品,是传情达意、明智省人的过程,是综合性的思想感情的表达,停顿的位置上,连接的地方,要根据作品内容和情感表达,联系上下文决定。

(2)停连类型

①呼应性停连

呼应性停连是在有呼有应的句子里,体现呼应关系的停连。

例:我们要拿来,我们要︿或使用或存放或毁灭。　(鲁迅《拿来主义》)

②并列性停连

并列性停连，是指在作品中属于同等位置、同等关系、同等样式的词语之间的停顿及各成分内部的连接。凡属各并列关系之间的停顿，要求位置类似，时间近似，以显示并列关系，而它们内部的连接较紧密，有时有些小停顿，时间不可过长。

例：山︿朗润起来了，水︿涨起来了，太阳的脸︿红起来了。（朱自清《春》）

出门︿走好路，出口︿说好话，出手︿做好事。

③分合性停连

在并列关系之前有领属的词语；在并列关系之后，往往有总括性词语。在领属性词语之后，或者总括性词语之前，都有较长时间的停顿，比并列关系之间的停顿时间要长。这样就形成了合—分—合的关系。可以先分后合，也可以先合后分，先合后分再合是联合使用。

例：不能︿完成计划与没有完成计划︿一个样。

桂林的山真奇啊，︿一座座拔地而起，各不相连，︿像老人，像巨象，像骆驼，︿奇峰罗列，形态万千。（陈淼《桂林山水》）

④强调性停连

在句子、词组、词之间，为了强调某个句子、词组、词，在它的前边、后边或者前后同时停顿，使所强调的词语凸显出来。

例：胜利︿——不惜一切代价︿也要赢得胜利！

⑤转换性停连

朗读有声语言由一个意思转换到另一个意思，一种感情转换成另一种感情，这中间使用相应的停顿，显示语意转换的关系。

例：早晨出发的时候，天气晴朗，︿没想到中午突然刮起了大风，下起了大雪。气温急剧下降。

⑥回味性停连

有的词、句，在朗读完之后需要给听众留有想象、回味的时间、余地，这样的停顿就是回味性停顿，关键在回味，使朗读者的具体思想感情的运动延续下去，使听众从有声语言中有了具体感受之后的心理反应。

例：我懂得母亲没有说完的话，妹妹︿也懂。我俩︿在一块儿，要好好儿活……（史铁生《秋天的怀念》）

⑦灵活性停连

任何停顿和连接都不是生硬的，听连的位置、时间没有固定的模式，根据表达的需要，只要语意清晰，语言链条完整，思想感情运动活跃，在内容允许的情况下，符合思想感情运动的需要，可以灵活地运用停连。

例：他︿不会修电脑。

他不会修︿电脑。

停连的类型，是交错使用、融会贯通的，要从思想感情的运动状态中去确定和把握停连。

(3)停连的方法

停连的方法可以分为落停和扬停，直连和曲连。

①落停

落停是指在一句话、一个层次、一篇文章结束后使用，句首、句中一般用于较平稳、舒缓，句尾语势下落，缓缓地收住。

例：叶子底下是脉脉的流水，遮住了，不能见一些颜色，而叶子却更见风致了。（朱自清《荷塘月色》）

②扬停

扬停用于呈上扬趋势的语句，句首、句中语势平稳，句尾语势上扬，在表现较雄壮、自豪、坚定的情感时运用。

例：暴风雨！暴风雨就要来啦！这是勇敢的海燕，在闪电之间，在怒吼的大海上高傲地飞翔。这是胜利的预言家在叫喊：——让暴风雨来得更猛烈些吧！（高尔基《海燕》）

轻易不朗诵，天安门城楼上只那一句，便站成了世界的诗眼，嘹亮了东方。（任先青《诗人毛泽东》）

③直连

直连一般用于有标点符号而内在联系又比较紧密的地方，它的特点是顺势连带，语速较快，衔接紧密，不露接点。

例：老遛听到一声似乎是树倒的声音，不好，有人偷树了。他大声喊："谁？站住！"一边喊一边追了上去。

④曲连

曲连一般用于没有标点符号，但内容又需要有所区别的地方，它的特点是声断意连，语势向前推进。

例：在逝去如飞的日子里，在千门万户的世界里的我能做些什么呢？只有徘徊罢了，只有匆匆罢了；在八千多日的匆匆里，除徘徊外，又剩些什么呢？（朱自清《匆匆》）

训练材料

诗人毛泽东

任先青

你用平平仄仄的枪声写诗，
二万五千里是最长的一行。

常在马背上构思，
便具有了战略家的目光。
战地黄花，如血残阳，
成了最美的意象。

有时潇洒地抽烟，
抬头望断南飞雁，
宽阔的脑际却有大江流淌。

雪天更能畅想，
神思飞扬起来，
飘成梅花漫天的北国风光。

相信你是最严肃的诗人，
屈指算来，
一首气势磅礴的诗，
调动了半个世纪的酝酿。

轻易不朗诵，
天安门城楼上只那一句，
便站成了世界的诗眼，
嘹亮了东方！

诗意中国　　欧震

其实，从屋檐滴下的一颗水珠里
你就可以感受到中国的诗意
那是由屋顶上的积雪融化而成的水珠
当你伸出手掌
那颗水珠就在你的手心眨动
她明亮的就像春天的眼睛

于是你听到了风的歌声慢慢暖了
于是你看到了地的画布渐渐绿了
于是柳丝在舞、燕子在飞
于是桃花红了、杏花白了、油菜花黄了
于是姹紫嫣红、流光溢彩
中国在写着一首关于春天的诗了

其实，从劳动者脸上的一颗汗珠里
你就可以感受到中国的诗意
因为它更像一颗沉甸甸的种子
因为无数颗汗珠一旦播洒
就会生根、发芽
就会稻花飘香、麦浪滚滚
就会有郁郁葱葱的森林绿海
就会有果实累累的大厦天堂

其实，从每一个普通中国人的笑容里
你都可以感受到中国的诗意
它是温馨的，闪烁着梦想的美丽
它是自信的，绽放着人生的豪迈
每天，太阳照常升起
而与太阳一同燃烧的
是笑容里的灿烂，是怒放中的青春

是工厂熊熊的炉火
是人们心头永远不会熄灭的
对美好生活的憧憬

其实,中国的诗意无处不在
它折叠在昔我往矣杨柳依依的风雅里
它呈现在挥毫泼墨笔走龙蛇的宣纸上
它起伏在高山流水响遏行云的旋律中
它奔腾在大风起兮千古风流的故事里

其实,中国的诗意无时不在
它融化在风清日朗芙蓉出水的意境里
它渗透在万山红遍层林尽染的秋色里
它浪漫在花好月圆民安国泰的祥瑞中
它辉煌在江山锦绣分外妖娆的壮美中

其实,从你回眸的那个眼神里
我就感受到了中国的诗意
因为从你的眼里
我读到了优雅的气质
读到了幸福的光芒
我看见——
你的眼里,正在大步流星地
走着一个
器宇轩昂的中国!

2. 重音

训练指导

重音,指朗读中根据语句目的、思想感情表达需要,加以强调的词或者短语。找准重音,会使语意更加清楚准确、语句目的更加突出、逻辑关系更加严密、感情色彩更加鲜明。

重音可以重读，加重音量，也可以放慢语速、提高音量、放轻声音、前后设置停顿等方式来表现。下例中在字下加点表示重音。

(1)加重音量

我崇敬那只小小的、英勇的鸟儿，我崇敬它那种爱的冲动和力量。

（俄 屠格涅夫《麻雀》）

(2)重音慢读、拖长音节

但它整个小小的身体因恐怖而战栗着，它小小的声音也变得粗暴嘶哑，它在牺牲自己！（俄 屠格涅夫《麻雀》）

(3)重音轻读

船开了，一个朋友拨着船，缓缓地流到河中间去。（巴金《鸟的天堂》）

(4)重音前后设置停顿

是的，智力可以受损，但爱︿永远不会。

技能训练

(1)语法重音

依据语法结构确定的重音，叫语法重音或者结构重音。一般来说，短句中的主语、谓语、宾语、定语、状语等语法成分可以读重音，语法重音读得只要比其他音节重些就可以了。

主语：

我们的船渐渐地逼近榕树了。（巴金《小鸟的天堂》）

晚饭过后，火烧云上来了。（萧红《火烧云》）

谓语：

最早出现的启明星，在这蓝色的天幕上闪烁起来了。

（峻青《海滨仲夏夜》）

山朗润起来了，水涨起来了，太阳的脸红起来了。（朱自清《春》）

宾语：

这是入冬以来，胶东半岛上第一场雪。（峻青《第一场雪》）

她的名字叫翁香玉。（苦伶《永远的记忆》）

定语：

万里江山，变成了粉妆玉砌的世界。（峻青《第一场雪》）

家乡的桥啊，我梦中的桥！（郑莹《家乡的桥》）

状语：

大雪整整下了一夜。（峻青《第一场雪》）

外祖母永远不会回来了。（林清玄《和时间赛跑》）

(2)强调重音

强调重音，是从上下文联系和整个作品的内容以及思想感情出发，在理解和感受作品的内容和情感的基础上，根据语句目的确定的重音。强调重音有时和语法重音一致，有时不一致，强调重音与语法重音不一致时，语法重音必须服从强调重音。

强调重音的十种类型：

①并列性重音

朗读语句中具有并列关系的词或词组、短语，形成并列性重音。

例：那一张张面黄肌瘦的脸庞，那一个个衣衫褴褛的背影，把理想挥作引路的旗帜，把信念闪成前进的明灯。

②对比性重音

朗读作品中对立的事物，通过比较、对照，使事物的特征表现的更加突出，事物的形象更加鲜明。

例：有的人活着，他已经死了；有的人死了，他还活着。

（臧克家《有的人》）

③呼应性重音

停连中有一呼一应、一呼几应，它可以使作品层次清晰，结构严谨，也是揭示上下文呼应关系的一种有效方法。

例：谁是我们最可爱的人呢？我们的战士，我感到他们是最可爱的人。

（魏巍《谁是最可爱的人》）

④递进性重音

朗读作品描写的对象步步向前发展，步步深入。这种递进结构的语句，使用递进性重音。

例：竹叶烧了，还有竹枝，竹枝断了，还有竹鞭，竹鞭砍了，还有深埋在地下的竹根。

（袁鹰《井冈翠竹》）

⑤转折性重音

转折性重音是通过对相反方向的内容变化的深入揭示，表现真实意图、揭示话语本意。

例：他的事迹是平凡的，但他奉献爱心的精神是许多人想做、能做而没能做到的。

⑥肯定性重音

朗读作品在表达对事物的态度时，一般用肯定性词语，如是、不是、无、有、没有等等。有声语言要看整句话的意图是什么。

例：在无数蓝色的眼睛和褐色的眼睛之中，

我有着一双宝石般的黑色的眼睛，

我骄傲，我是中国人！（王怀让《我骄傲，我是中国人》）

⑦强调性重音

把句子中表达感情色彩的词或词组加以强调，以突出某种特别感情。

例：堵车，车之洪流被堵住了，高处往低处望去，北京城成了五彩缤纷的停车场。

⑧比喻性重音

朗读有声语言表达中把比喻性词语作为重音，称为比喻性重音。

例：雨是最寻常的，一下就是三两天。看，像牛毛，像花针，像细丝，密密的斜织着，人家屋顶上全笼着一层薄烟。（朱自清《春》）

⑨拟声性重音

拟声性重音是指句子中的象声词，根据在句子中的重要性确定重音。

例：风呼呼地刮着，雨哗哗地下着。

⑩反义性重音

为了揭示事物的本质，作者会使用正话反说或者反话正说的修辞手法，把否定的事物的不合理性表达得更加充分，将创作者的情感表达得更加强烈。

例：狼在吃了小羊之后，还要表示自己是善良的。

(2)重音的表达方式

重音的表达方式在对比中显现，一般分为强弱法、快慢法和虚实法三种。

①强弱法

强弱法是一种用声音的轻重、高低变化来强调重音的方法。

例：只要有一线希望，就要尽百倍努力。

②快慢法

快慢法是用声音的缓急、长短来强调重音的方法。

例：漓江的水真静啊，静得让你感觉不到它在流动。

（陈淼《桂林山水》）

③虚实法

虚实法是通过声音的虚实变化来强调重音的方法。

例:大江东去,浪淘尽,千古风流人物。

（苏轼《念奴娇·赤壁怀古》）

训练材料

中国话(节选)　　吴筱峰

“春”,万物蠢动;
“秋”,万物凋愁;
干渴的舌有了水就是“活”。
——哪一种语言能有如此精炼简约?
“树索索而摇枝,马得得而驰骋”
——哪一种语言有如此逼真的描摹?
“落霞与孤鹜齐飞,秋水共长天一色”
——哪一种语言能说出如此图画般的美丽?
“春江潮水连海平,海上明月共潮生”
——哪一种语言能有如此动听的旋律?
“杨柳轻飏直上重霄九”
——哪一种语言能一语译透你丰富的含义?

“五四”前夜,那是李大钊在拊掌欢呼《庶民的胜利》,
面对敌人的屠刀,那是鲁迅在指斥《无声的中国》,
迎着特务的枪弹,那是闻一多拍案而起,弘扬正义!
礼炮声中,那是毛泽东庄严宣告:民族站起!
电视屏幕上,那是华侨拉拉队的“加油”声固执坚定!

中国话是一眼永不枯竭的甘泉,
浇灌着祖祖辈辈不息的生机;
中国话是一串永不休止的音符,
激荡着子孙后代炽热的生命。

汉 字　　佚 名

朗读 汉字

汉字，可以让我们自由地阅读先秦诸子百家的著作，可以自在地跨越千年，直接和历史的先贤对话，因为自秦代“书同文”，每一个固定的汉字符号，就被赋予了一个相应稳定的意思，也就是说即便我们相隔了千年，即便我们地域不同、口音各异，我们都可以自在顺畅地阅读。

在日益发展的今天，每年都有大量的新词被创造出来，汉字可以通过强大的文字联想力组成一个新词，可以很容易地记忆和理解它，比如：雷达、黑客、宅男、代沟、网购，从这个角度来说，汉字是最有生命力的一种语言，我们现在所用的汉字，是世界上唯一仍在广泛使用的意音文字，我们的汉字也是唯一一个一脉相承，至今不曾断绝的古文字。

民族的自信源于文化的自信，汉字就是这个星球上最美的语言，汉字形美如画、音美如歌、意美如诗，它简洁、高效、生动，是人类最先进的文字语言。

汉字究竟是什么？汉字是时间的纽带，它让我们悠久的文明传承至今，却璀璨如新；汉字是空间的纽带，它让我们口音各异，但却可以看着同一封家书落泪伤心；汉字是情感的纽带，它让不同民族、不同文化的我们包容、团结、延续至今。汉字是我们的审美，横平竖直告诉我们，中正平和才是至美；汉字是我们的精神，我们知道颜筋柳骨、字如其人乃是修行；汉字是我们的哲学，止戈为武告诉我们，大国重器只为和平。

《淮南子·本经训》里写道：昔者仓颉造字，而天雨粟、鬼夜哭。传说汉字被创造出来那天，老天爷感动地用粟米下了一场雨，魑魅魍魉因为无所遁形，而惊吓得夜晚大哭。因为汉字就是一道光，它照亮了我们这个文明之前的蒙昧和黑暗。

我们今天读写汉字、书写汉字都习以为常，殊不知我们正在使用的就是这个星球上最美、最独一无二的文字，我们应该心怀感恩并心存敬畏，因为今天我们所写下的一笔一画，都浸染着历史的传承；我们所记下的一词一句，都将在未来闪耀于世。这就是我们的汉字，这就是一字一世界，一笔一乾坤的中国字！

楷 书　　雪小禅

我终于写到楷书了。我用了“终于”这个词，有点江山收了的意味。白茫茫大地真干净了，我才写到楷书。也像人到中年，客途听雨，满怀愁肠了，少年嫩绿没有了，一把辛酸无人说了，猛一回头，看到临摹的一篇楷书，下笔便到乌丝栏，面上不动声色，内心波涛翻滚了。

少年听雨歌楼上，据是新新意。祖父让父亲临欧体、柳体、褚体……父亲说：厌烦极了。但父亲把临的柳公权《玄秘塔》赠给我，那笔墨之间全是柳公权，可他说：并未怎么练过。作品是悟出来不是写出来的，上天赠予的禀赋占到七成甚至更多，这一切皆是上天美意。就像我那么喜欢楷书——方方正正的中国字，一撇一捺全是人间真意。

如果是少年，会喜欢行书、草书，篆书、行草……那多辽阔多帅气多跌宕，形式多变，不拘泥。而楷书，容不得半点虚幻，每一笔都要你交代得一清二楚，九宫格是有形的尺度，心中是无形的尺度，像穿了尺寸正好的衣服，规矩的端坐在挂着“正大光明”的牌匾下，楷书，在早年有被人讨厌的一本正经。

颜真卿说一切从楷书始。那唱了一辈子武戏的盖叫天亦说，要唱戏，先练好基本功，而基本功就是书法中的楷书。

楷书，多么似一个端丽的中年男子——他看起来永远不动声色、不苟言笑，白衬衣学生蓝的裤子。如果在古代，就是一袭长衫的男子，一个人，吹笙、饮茶听落花，仿佛连爱情都是多余的。他用生活修心——外圆内方，和中国哲学相辅相成。如果你的心还浮躁还喧嚣，你一定嫌楷书太正统太拘泥太形式，太一是一二是二了，怎么可以这样端丽得一本正经呢？甚至生出了反感，太有规矩的事物总让人想逃。

人到中年，重新写楷书。一笔下去，简直要泪落如雨了。每一笔全是不甘呀。那看似老实的一横一竖，那看似方圆正统的楷书，实在退出了自有的锋芒——它的所有诱人之处恰恰在于以退为进，恰恰在于低调、隐忍，恰恰在于不虚张声势。

写好楷书的人，心必是静笃的——山川俱美，凌厉之势收了，一撇一捺全是日常了。楷书是家常中常煲的小米粥，是没有放味精、鸡精炖的高汤，是泉州城老把式瓦罐二十四小时煲出的汤，不事张扬，却在相处久了之后让人一生念念不忘，紧要之处，动容涕下。

看过朋友写文章，第一句就惊住——我已是中年后……他素衣灯下临楷书，笑言已有佛意，说起启功老人的字，他说：没有一颗禅心，怎么会有那样如沐春风的字？

也开始写书法。先临柳公权，笔锋硬气，像有利剑；又临欧阳修，如此苗条，间架结构，疏朗俊逸，太俊了，倒不真实；再临颜真卿，力透纸背的飒飒风骨，背后有凛凛凉气，金戈铁马之声亦凛凛结束。又临褚遂良，暗合我的审美意味，不张扬却又张扬，朴素之间又自有妖娆……一切从楷书开始，一切又回到楷书。这中间的千山万水，便是人生的来来去去吧。

日子是楷书的，容不得乱写乱画。年轻时大概是草书，更甚是狂草，但中年后是楷书，看似法度严密，实则有张有弛了，楷书是枕边人身上衣，不动声色的相处，面无表情的相爱，可是，山高水远里，全是人间真意。

行书　　雪小禅

我丝毫不掩饰对行书的偏爱。甚至溺爱。人心潦草的人世间，好行书是绿雪诗意的生活——是恩爱夫妻沏一杯普洱茶，唱段戏，听段书。铺开发黄的宣纸，如果现在写字，他写，她看，一定是行书。

草书还有形式化和噱头，如那着华衣烈艳的女子，必以异服取人，国画里，是重彩；在京剧里，是快三眼或者流水板；一眼看上去，突然就炸裂，心里就翻滚、扑腾，草书有太多放纵。像年轻人，逢着点事就买醉，形式的隆重超过内心。

篆书是穿了旗袍唱评弹的女子。高高端坐着。不能动——一切都是紧紧的，腿搭得很不舒服，那高凳上是梳着爱司头喷了头油的女子和男子，都端丽得一动不动。丝绸必须是云锦缎，或者是蜀锦、湘绣。严丝合缝的紧，稍微用力，可以看得到起伏的胸脯——我在杭州杨丽萍的“孔雀窝”淘了一件衣，上衣是老绣片，一条巨龙缠绕，下身是宝蓝的艳烈长裙。实在惊艳，但上衣紧，紧得呼吸有些困难，但到底舍不得。犹豫再三，三千块钱买下，不为穿，只为欢喜——篆书就是这样。

行书却是素衣女子，或许只一件家常白衬衣，搭一条宽松蓝裙子——暗底里是惊艳，表面看上去，一脸的知常与市井。它知道稍纵即敛，那样的克制与放纵——克制是放纵的克制，放纵是克制放纵。亦有飒爽之姿，亦有缠绵之态，点染之余，只觉得生活是这样小桥流水、绿雪诗意。

少年时，喜欢苏轼《寒食帖》，每每羡慕那一笔一画里的气质。多少也稍带对苏轼的嫉妒。他的《寒食帖》尽是泥污胭脂雪之气，少年时当然爱，那样的大胆和浓墨，恰恰是一腔的幽怨。吹花嚼蕊的少年，自然最喜《寒食帖》。

中年时，不知与何人说。常常是一个人独行，多少话，更与何人说？——没有了。一个人行走在陌生的街巷，坐在公交车上，听着陌生的方言，看着高大的法桐树或者香樟树掠过头顶，闻着浓稠得有些过分的桂花香，亦无风雨亦无晴。此时，与天、与地、与山河、与水光潋滟说，那绿妖蓝花，那桂花秋色，都与自己说。再看《兰亭序》，生出欢喜心。王羲之写得如此曼妙和随意，自然天成。与生活化干戈为玉帛，可以闻得到花香、流水、茶香，可以倾听那鸟语、人声，甚至，兰亭臭鲑鱼的味道，香米的味道……那都是兰亭，绝非只是笔墨兰亭。那行书的缠绵还在，却有了可亲可怀的民间缠绵。

那些旧人的笔墨一一泛于眼前。那些行云流如的行书，如此飘逸又如此淡泊的出现——它是白衬衣蓝裙子，是红枣小米粥，是快雪时晴的绿灯笼。

行书是昆曲里《惊梦》那一折，在最美的光阴里，纸和墨相遇，又惊又喜。一挑眉：原来你也在这里。那艳红的芍药花知道，不早不晚的相遇，正是人间好芬华。

行书还是：过尽千帆，爱错了人，不敢再爱的人，突然又遇到——惊喜之后，是执子偕老，最美的相遇不怕晚，遇不到才是惋惜，如果能遇到，再晚也是美的相遇。

行书又是：淡然在日记中写道“我亦是，中年后……”又如何？人生处处是还魂记，中年后才会有这样淡然心情——不再争那花红柳绿，《锁麟囊》中大小姐薛湘灵出阁日嫌薛良准备的是素白白的帕子，嗔怪丫头：吉日良辰，就用这素白白的帕子么？那是小娇女在撒娇，戏没有写到薛湘灵中年后，如果中年后，她一定也喜那素白白的帕子，只因，那素白白，才是人生的底色。

杭州偶遇沙孟海故居，进得厅来，看他写的条屏，苏轼的诗，行书。

呆呆地看了半天——刹那之间了悟为何我如此偏爱行书，只有行书了解生活如行云流水，你疼也罢，喜也罢，光阴一天天变老，有一天，“隔座听歌人似玉”，听董湘昆的京东大鼓和盛小云的评弹时，都会无端落泪——尽管唱的是这情爱世界的美与好，可是我明明知道，这世上本是千疮百孔，没有这么多的美与好，所以，他们唱给我们听。

就像行书，它明知人世坎坷，仍然一意孤行地飘逸着自己的风华绝代，演绎着生活的橙黄橘绿——它从来不动声色，但内心里，绿雪荡漾，那绿窗下，有一个女子，在绿窗花下，俨然地笑着。

3. 语气

训练指导

朗读有声语言表达中，语气是指具体思想感情运动状态支配下语句的声音形式。语气以句子为单位，存在于语句中。

具体的思想感情包括两个方面的内容。一是语气的感情色彩，二是语气的感情分量。语气的感情色彩，主要指语句所包含的喜、怒、哀、乐、欲、惧、爱、憎、疑、冷等态度感情方面的具体性质。语气的感情分量是指把握具体语气感情色彩的基础上，区分是非、爱憎的不同分寸的程度。强调语气的分量，就是要求我们掌握感情色彩的分寸、火候，表达时恰到好处。

语气的声音形式是语气具体思想感情的载体，语气的感情色彩和分量必须通过恰当的声音形式体现出来。声音形式的变化主要是由口腔状态、气息状态和语音要素的变化形成的。表达不同的思想感情，口腔的松紧、开合、发音器官的控制，吐字力度的强弱，气息的深浅、强弱，声音的高低、强弱、长短和音色都会有所不同。

技能训练

(1)爱的感情：气徐声柔，口腔宽松，气息深长。

例：我愿意是急流，只要我的爱人是一条小鱼，在我的浪花中，快乐地游来游去。

(裴多菲《我愿意是急流》)

后来小兔子累了，躺在床上，大兔子小声地微笑着对它说："我爱你，从这里一直到月亮，再绕回来。"

(《猜猜我有多爱你》)

(2)憎的感情：气足声硬，口腔紧窄，气息猛塞。

例："捉老鼠有什么了不起的？"小猴提高了嗓门儿说道，"它能像我跑得那样快吗？能像我一样爬上这棵树吗？"

(《勇敢的小刺猬》)

(3)悲的感情:气沉声缓,口腔如负重,气息如尽竭。

例:敬爱的周总理,我无法到医院瞻仰你,只好攥一张冰冷的报纸,静静地伫立在长安街的暮色里。任一月的风,撩起我的头发;任黄昏的路灯,照着我冰冷的泪滴。

(李瑛《一月的哀思》)

(4)喜的感情:气满声高,口腔似千里轻舟,气息似不绝清流。

例:山笑水笑人欢笑,歌声绕云飞,实现四个现代化,家乡更秀美。

(5)惧的感情:气凝声提,口腔似冰封,气息似倒流。

例:小白兔撒腿往草丛里跑,雪白的身子被长长的草遮住了。忽然,小白兔惊惶地尖叫起来:“蛇!蛇!”

(《勇敢的小刺猬》)

(6)欲的感情:气多声放,口腔积极敞开,气息力求畅达。

例:寻梦?撑一支长篙,向青草更青处漫溯,满载一船星辉,在星辉斑斓里放歌——

(徐志摩《再别康桥》)

小猴给自己画了一个又大又漂亮的房子,还对小松鼠说:“快了,快了,明天,等明天就能盖好了。我要请很多很多的朋友来新房子里做客!”

(《等明天》)

(7)急的感情:气短声促,口腔似弓箭,飞箭流星,气息如穿梭,经纬速成。

例:老遛听到一声似乎是树倒的声音,不好,有人偷树了。他大声喊:“谁?站住!”一边喊一边追了上去。

(8)冷的感情:气少声平,口腔松懒,气息微弱。

例:小时候,他问父亲,

“山那边是什么”

父亲说“是山”

“那边的那边呢”

“山,还是山”

他不做声了,

山第一次使他这样疲惫。

(韩东《山民》)

(9)怒的感情:气重声粗,口腔如鼓,气息如椽。

例:电,你这宇宙中的剑,也正是,我心中的剑。你劈吧,劈吧,劈吧!把这比铁还坚固的黑暗，劈开，劈开，劈开！

（郭沫若《雷电颂》）

(10)疑的感情：气细声黏，口腔欲松还紧，气息欲连还断。

例：多多一听，脑子里轰的一下，急傻了！“这一切，妈妈怎么全知道了呢？”

（李少白《多多没吃巧克力》）

(11)语气综合

例：黑暗的旧中国，地是黑沉沉的地，天是黑沉沉的天。灾难深重的人民啊，你身上带着沉重的锁链，头上压着三座大山。你一次又一次地呼喊，一次又一次地战斗，可是啊，夜漫漫，路漫漫，长夜难明赤县天……

亲爱的同志啊！你可记得，在那战火纷飞的黎明，在那风雪弥漫的夜晚，我们是怎样的向往啊！向往着胜利的一天。

这一天终于来到了！看哪，人人脸上挂着喜悦的眼泪，个个兴高采烈。流水发出欢笑，山岗也显得年轻，他们在倾听，倾听，倾听着这震撼世界的声音，中华人民共和国诞生了！中国人民从此站起来了！

以上内容新旧对比，声音运动幅度较大，并有夸张。第一自然段忧伤用暗色，气息下沉，字音着力伴着叹息发出。第二自然段音量小，气息深而长，声音柔和，字音较松弛。第三自然段自豪而有气魄，声音开阔响亮，坚定昂扬，口腔开度大，字音放松，气息深厚、结实、托底。

训练材料

故乡在等我　　赵凌云

在月光下等我的，是故乡的小河，
小河边的小船，把往事停泊；
在春雨里等我的，是故乡的茶歌，
唱茶歌的妹妹，我在梦里见过。
在田野上等我的，是故乡的稻禾，
稻香里的蛙声，唱浓了月色；
在树林中等我的，是故乡的鸟窝，
鸟窝里装满了我童年的欢乐。

哦,故乡在等我,故乡在等我,
等我的还有故乡的山坡,
山坡上的杜鹃,
总是温暖着我。
哦,故乡在等我,故乡在等我,
等我的还有故乡的云朵,
云朵下的小路,
总把我的梦牵着。

一朵桃花的《诗经》　　瘦石别园

去年的旧草经不起风的蛊惑
使起了小性子撒泼,绿到了天边
老牛开始做梦,白云洗蓝天空
不经意间一串笑声从山岙浮起,压弯流水
湮没上千岁的石头、村庄
一朵桃红,活脱脱一个人间妖精
恍恍惚惚
她在催护笑春风的门楣
又好像在张君瑞眺望着的西厢
合上一把烙着血痕的折扇
又陪护在侯方域学道归真的路上
在陶渊明的篱边灿烂,不是意外
那是两只蝴蝶奔赴的故乡
真是人间仙子
山野河流都藏不住她小小的心跳
一个侧身,斜卧在线装书里
轻轻呵了一口香气,婀娜成诗句
妩媚出一截又一截的妖娆
一匹由远及近的马,踏入仙境
醉在了十万江山
捧出一坛桃花酒
酒也不过三巡,话也不过二两

荡漾在舌尖的甜蜜，被鸟语啄破
忍不住以一首诗作聘礼
绯红了她的脸
咯咯一笑
就给了我整个春天

黄　河　　　堆　雪

我眼中咆哮而去的白天和黑夜
我胸中汹涌而来的绿草和黄金
我炎帝的龙袍、黄帝的内经
我泥沙俱下的泪水和表情
我奔腾不止的青春光阴
我万马齐喑的血脉呼吸

压抑怦然心动的胸口
我展望斟满雷声的北斗
黄河，一千张日记被你揭走
一千张日记 就是一千帆背影
一千帆背影 是你卷土重来的怒吼

我的情感铺张浪费的草纸
我的命运柳暗花明的大道
我的一声不吭 被旱烟呛出泪水的父亲
我的唠唠叨叨被灶火熏黑额头的母亲
我的辣椒放多了的兰州牛肉面
我的盐巴放重了的陕西羊肉泡
当我牵着牲口赶着鸟群 消失在你黄昏喧哗的入口
当我拖儿带女扶老携幼在你的沿途生息漫游
当我头顶火盆跪拜你博大精深的源头
当我用回忆掀开你阴云密布的眉睫
黄河 我渴望风暴后大地的丰收

我的黑发白发三千丈的黄河
我的飞流直下三千尺的黄河
我的铁马冰河入梦来的黄河
我的轻舟已过万重山的黄河
我的带走我的照片带不走我容颜的黄河
我的带走我的歌声带不走我情感的黄河

海水日升淹不住我心中的落日
江河日下埋不掉我眼里的红尘
我的不撞南墙不回头的河
我的不见棺材不掉泪的河
我的不到长城非好汉的河
我的不见大海心不死的河
我的吹吹打打热热闹闹的河
我的跌跌绊绊风风火火的河
我的不见不散一个也不能少的河呀

当石头化作泡沫
当骨头化作浪波
当高粱倒下一片鲜血
当眼泪塑成一穗青稞
当我双脚都沾满了泥水手里攥着一把苦活
黄河 你是我累了时最想唱的那首歌
一道道鞭影驱赶着装满火焰和泪水的马车
一首首民歌开满杏花打湿的村落
豪饮北风驻立在你的河东 河西 河南 河北
黄河 我是你看着长大的山脉

我的赵钱孙李周吴郑王的百家姓
我的人之初 性本善性相近 习相远的千字文
我的洋溢着神州药味的本草纲目
我的泛滥着华夏光辉的二十四史
我的睁着眼 失眠的红楼梦

我的流着泪 微笑的长恨歌
我的风风雨雨生生死死的船工号子
我的热热闹闹 轰轰烈烈的万家灯火
我的汹涌澎湃 酣畅淋漓的心血
我的叮叮当当 铿铿锵锵的骨骼

山丹丹花开红艳艳 艳了你水做的峰峦 涛筑的山坡
天上星星一点点 一点就点燃了你九曲十八弯的脉搏
举杯消愁 愁更愁
抽刀断水 水更流的黄河呀
当我头顶烈日脚踏寒霜 哼起儿时那支歌
您就是我 以梦为马的祖国

4.语势

训练指导

语气色彩的不同造成了声音形式的丰富变化,使语流呈现出波澜起伏的状态。语句在思想感情运动状态下形成有声语言的运行态势,称为语势。

技能训练

语势的五种基本类型:

①波峰类:语句的发展趋向是由低向高,再向低。语句的句头、句尾较低,句腰较高。

例:蒲公英盛开了,一片金灿灿的小花,一团团毛茸茸的种子。

(梁泊《雨后》)

②波谷类:声音由高向低,再到高的态势。语句的句头、句尾较高,句腰较低。

例:美哉我少年中国,与天不老;壮哉我中国少年,与国无疆!

(梁启超《少年中国说》)

③上山类:声音的发展趋向由低到高。语句的句头较低,而后逐渐上行,句尾最高。

例:我心里有一棵树,一棵神奇的树。（聪聪《神奇的树》）

④下山类:声音由高向低发展。语句的句头较高,而后顺势下行,句尾最低。

例:但愿上帝保佑你,另一个人也会像我一样爱你。

（普希金《我曾经爱过你》）

⑤半起类:声音的发展也是由低到高发展,但上到一半就止住了。语句的句头稍低,中间稍高或又有曲折,句尾气提声止,却又不在最高点上,只起来了一半。

例:在中午,是金色的,有白云在树枝间歇息。白云告诉我:休息一下!休息一下!会休息才能劳动得更好。（聪聪《神奇的树》）

训练材料

我的自白书　陈　然

任脚下响着沉重的铁镣,（下山类）
任你把皮鞭举得高高,（上山类）
我不需要什么自白,（波谷类）
哪怕胸口对着带血的刺刀!（波峰类）

人不能低下高贵的头,（波谷类）
只有怕死鬼才乞求“自由”。（波峰类）
毒刑拷打算得了什么?（上山类）
死亡也无法叫我开口!（下山类）

对着死亡我放声大笑,（上山类）
魔鬼的宫殿在笑声中动摇。（下山类）
这就是我——一个共产党员的自白,（波峰类）
高唱凯歌埋葬蒋家王朝!（上山类）

留白——中国写意的最高境界　　佚名

黑为墨，白为纸，
三笔两画，神韵皆出，
这就是中国画的最高境界——留白。
留白，是书画创作中，
为使整个作品更加协调精美，
而有意留下相应的空白，
留有让人想象的空间。
水墨留白，虚实相生，
惜墨如金，计白当黑。
寥寥数笔丹青，
于方寸之地勾勒天地，
于无画处凝眸成妙境。
画家的神来之笔，
往往是那最能引人想象的留白。
一幅画的留白，
可以看出主人胸中的丘壑，
也可以看出作品境界的高下。
观齐白石的虾，
便能感受到水的清澈。
赏徐悲鸿的马，
便能体味到风的速度。
再看南宋马远的《寒江独钓图》，
一只小舟，一个垂钓的渔翁，
却让人感到烟波浩渺，满幅尽水。
吴作人的《池趣图》，
河水涟漪、清澈见底尽在其中，
三尾金鱼畅游水中，惟妙惟肖。
王羲之的《快雪时晴帖》，
一纸之上，轻重浓淡，疏密有致，
于黑白辉映顿生美感。

无,即是有,
空,即是色 。
留白不空,留白不白,
以无胜有,以少胜多。
这就是留白的真正意境所在。
中国风景的摄影图,
素色的背景,大面积的留白,
浓淡得宜,令人回味无穷。
让人仿佛处于无限的空间中。
在传统的中式建筑中,
偌大空间里的留白,
与古典韵味的家具,
在虚与实的对比中,
达至一种空灵深远的意境。
插花中,一枝一叶,
处处应运而生,错落有致,
有着中国画留白和线描之趣味,
意境呼之欲出,点缀了整个房间。
舞者,在虚实相生的舞台中,
灌以一种动静结合的气韵,
营造出整个舞蹈作品的灵动,
使整个舞台干净漂亮,妙趣横生。
服装上,留下适当的空白,
便给人以无尽的奇思遐想,
裙子上晕染开的留白意境,
让走路也变得灵动飘逸。
在青花瓷上,绘以图案,
青花与留白处对比强烈,
通体以极大的留白空间,
来映衬青花,自然灵动。
留白,极致的静,
空旷,无言的美,
那一点白,留得恰到好处,

令人无比神往,翩翩遐思。

留白,是一种天马行空的游弋;

留白,是一种鲲鹏展翅的淋漓;

留白,是一种空谷幽兰的禅心;

留白,是一种言有尽而意无穷的至高境界。

5. 节奏

训练指导

节奏是指朗读时全篇作品生发出来的思想感情的波澜起伏造成的抑扬顿挫、轻重缓急的声音形式的回环往复。可以从四个方面具体认识:

①节奏是以思想感情运动为依据的声音运动形式,朗读者能动地感受作品刺激,使自己的思想感情处于积极的运动状态,产生心理节奏的适度变化。

②节奏的外部表现形式就是声音形式的抑扬顿挫、轻重缓急。有声语言中声音的高低、强弱、快慢、停连等方面的变化,是构成节奏的基本要素。

③节奏是根据作品朗读需要的声音形式的回环往复。相似的基本语气、相似的转换形式形成了一篇朗读作品主导节奏回环往复,使节奏鲜明地显现出来。

④节奏立足于全篇,受基调的制约。

技能训练

(1)节奏的类型

一般来说,节奏可以分为六种类型。

高亢型,语势向高峰逐步推进,声音明亮、高昂、爽朗。如高尔基《海燕》、毛泽东《沁园春·雪》、王怀让《人民万岁》。

示例:

在苍茫的大海上,狂风卷集着乌云。在乌云和大海之间,海燕像黑色的闪电,在高傲地飞翔。

一会儿翅膀碰着波浪,一会儿箭一般地直冲向乌云,它叫喊着,——就在这鸟儿勇敢的叫喊声里,乌云听出了欢乐。

在这叫喊声里——充满着对暴风雨的渴望！在这叫喊声里，乌云听出了愤怒的力量，热情的火焰和胜利的信心。

（高尔基《海燕》）

紧张型，气急、音短、急促、紧张。如闻一多《最后一次演讲》、托尔斯泰《跳水》。

示例：

排炮过后，敌人竟使用了燃烧弹，我们附近的荒草着火了。火苗子呼呼地蔓延，烧的枯黄的茅草哔哔剥剥地响。我忽然闻到一股浓重的棉布的焦味，扭转头一看，哎呀！火烧到邱少云身上了！他的棉衣已经烧着，火苗趁风势乱窜，一团烈火把他整个身子包住了。

（李元兴《我的战友邱少云》）

轻快型，多扬少抑，轻快欢畅。如朱自清《春》、汪国真《我喜欢出发》。

示例：

"吹面不寒杨柳风"，不错的，像母亲的手抚摩着你。风里带来些新翻的泥土的气息，混着青草味，还有各种花的香，都在微微润湿的空气里酝酿。鸟儿将巢安在繁花嫩叶当中，高兴起来了，呼朋引伴地卖弄清脆的喉咙，唱出婉转的曲子的曲子，与轻风流水应和着。牛背上牧童的短笛，这时候也成天嘹亮地地响着。

低沉型，少扬多抑，语速缓慢，偏暗、偏沉。如李瑛《一月的哀思》、吴瑛《十里长街送总理》、史铁生《秋天的怀念》。

示例：

啊，汽车，扎起白花，
人们，黑纱缠臂。
广场如此肃穆，
长街如此沉寂。
残阳如血啊，
映着天安门前
低垂的冬云，
半落的红旗……

（李瑛《一月的哀思》）

凝重型，多抑少扬，多重少轻，语音沉着、坚实、有力。如叶挺《囚歌》、西蒙诺夫《等着我吧，我会回来的》。

示例：

等着我吧，我会回来的
只是你要苦苦地等待
等到那愁煞人的阴雨
勾起你忧伤满怀
等到大雪纷飞
等到酷暑难耐
等到别人不再把亲人盼望
往昔的一切一股脑儿抛开
等到遥远的家乡
不再有家书传来
心灰意冷
都已倦怠 （西蒙诺夫《等着我吧，我会回来的》）

舒缓型，舒缓自如，气长而稳。如徐志摩《再别康桥》、老舍《济南的冬天》、陈淼《桂林山水》。

示例：

漓江的水真静啊，静得让你感觉不到它在流动；漓江的水真清啊，清得可以看见江底的沙石；漓江的水真绿啊，绿得仿佛那是一块无瑕的翡翠。

（陈淼《桂林山水》）

（2）运用节奏的方法

①欲抑先扬，欲扬先抑。声音向高的趋势发展，称为"扬"；声音向低的趋势发展，称为"抑"。无声音高低的表现有层次，以抑作扬的铺垫，以扬作抑的衬托，可以加大抑扬变化的幅度。在抑扬之间，显示不同层级的抑扬变化。

②欲停先连，欲连先停。有声语言中，停连要有机结合。

③欲轻先重，欲重先轻。轻重主要是用来处理语句重音，在声音形式上表现为轻、重、虚、实。在加重声音之前，要先弱化声音；在轻化声音之前，要先强化声音。

④欲快先慢，欲慢先快。重点语句需要慢读，它前面的语句需要稍快读，重点的语句需要快读，它前面的语句就需要稍慢读。在加快和放慢时，要注意变化的多样性。

运用的目的，就是加强对比，纵控有度，在对比中展现节奏，强化朗读中有声语言的表现力。

训练材料

让我怎样感谢你　汪国真

让我怎样感谢你，
当我走向你的时候；
我原想收获一缕春风，
你却给了我整个春天。

让我怎样感谢你，
当我走向你的时候；
我原想捧起一簇浪花，
你却给了我整个海洋。

让我怎样感谢你，
当我走向你的时候；
我原想撷取一枚红叶，
你却给了我整个枫林。

让我怎样感谢你，
当我走向你的时候；
我原想亲吻一朵雪花，
你却给了我银色的世界。

初　春　舒　婷

朋友，是春天了
驱散忧愁，揩去泪水
向着太阳微笑
虽然还没有花的洪流
冲毁冬的镣铐
奔泻着酩酊的芬芳

泛滥在平原、山坳
虽然还没有鸟的歌瀑
飞溅起万千银珠
四散在雾蒙蒙的拂晓
滚动在黄昏的林荫道

但等着吧
一旦惊雷起
乌云便仓皇而逃
那是最美最好的梦啊
也许在一夜间辉煌地来到

是还有寒意
还有霜似的烦恼
如果你侧耳倾听
五老峰上，狂风还在呼啸
战栗的山谷啊
仿佛一起嚎啕
但已有几朵小小的杜鹃
如吹不灭的火苗
使天地温暖
连云儿也不再他飘

友人，让我们说
春天之所以美好、富饶
是因为它经过了最后的料峭

第三节　四种文体的朗读

训练目标

1. 了解四种文体的朗读的不同方式。
2. 掌握四种文体朗读的基本技巧。
3. 能较好地朗读四种文体的作品。

一　诗歌朗读训练

表达形象，再现意境

训练指导

朗读的形象，就是朗读者通过有声语言将作品所要表达的事物描述得生动具体，在听众的脑海里勾勒出清晰的人物或事物形象，使听众不仅听得见，还看得见、摸得着。

对于形象的表达，要做到对作品中的形象有鲜明的态度，并将鲜明的态度落实到具体语气中。

技能训练

（1）动词要有的动态感受

可以用加强音量和语势的上扬，强弱的对比，在表达过程中，表现动词强烈的动态。

例：电，你这宇宙中的剑，也正是，我心中的剑。你劈吧，劈吧，劈吧！把这比铁还坚固的黑暗，劈开，劈开，劈开！　（郭沫若《雷电颂》）

成群的蜻蜓款款飞舞，一会儿东，一会儿西，吞食蚊蝇。它们玩累了，就落到竹叶和草尖上，闪动着透明的两翼，给田野增添了安宁和谐的气氛。

（梁泊《雨后》）

（2）形容词、名词要读出鲜明、生动的形象

在表达形象时，要调动自己的感觉、知觉，读出形容词的色彩、质感、形

貌,体会字里行间的意蕴,将饱满的情绪融入作品的意境中。

名词的表达,每一个名词都可以看作具体事物的符号,符号对应的事物形象,必须通过有声语言生动地还原、再现。

例:我的歌声是希望的田野,
　我的歌声是丰收的十月;
　我的歌声是满园的春色,
　我的歌声是壮丽的启程!

（碑林路人《祖国,你是我想唱的那首歌》）

(3)趋向词要有准确的方向,方位词要有准确的方位

趋向词和方位词的方向与方位,要通过声音的抑扬、语势的高低来表现。还可以通过朗读者的手势、眼神、动作来加以区分表现。方向和方位的明确可以使朗读者的表达更加准确。

例:你是一粒种子落在干涸的土地,
　你是一抹云霞挂在失血的天空;
　你是滚滚而去的长江波涛,
　你是汹涌而来的黄河巨浪。

（碑林路人《祖国,你是我想唱的那首歌》）

2.深入心灵,以情感人

训练指导

诗歌的本质在于抒情。要朗读好一首诗歌,首先朗读者自己要被诗歌打动,有真情实感,能够激发自己强烈的朗读欲望。

技能训练

祖国,我要燃烧　　叶文福

当我还是一株青松的幼苗,
大地就赋予我高尚的情操!
我立志做栋梁,献身于人类,
一枝一叶,全不畏雪剑冰刀!

不幸，我是植根在深深的峡谷，
长啊，长啊，却怎么也高不过峰顶的小草。
我拼命吸吮母亲干瘪的乳房，
一心要把理想举上万重碧霄！

我实在太不自量力了：幼稚！可笑！
蒙昧使我看不见自己卑贱的细胞。
于是我受到了应有的惩罚——
迎面扑来旷世的风暴！

啊，天翻地覆……
啊，山呼海啸……
伟大的造山运动，
把我埋进深深的地层。
——我死了，那时我正青春年少。

我死了！年轻的躯干在地底痉挛，
我死了！不死的精灵却还在拼搏呼号：
“我要出去！我要出去！
我要出去啊——
我的理想不是蹲这黑暗的囚牢！”

漫长的岁月，
我吞忍了多少难忍的煎熬，
但理想之光，依然在心中灼灼闪耀。
我变成了一块煤，还悲愤地捶打地狱的门环：
“祖国啊，祖国啊，我要燃烧！”

地壳是多么厚啊，希望是何等的缥缈！
我渴望，渴望面前闪出一千条向阳通道！
我要出去，投身于熔炉，化作熊熊烈火：
“祖国啊，祖国啊，我要燃烧——”

这首诗描写了一棵青松化身为煤的过程，在漫长的演化过程中，一个坚定的信念支撑着“我”，沧海桑田的变化，抑制不住诗人心中最热烈的期待。诗人用以寄托情感的景物，看似平凡无奇，却赋予它全新的人格——中国知识分子，袒露了为祖国烧成灰烬也在所不辞的深情。

3. 节奏鲜明 韵律和谐

训练指导

诗歌鲜明的节奏、和谐的韵律，犹如音乐的节拍和旋律，节拍轻重疾徐，抑扬顿挫，旋律行云流水，令人动心悦耳、荡气回肠。

汉字的声调、语句语气、篇章节奏，抑扬顿挫，具有音乐一样的特性，在长短相间的乐动中具有无限的可能性。诗歌的平仄、句式的长短等体现着诗歌的音乐之美，在朗读时，能够获得旋律般美感，用有声语言加以表现。

技能训练

教我如何不想她　　刘半农

天上/飘着些/微云，
地上/吹着些/微风。
啊！
微风/吹动了/我的头发，
教我/如何/不想她？

月光/恋爱着/海洋，
海洋/恋爱着/月光。
啊！
这般/蜜也似的/银夜。
教我/如何/不想她？

水面/落花/慢慢流，

水底/鱼儿/慢慢游。
啊!
燕子/你说些/什么话?
教我/如何/不想她?

枯树/在冷风里/摇,
野火/在暮色中/烧。
啊!
西天/还有些儿/残霞,
教我/如何/不想她?

这首诗在形式上的整饬,一望而知。全诗四节,每节五句:前两句都是七字,大体都是三个音步,并用韵(除第一节),如第四节的"枯树/在冷风里/摇""野火/在暮色里/烧";中间的第三句都用单独一个"啊"字,这在某种意义上有时代的烙印,新诗初期,抒情手段还比较单一,诗人往往用感叹词直抒胸臆;第四句都是八个字,大体上音步仍然是三个,第三和第四句的短长之变,则在整节诗中造成了节奏的大幅度改变;第五句每节相同,都是"叫我如何不想她"七字,造成一唱三叹之感,同时第五句还和第四句押韵(除第二节外)。因此,这首诗可以看作是广义的格律诗,即在一首之内形成固定格律,但不追求每首诗都相同,因此又保持了新诗的自由。

4. 丰富想象,加深意境

训练指导

诗歌的内容凝练,感情丰富,篇幅短小,诗歌作者通过想象才能把复杂的社会生活、深沉而抽象的情思转化为具体的艺术形象生动地表现出来,诗歌的欣赏、朗读活动是再创作过程,再创作的活动方式是想象活动。朗读者需要调动自己的生活体验,用丰富的想象、大胆的联想和幻想,突破物我之间、时空之间的界限,最大限度地将诗人的心灵感受和丰富情感表现出来,创造意境,拓展境界,释放情感。

技能训练

春天的第一缕阳光

李小雨

这是春天的第一缕阳光
她笑着，跑着
穿着最美的衣裳
她是春天的女儿
有着春风的温柔
春雨的热烈
她把五彩的光芒
铺在大地上

这是春天的第一缕阳光
她是飘着奶香的摇篮
让婴儿的小脚丫，一步
就稳稳地站在大地上
她是母亲怀里的针线
缝啊，扯啊
连接着上个世纪的夜晚
和明天的向往
她是太阳发来的一封信、一声催促
快到广阔的生活中去吧
劳动、快乐，甚至流泪
让活力四射
让长发飞扬

训练材料

漂歌屈原　　余光中

有水的地方,就有龙舟
有龙舟竞渡,就有人击鼓
你恒在鼓声的前方引路
哀丽的水鬼啊你的漂魂
从上游追到下游那鼓声
从上一个端午到下一个端午

湘水悠悠,无数的水鬼
冤缠荇藻,怎洗涤的清
千年的水鬼啊,唯你成江神
非湘水净你,是你净湘水
你奋身一跃,所有的波涛
汀芷蒲兰,流芳至今
亦何须招魂招亡魂归去
你流浪的诗族诗裔
涉远济湘
渡更远的海峡

有水的地方,就有人想家
有岸的地方,楚歌就四起
你就在歌里
风里
水里

啊,母亲　　舒婷

你苍白的指尖理着我的双鬓
我禁不住像儿时一样

紧紧拉住你的衣襟
呵,母亲
为了留住你渐渐隐去的身影
虽然晨曦已把梦剪成烟缕
我还是久久不敢睁开眼睛

我依旧珍藏着那鲜红的围巾
生怕浣洗会使它
失去你特有的温馨
呵,母亲
岁月的流水不也同样无情
生怕记忆也一样退色呵
我怎敢轻易打开它的画屏

为了一根刺我曾向你哭喊
如今带着荆冠,我不敢
一声也不敢呻吟
呵,母亲
我常悲哀地仰望你的照片
纵然呼唤能够穿透黄土
我怎敢惊动你的安眠

我还不敢这样陈列爱的祭品
虽然我写了许多支歌
给花、给海、给黎明
呵,母亲
我的甜柔深谧的怀念
不是激流,不是瀑布
是花木掩映中唱不出歌声的枯井

朗读 啊,母亲

二　散文朗读训练

训练指导

散文题材广泛，行文自由，笔触灵活，有很强的抒情色彩，创造深邃的意境。朗读散文要深入领会作者的审美情趣，突出散文的情感、神韵，体会散文的情意美、文辞美、韵致美。

散文的表现手法灵活多样，叙述、描写、抒情、议论兼而有之。朗读时，叙述语言要读得舒展、自然、清晰；描写语言要读得细致、感性、生动；抒情语言要读得真挚、内敛；议论语言要读得有感而发，由情而议。

散文的朗读应细腻、真实、质朴，重在内心感受到位，语言舒展、亲切，声音松弛、轻柔，气息绵长，展现散文优美的情致和意境。

训练材料

祖国，到底是什么　路遥

我曾经不止一次的想过，祖国，到底是什么？我始终在想，每一次想起“祖国”这两个字，心中便泛起一阵温柔的波浪……

世界上有许多美好的地方。但是，那里有黄山吗？有黄河吗？有长江吗？有长城吗？有母亲生育我时的衣胞吗？有我情同手足的兄弟姐妹吗？没有。既然这些都没有，那么，祖国就是一个不可替代的地方。

祖国是什么？它是屈辱，它是抗争，它是失败，它是奋起。它是战士手中的枪，志士颈上的血，是胜利后的狂欢，是史书上一页页不朽的篇章。

祖国，它是一首唱不完的恋歌，一篇写不尽的美文。它是我们的祖先繁衍生息的地方，也是我们的子孙生存发展的地方。

训练材料

一棵树的选择(节选)　　佚名

一粒种子,一粒干瘪的种子,一粒走投无路的干种子。

你认识到,活就要活出个样子,于是尽力充分利用大自然赋予你的养料、水分,憋足了劲,长成了——

一株苗,一株幼小的苗,一株倔强不屈的幼小的苗。

尽管你叶疏花迟,身体瘦弱,但你敢于傲对风霜,任凭雷电轰鸣,任凭狂风袭击,你永远是那么倔强,永远与命运抗争。渐渐地舒展开稚嫩的四肢,汲天地物华,与太阳微笑,与月亮招手,你在成就自己,在创造一个全新的自我。

时光流逝,岁月蹉跎,你也逃脱不了时间的洗礼,逐渐干挺如铁,叶茂如云。你变成了这样——

一棵树,一棵茁壮的树,一颗令人敬仰的茁壮的树。

悬崖之上,天宇之中,伸展着浓绿的四肢,在寒风中抖擞成长的是你;叫游人赞叹不已的是你;能够在恶劣的环境中求生存的仍然是你。

你选择了悬崖峭壁,就选择了苦难,选择了与风斗,与雨斗,这是你心灵深处执着的追求,你终于成就了自己。一个风和日丽的日子,你结出了一颗红红的果。

朋友,与命运抗争是一种美,是一种永恒的美。

庄子,一个会飞翔的人　　朱以撒

深秋,在商丘的土地上行走,抬眼便可望见脱光绿叶的枝条和一个个挂在树杈上的空巢。这些巢的主人有着矫健有力的翅膀,随着时节的转凉,它们都已飞去了南方。

这时,我想起商丘的一个古人——庄子,一只远行的大鸟。

在诸子百家中,老子的笔墨太过简约,让人恍恍惚惚摸不着头脑;孔子的就要生动一些,有的形象性足以令读者倾倒;孟子虽说是孔学的延续,但在描述和刻画上更趋于精美和细腻;至于韩非子,则善用寓言,平中见奇、耐人寻味。历数这些古圣先贤,虽说各具风采,但和庄子相比,却都少了一份逍遥，或者说，少了一份飞翔的洒脱和自在。

飞翔的庄子心无牵绊，他的思想“独与天地精神往来”。他的文字，窈兮冥兮，始终笼罩着一层幽深、梦幻般的色彩。

读他的《逍遥游》，首句突兀而起：“北冥有鱼，其名为鲲，鲲之大，不知其几千里也。化而为鸟，其名为鹏，鹏之背不知其几千里也。”虽是寥寥数语，却令人叹为观止。在他笔下，一系列怪诞的意象结伴而行。姑射山神人、浑沌、水、镜，都成了超越时空的象征。

在那个生产力还相当低下的年代，庄子何以生出如此磅礴的想象和浪漫情怀？也许有人会说，当年的庄子一定是饱食终日，闲来无事才会这般胡思乱想。实际上，庄子的生活非常困窘，他住在穷街陋巷，衣着破旧、面黄肌瘦。

史书记载，庄子曾经做过蒙城的漆园吏，拒绝过楚威王的相印，余下的生平事迹就不甚了了了。毕竟，那个时代各式各样的人物，都离我们太远了，如同模糊的雾色不可一掬。然而，这些并不重要。作为一个心灵善飞的人，庄子生动诙谐的文字、无所拘囿的思想，最终穿越历史的迷雾，为人类留下了一笔巨大的精神财富。

“天地与我并生，万物与我为一”。千百年来，在儒家严肃的“克己”与佛家严厉的“禁欲”之间，正是这种逍遥无为的思想，给中国的知识分子保存了一块自由呼吸的空间，插上了一双飞翔的翅膀。

三　故事朗读训练

训练指导

角色和情节，是故事的两大要素。故事中的角色要真实可信，故事以叙述为主，侧重事件过程的描述，强调情节的生动性和连贯性。

朗读故事首先要有丰富合理的想象，朗读时要想象出故事中的角色形象，更要想象出拟人化的动物、植物、无生物形象的外形特征和内在特质，感受和想象出具体形象的行为、心理、神态等，产生栩栩如生的内心视像。

故事一般都有夸张、渲染的艺术特性，朗读故事，要对各种角色形象进行有声语言造型设计。角色的性格特征、生理特征、行为方式与其他角色形象的关系，都要了然于胸，用声音、气息、咬字等各种有声语言技巧为其造型，增强故事的艺术情趣和魅力。

技能训练

乌鸦和猪的"谅解"

乌鸦在一棵树上,看见下面有一只浑身长满黑毛的猪。

"哈哈! 这个黑家伙,多难看哪!"乌鸦说。

猪向四处看了看,发现说话的是乌鸦,也就说:"讲话的,原来是一个黑得可怜的小东西!"

"你说谁? 你也不看看你自己!"乌鸦气愤地说。

"你也看看你自己吧!"猪也很气愤。

他们争吵了一阵,就一道去池塘,证实谁更黑更难看。它们从水里照了照自己,又互相端详了一下,谁也不开口了。但乌鸦忽然高兴起来说:"其实,黑有什么不好看呢?"

"我也以为黑是很好看的。"猪也快乐地说。

这篇寓言故事的寓意:不要因为彼此都有同样的缺点,就互相原谅,并且把缺点当作优点自我陶醉。朗读乌鸦的话时声音可以尖细一些,加快语速,因为乌鸦体型小,与猪相比较灵巧一些。朗读猪说话时,要把声音放低一些,粗一些,表现猪的愚笨和憨厚。两个角色的声音要拉开距离,形成对比。

训练材料

谦虚过度

水牛爷爷是森林世界公认的谦虚人,很受大家尊重。小白兔夸它:"水牛爷爷劲儿最大了!"山羊夸它:"水牛爷爷贡献最多了!"它就说:"哎,不能这样讲啦,奶牛吃的是草,挤出来的是奶。它的贡献比我多。"

狐狸艾克很羡慕水牛爷爷谦虚的美名。它想:"我也来学一下谦虚吧。这谦虚太好学了。"它想了想:"水牛爷爷的谦虚不就是这两点吗? 一是把自己什么都说小点儿;一是把自己什么都说少点儿。对! 就是这样。"

一天，艾克遇到一只小老鼠。小老鼠看到艾克拖着一条火红蓬松的大尾巴，不禁发出了由衷的赞美："哎呀，艾克大叔，您这尾巴真大呀！"艾克学着水牛爷爷的口气，歪歪嘴："哎，过奖啦。你们老鼠的尾巴比我大多啦！"

"啊，什么？"小老鼠大吃一惊："您长那么长的四条腿，却拖根比我还小的尾巴？"艾克谦虚地说："哎，不能这么讲了，我哪有四条腿，三条了，三条了。"小老鼠以为艾克得了精神病，吓跑了。

艾克的谦虚没有换来美名，倒换来了一大堆谣言。大家说："哎，森林里出了一条妖怪狐狸，只有三条腿，还拖一根比老鼠还小的尾巴……"

猜猜我有多爱你　山姆·麦克布雷尼

小兔子想要去睡觉了，它紧紧地抓住大兔子的长耳朵，它要大兔子好好地听。

它说："猜猜我有多爱你？"

"噢，我大概猜不出来。"大兔子说。

"有这么多。"它伸开双臂，拼命往两边张。大兔子的手臂更长，它说："可是，我爱你有这么多。"嗯，是很多，小兔子想。

"我爱你，有我够到的那么高。"小兔子举起胳膊说。

"我爱你，也有我够到的那么高。"大兔子也举起胳膊说。这太高了，小兔子想，我真希望我也有那样的胳膊。

然后，小兔子又有了一个好主意，它朝下倒立，把脚往树干上伸。它说："我爱你，一直到我的脚趾够到的地方。"

"我爱你，一直到你的脚趾够到的地方。"大兔子说，它把小兔子高高地抛到了它的头顶上。

"我爱你，有我跳得那么高。"小兔子哈哈大笑，它跳上又跳下。

"可是我爱你，也有我跳得那么高。"大兔子微微地笑着，它跳得那么高，耳朵都碰到树枝上面了。跳得太高了，小兔子想，我真希望我也能跳那样高。

小兔子大叫："我爱你，从这条小路一直伸到河那边。"

"我爱你，过了那条河，再翻过那座山。"大兔子说。这实在太远了，小兔子想。它太困了，实在想不出什么来了。于是，它抬头朝高高的灌木丛上望去，一直望到一大片黑夜。没有什么东西能比天空更远了。

"我爱你，一直到月亮那里。"说完，小兔子闭上了眼睛。"噢，这真是很远，”大兔子说，“非常非常地远。”大兔子把小兔子轻轻地放到了树叶铺成的床上，低下头来，亲亲它，祝它晚安。然后，它躺在小兔子的身边，小声地微笑着说：“我爱你，从这里一直到月亮那么高，再——绕回来。”

四　议论文朗读训练

训练指导

议论文要说明、论证某个道理、某个观点，那么论点、论据、论证过程很重要。朗读时必须透彻地把握作品的逻辑关系，把其中的概念、判断、推理融会贯通，明确内涵、作用，以切身感受，鲜明的态度，用有声语言表达出来。

态度要明朗。在议论文的朗读中，态度必须鲜明，是非曲直，态度明确；态度明朗就是要肯定、果断、从容、大度，还要讲究分寸、火候。

重音要坚实。朗读者的态度要庄重，语气要肯定，重音的表达要扎实确切，最常用的是加重、压低或延长音节的方式。

技能训练

谈骨气　　吴晗

我们中国人是有骨气的。

战国时代的孟子，有几句很好的话：“富贵不能淫，贫贱不能移，威武不能屈，此之谓大丈夫。”意思是说，高官厚禄收买不了，贫穷困苦折磨不了，强暴武力威胁不了，这就是所谓大丈夫。大丈夫的这种种行为，表现出了英雄气概，我们今天就叫做有骨气。

我国经过了奴隶社会、封建社会的漫长时期，每个时代都有很多这样有骨气的人，我们就是这些有骨气的人的子孙，我们是有着优良革命传统的民族。

当然，社会不同，阶级不同，骨气的具体含义也不相同。这一点必须认识清楚。但是，就坚定不移地为当时的进步事业服务这一原则来说，我们祖先的许多有骨气的动人事迹，还有它积极的教育意义，是值得我们学习的。

南宋末年，首都临安被元军攻入，丞相文天祥组织武装力量坚决抵抗，失败被俘后，元朝劝他投降，他写了一首诗，其中有两句是："人生自古谁无死，留取丹心照汗青。"意思是人总是要死的，就看怎样死法，是屈辱而死呢，还是为民族利益而死？他选取了后者，要把这片忠心记录在历史上。文天祥被拘囚在北京一个阴湿的地牢里，受尽了折磨，元朝多次派人劝他，只要投降，便可以做大官，但他坚决拒绝，终于在公元1283年被杀害了。

孟子说的几句话，在文天祥身上都表现出来了。他写的有名的《正气歌》，歌颂了古代有骨气的人的英雄气概，并且以自己的生命来抗拒压迫，号召人民继续起来反抗。

另一个故事是古代有一个穷人，饿得快死了，有人丢给他一碗饭，说："嗟，来食！"（喂，来吃！）饿人拒绝了"嗟来"的施舍，不吃这碗饭，后来就饿死了。不食嗟来之食这个故事很有名，传说了千百年，也是有积极意义的。那人摆着一副慈善家的面孔，吆喝一声"喂，来吃！"这个味道是不好受的。吃了这碗饭，第二步怎样呢？显然，他不会白白施舍，吃他的饭就要替他办事。那位穷人是有骨气的：看你那副脸孔、那个神气，宁可饿死，也不吃你的饭。

不食嗟来之食，表现了中国人民的骨气。

还有个例子。民主战士闻一多是在1946年7月15日被国民党枪杀的。在这之前，朋友们得到要暗杀他的消息，劝告他暂时隐蔽，他毫不在乎，照常工作，而且更加努力。明知敌人要杀他，在被害前几分钟还大声疾呼，痛斥国民党特务，指出他们的日子不会很长久了，人民民主一定得到胜利。毛主席在《别了，司徒雷登》一文中指出："许多曾经是自由主义者或民主个人主义者的人们，在美国帝国主义者及其走狗国民党反动派面前站起来了。闻一多拍案而起，横眉怒对国民党的手枪，宁可倒下去，不愿屈服。"高度赞扬他表现了我们民族的英雄气概。

孟子的这些话，虽然是在两千多年以前说的，但直到现在，还有它积极的意义。当然我们无产阶级有自己的英雄气概，有自己的骨气，这就是绝不向任何困难低头，压不扁，折不弯，顶得住，吓不倒，为了社会主义、共产主义建设的胜利，我们一定能够克服任何困难，奋勇前进。

训练材料

说“勤” 林家箴

中国有句俗话，叫做“一勤天下无难事”。唐朝大文学家韩愈也曾经说过：“业精于勤”。这就是说，学业方面的精深造诣来源于勤奋好学。

勤，对好学上进的人来说，是一种美德。我们所说的勤，就是要人们善于珍惜时间，勤于学习，勤于思考，勤于探索，勤于实践，勤于总结。看古今中外，凡有建树者，在其历史的每一页上，无不都用辛勤的汗水写着一个闪光的大字——“勤”。

勤出成果。马克思写《资本论》，辛勤劳动，艰苦奋斗了四十年，阅读了数量惊人的书籍和刊物，其中做过笔记的就有一千五百种以上。我国历史巨著《史记》的作者司马迁，从二十岁起就开始漫游生活，足迹遍及黄河、长江流域，汇集了大量的社会素材和历史素材，为《史记》的创作奠定了基础。德国伟大诗人、小说家和戏剧家歌德，前后花了五十八年的时间，搜集了大量的材料，写出了对世界文学和思想界产生很大影响的诗剧《浮士德》。我国年轻的数学家陈景润，在攀登数学高峰的道路上，翻阅了国内外的上千本有关资料，通宵达旦地看书学习，取得了震惊世界的成就。上海女知识青年曹南薇，坚持自学十年如一日，终于考上了高能物理研究生。可见，任何一项成就的取得，都是与勤奋分不开的，古今中外，概莫能外。

勤出聪慧。传说古希腊有一个叫德摩斯梯尼的演说家，因小时口吃，登台演讲时，声音浑浊，发音不准，常常被雄辩的对手所压倒。但是，他气不馁，心不灰，为克服这个弱点，战胜雄辩的对手，便每天口含石子，面对大海朗诵，不管春夏秋冬，雨雪风霜，坚持五十年如一日，连爬山、跑步也边走边做演说，终于成为全希腊最有名气的演说家。我国宋代学者朱熹也讲过这样一个故事：福州有一个叫陈正元的人，一篇小文章也要读一二百遍才能读熟。可是他不懒不怠，勤学苦练，别人读一遍，他就读三遍、四遍，天长日久，后来终于“无书不读”，成了一个博学之士。这说明，即使有些天资比较差、反应比较迟钝的人，只要有勤奋好学的精神，同样也是可以弃拙为巧，变拙为灵的。

实践证明，勤奋是点燃智慧的火把。一个人的知识多寡，关键在于勤奋的程度如何。懒惰者，永远不会在事业上有所建树，永远不会使自己变得聪明起来。唯有勤奋者,才能在知识海洋里猎取到真智实才,才能不断地开拓知识领域,获得知识的酬报,使自己变得聪明起来。高尔基说过:“天才出于勤奋。”卡莱尔也说过:“天才就是无止境刻苦勤奋的能力。”这就是说,只要我们不怠于勤,善求于勤,就一定能在艰苦的劳动中赢得事业上的巨大成就。我想每一个渴望能得到真知灼见的人,是一定能够体会到“勤”的深刻含意的。

第四章　听话训练

训练目标

1. 明确听话训练的重要性。
2. 掌握听话要领，养成良好的听话习惯。
3. 培养听话辨析的能力。

第一节　听话能力概述

训练目标

1. 了解培养听话能力的重要性。
2. 明确听话能力的内容。
3. 掌握听话的技巧。

训练指导

一　培养听话能力的重要性

人类交际活动的日益频繁和现代通信技术的飞速发展，听话已经成为人们社会生活中交流信息的主要途径，听话能力已经成为人们进行日常交际、工作、生活的重要能力，现代信息技术的发展对人们的听话能力也提出了更高的要求。听得准确，听得清楚，听得理解快，听的内容记得牢，较高的语言评价能力，重新组合信息、提取信息的能力，是现代信息社会对我们的要求。

听话能力

听话能力是人们获取知识信息的重要途径。在工作学习过程中，听话能力较强的人能够快速、准确地捕捉所需要的知识信息，对关键语句有很敏锐的反应能力，边听边记边思考的能力较强，学习效率较高。

听话能力强可以促进思维能力、语言能力、智力的全面和谐发展。听力能力能够促进说、读能力的进步提高，不断培养思维的条理性、开阔性、敏捷性、灵活性，发展思维能力，促进智力品质的全面提高。

二　听话能力的构成要素

1. 对语音的辨析能力

听清音节、语流、语气，能够做到因音求意，不产生歧义、误解。要做到熟练掌握普通话语音规范，准确把握语气的变化，通过外在的有声语言形式快慢、高低、强弱、虚实，理解说话人的感情色彩和感情分量，做出准确、适当的应对。

2. 对语义的理解力

对听到的词语、语句、句群以及整体讲话意义的理解，这是听话能力的核心。要能听明白说话者的大致内容，抓住关键词语、语句，对语句重音有较强的辨识能力，力求准确、完整的理解说话内容。

3. 对话语的品评能力

听他人说话发言，要理清头绪，听清层次，抓住中心和重点；听他人争论，要能够迅速抓住争论的焦点，快速归纳争论各方的意见；听他人交谈，除了理解语句表面含义外，还要能够体会言外之意，恰当地评价话语内容的是非、优劣、效果和价值。

听话活动是综合的智力活动过程，人们的观察能力、记忆能力、联想和想象能力、逻辑思维、推理能力等都能得到有效的训练和提高。

技能训练

听短文朗读，简述短文内容、主旨，做出相应的评价。

苏州，最柔软的江南　　碑林路人

在我心里，所有关于江南的美好记忆，都留在了苏州，苏州是江南的魂，也是江南最柔软的地方。

对于江南的印象，不外乎小桥流水、白墙灰瓦、垂柳飞燕、蒙蒙细雨。而江南真正的美在于它的灵动，它的内敛，以及它浸润在骨子里的那种委婉和细腻。

江南的水是江南的血液，江南的雨是江南的水袖。水总是在不断地流动着，而水袖时不常的扭动着腰肢轻轻一甩，那风情、那媚眼就柔软了整个的江南。

人常说："上有天堂，下有苏杭。"杭州的美，美得大气，美得宽阔，美得有大家闺秀的风范和循规蹈矩、端庄典雅的仪态。苏州则不同，苏州的美有着小家碧玉的委婉，有着清新自然的古韵。她有一丝的羞怯，一丝的扭捏，她不加修饰的随性，让人有了容易亲近的感觉。苏州的美，是江南的婉约，是一阕宋词的细腻，是让人留恋的湿漉漉的甜腻。

这世上越来越不缺少繁华和热闹的地方，越是热闹的地方，越会让人有一种无法融入的距离感。而苏州却像跌落在繁华都市里的一个古朴的村落，它依旧慢慢地行走，慢慢地陪伴着时光一起苍老。

我喜欢在苏州的古街上行走，喜欢在那些布满了青苔和长满了青草的石桥边歇息。这时候，我会想，这座桥曾经将多少人从此岸渡到彼岸，又曾经留下过多少精彩的诗句和精彩的故事。或许，某一座桥就是某一个人一生中永恒的记忆。

苏州多桥，也多优美的诗句，更多古老的传说。这是每一个大街小巷里都藏着故事的城市，在这座城市里行走，就仿佛走在一幅历史的画卷里。

如果说江南是灵动的，那么苏州就是江南最柔软的线条。无论你在苏州的任何一个地方停留，你都可以听见柔软的声音，那是苏州女子的吴侬软语，轻轻地，柔弱地，让路边的花草都忍不住地想扭动腰肢柔美的一笑。

听了许多年的苏州评弹，琵琶声轻轻一起，那柔软的语调便如涓涓细流突然就湿润了你的心。无论是儿女情长的传奇故事，还是叱咤风云的侠义豪杰，在评弹的说唱中，都是那么的悦耳动听。那弦如流水，那声如莺啼，轻轻的就用柔软的声音，为我们描绘了一幅古色古香的画中江南。

如果说，梦里有江南，那江南的梦里一定会有苏州的影子，苏州的山塘街、平江路、木渎镇，都是江南多情的眉目。

假如我的前世，是江南多情的女子，那我一定是生在烟雨中的苏州，房前是满树的绿荫，屋后是长满青苔的石阶，河水涓涓流过，春雨盈盈落下。如诗的美好就在柔软的江南如诗一般浅浅地滋长。

第二节　听话技巧

训练目标

掌握听话的技巧

训练指导

一　抓住中心，理解主旨

人们说话时，主要使用口头语言。一般在讲中心问题、重要观点时，会用强调的语气，用重音、语速的变化，加之面部表情和手势的配合，在听话时要仔细观察说话人语气、体态的细微变化，就能够全面准确地理解说话人的目的、意图，抓住中心、抓住要点、理解主旨。

二　掌握层次，理清思路

一般人们在说一段话时，往往前面是引子或者提示，中间是主要内容，分层次来说，每一层可以解说、举例说明，最后得出结论或者强调观点。我们可以依据这样的一般规律，从说话人的话语层次来抓住要点，理清要点的内在联系。

三　记住主要内容

听话时主要记住关键词语，特别是人名、地名、时间、重要的数字和事情的主要情节，规律性的认识和重要结论。不必一字不漏全部记下来。

四　听音辨意，全面评价

根据口语交际中听到的语音内容迅速、正确地理解说话人的意思，并且及时判断说话内容的是非、优劣和表达技巧、效果。评价可以从这几个方面入手：说话人的观点是否正确，说话内容是否真实可信，说话人的思路是否明晰，观点和事实依据是否符合逻辑，说话人的表达技巧如何等。

技能训练

人生的境界　冯友兰

哲学的任务是什么？我曾提出，按照中国哲学的传统，它的任务不是增加关于实际的积极的知识，而是提高人的精神境界。在这里更清楚地解释一下这个话的意思，似乎是恰当的。

我在《新原人》一书中曾说，人与其他动物的不同，在于人在做某事时，他了解他在做什么，并且自觉地在做。正是这种觉解，使他正在做的事，有各种意义，各种意义合成一个整体，就构成他的人生境界。如此构成各人的人生境界，这是我的说法。不同的人可能做相同的事，但是各人的觉解程度不同，所做的事对于他们也就各有不同的意义。每个人各有自己的人生境界，与其他任何人的都不完全相同。若是不管这些个人的差异，我们可以把各种不同的人生境界划分为四个等级。从最低的说起，它们是：自然境界，功利境界，道德境界，天地境界。

一个人做事，可能只是顺着他的本能或其社会的风俗习惯。就像小孩和原始人那样，他做他所做的事，然而并无觉解，或不甚觉解。这样，他所做的事，对于他就没有意义，或很少意义。他的人生境界，就是我所说的自然境界。

一个人可能意识到他自己，为自己而做各种事这并不意味着他必然是不道德的人。他可以做些事，其后果有利于他人，其动机则是利己的。所以他做的各种事，对于他，有功利的意义。他的人生境界，就是我所说的功利境界。

还有的人，可能了解到社会的存在，他是社会的一员。这个社会是一个整体，他是这个整体的一部分。有这种觉解，他就为社会的利益做各种事，或如儒家所说，他做事是为了

"正其义不谋其利"。他真正是有道德的人，他所做的都是符合严格道德的意义的道德行为。他所做的各种事都有道德的意义。所以他的人生境界，是我所说的道德境界。

最后，一个人可能了解到超乎社会整体之上，还有一个更大的整体，即宇宙。它不仅是社会的一员，同时还是宇宙的一员。他是社会组织的公民，同时还是孟子所说的"天民"。有这种觉解，他就为宇宙的利益而做各

种事。他了解他所做事的意义，自觉他正在做他所做的事。这种觉解为他构成了最高的人生境界，就是我所说的天地境界。

这四种人生境界之中，自然境界、功利境界的人，是人现在就是的人；道德境界、天地境界的人，是人应该成为的人。前两者是自然的产物，后两者是精神的创造。自然境界最低，往上是功利境界，再往上是道德境界，最后是天地境界。它们之所以如此，是由于自然境界，几乎不需要觉解；功利境界、道德境界，需要较多的觉解；天地境界需要最多的觉解。道德境界有道德价值，天地境界有超道德价值。

照中国哲学的传统，哲学的任务帮助人达到道德境界和天地境界，特别是达到天地境界。

天地境界又可以叫做哲学境界，因为只有通过哲学，获得对宇宙的某些了解，才能达到天地境界。但是道德境界也是哲学的产物。道德认为并不是单纯遵循道德律的行为；有道德的人也不是单纯是养成某些道德习惯的人。他行动和生活，都必须觉解其中的道德原理，哲学的任务正是给予他这种觉解。

生活于道德境界的人是贤人，生活于天地境界的人是圣人。哲学教人以怎样成为圣人的方法。我在第一章中指出，成为圣人就是达到人作为人的最高成就。这是哲学的崇高任务。

在《理想国》中，柏拉图说，哲学家必须从感觉世界的"洞穴"上升到理智世界。哲学家到了理智世界，也就是到了天地境界。可是天地境界的人，其最高成就，是自己与宇宙同一，而在这个同一中，他也就超越了理智。

中国哲学总是倾向于强调，为了成为圣人，并不需要做不同于平常的事。他不可能表演奇迹，也不需要表演奇迹。他做的都只是平常人所做的事，但是有高度的觉解，他所做的事对于他就有不同的意义。换句话说，他是在觉悟状态做他所做的事，别人是在无明状态做他们所做的事。禅宗有人说，觉字乃万妙之源。由觉产生的意义，构成了他的最高的人生境界。

所以中国的圣人是既入世而又出世的，中国的哲学也是既入世而又出世的。随着未来的科学进步，我相信，宗教及其教条和迷信，必将让位于科学；可是人的对于超越人世的渴望，必将由未来的哲学来满足。未来的哲学很可能是既入世而又出世的。在这方面，中国哲学可能有所贡献。

听记后，回答下列问题：

1. 冯友兰先生此文的主旨是什么？

2. 文中提出人生境界的四个等级，从低级到高级是什么？

3. 文中指出按照中国哲学的传统，哲学的崇高任务是什么？

4. 文中提到了哪些哲学家？

5. 为什么冯友兰先生说中国哲学对未来的哲学可能有所贡献？

训练材料

学会倾听　　碑林路人

朗读 学会倾听

人是世界上唯一有自我的动物，人类的伟大就在于我们是一群会思考、会自省的生命。

人因为有了独立的思想，所以需要时时与外界沟通，学会倾听便是最好的沟通方式。

一颗灵魂可以在倾听中发现、欣赏和拥有另一颗灵魂的快乐。一颗灵魂也可以在倾听中感悟、理解和体会另一颗灵魂的痛苦。

有一种温暖，有一种关爱，可以在倾听中慢慢融化，可以在倾听中渐渐升华。

社会是人生命中无法遗弃的舞台，我们始终不可能独立地行走。在生命的路上，你需要被人关注，被人理解，同时你更需要去关注和理解别人，倾听便是理解的最佳方式。倾听的耳朵是虔诚的，倾听的心灵是敏感的。有了倾听的耳朵和愿意倾听的心，你才会拥有忠实的朋友。

人生在世，不管你拥有多少朋友，不管你处在多么繁华的闹市，最孤独与寂寞的时候，你总是要在自我的世界里漫游。所以在学会倾听他人的时候，也要学会在寂静中倾听自己的心声。

人与人之间是有距离的，灵魂与灵魂之间也是有距离的。这种距离是自我生存的必要空间。

我们每个人身上都有一个内在的精神上的自我，这个自我像是一个忠实的朋友，时时伴随在你人生的路上。

人的自我就是自己精神上的密友，我们在学会倾听他人的时候，也必须学会经常倾听自我内心的波动。

不懂的自我倾听的人是肤浅的，不懂的自我倾听的人也是盲目的。

使倾听最有价值的不是倾听本身，而是倾听后的宽容和理解。倾听别人是对别人的尊重与体谅，倾听自己则是对自己的自省与反思。

学会倾听是我们生命中不可拒绝的一种生存态度，学会倾听也是我们寻找快乐与走出寂寞的最佳方式。

大山在寂静中静静地倾听着每一颗小草和树叶的呼吸，大海在寂静中默默地聆听着每一朵浪花和白云的对话。大山因为倾听而厚重深远，大海因为倾听而辽阔深邃。

让我们也在寂寞中敞开心扉，去倾听另一颗灵魂的呼唤吧。

生命将因为你的倾听而更加完美，生命将也因为你的倾听而更加丰润。

倾听的学问

在一个主题“认识你自己——个人成长发展心理互动工作坊”的心理培训中心，有这样一个聆听游戏：两人一组，一个人连续说三分钟，另外一个人只许听，不许发声，更不许插话，可以有身体语言，之后换过来。结束以后每人轮流先谈一谈听到对方说了些什么，然后由对方谈一谈听者描述的听到的信息是不是自己想表达的。

最后结果显示：90%的人存在一般沟通信息的丢失现象，75%的人存在重要沟通信息的丢失现象，35%的听者和说者之间对沟通的信息有严重的分歧。例如：其中有一位想表达的意思是“婚姻是需要经营的”，而对方却听成了“在婚姻中不必过于勉强自己”，这是一种对沟通信息的完全曲解。

倾听的三个层次

认识自己的倾听行为将有助于你成为一名高效的倾听者。而有效的倾听是可以通过学习而获得的技巧。美国著名心理学家托马斯戈登研究发现，按照影响倾听效率的行为特征，倾听可以分为三种层次。一个人从层次一成为层次三倾听者的过程，就是其沟通能力、交流效率不断提高的过程。

层次一　在这个层次上，听者完全没有注意说话人所说的话，假装在听其实在考虑其他毫无关联的事情，或内心想着辩驳。他更感兴趣的不是听，而是说。这种层次上的倾听，导致的是关系的破裂、冲突的出现和拙劣决策的制定。

层次二　人际沟通实现的关键是对字词意义的理解。在第二层次上，听者主要倾听所说的字词和内容，但很多时候，还是错过了讲话者通过语调、身体姿势、手势、脸部表情和眼神所表达的意思。这将导致误解、错误的举动、时间的浪费和对消极情感的忽略。另外，因为听者是通过点头同意来表示正在倾听，而不用询问澄清问题，所以说话人可能误以为所说的话被完全听懂理解了。

层次三　处于这一层次的人表现出一个优秀倾听者的特征。这种倾听者在说话者的信息中寻找感兴趣的部分，他们认为这是获取新的有用信息的契机。高效率的倾听者清楚自己的个人喜好和态度，能够更好地避免对说话者做出武断的评价或是受过激言语的影响。好的倾听者不急于做出判断，而是感同身受对方的情感。他们能够设身处地看待事物，更多的是询问而非辩解。

学会高层次的倾听

据统计，约有80%的人只能做到层次一和层次二的倾听，在层次三上的倾听只有20%的人。如何实现高层次的倾听呢？以下是学习高层次倾听的一些方法：

专心　通过非语言行为，如眼睛接触、某个放松的姿势、某种友好的脸部表情和宜人的语调，你将建立一种积极的氛围。如果你表现得留意、专心和放松，对方会感到重视和更安全。

对对方的需要表示出兴趣　你带着理解和相互尊重进行倾听，表现出对对方需要的兴趣来。

以关心的态度倾听　像是一块共鸣板，让说话者能够试探你的意见和情感，同时觉得你是以一种非裁决的、非评判的姿态出现的。不要马上就问许多问题。不停地提问给人的印象往往是听者在受“炙烤”。

表现得像一面镜子　反馈你认为对方当时正在考虑的内容。总结说话者的内容以确认你完全理解了他所说的话。

避免先入为主　这发生在你以个人态度投入时。一个人的态度投入时，往往导致愤怒和受伤的情感，或者使你过早地下结论，显得武断。

使用口语　使用简单的语句，如“嗯”“哦”“我明白”“是的”或者“有意思”等，来认同对方的陈述。通过“说来我听听”“我们讨论讨论”“我想听听你的想法”或者“我对你所说的很感兴趣”等，来鼓励说话者谈论更多内容。

遵循这些原则将帮助你成为一名成功的倾听者。养成每天运用这些原则的习惯，将它内化为你的倾听能力，你也会对此带来的结果而不禁感到惊讶。

（选自2005年6月16日《参考消息》）

第五章　态势语训练

训练目标

1. 了解态势语在日常口语交际中的作用。

2. 掌握身姿语、手势语、表情语、服饰语运用的要领，养成恰当运用态势语的良好习惯，增强有声语言表达的表现力。

第一节　态势语概述

训练目标

1. 了解什么是态势语。

2. 了解态势语在有声语言表达中的作用。

3. 掌握态势语训练的基本要求。

训练指导

一　什么是态势语

人们在口语交际活动中，常常借助各种姿势、动作、表情来帮助自己表达思想感情。这些用来辅助表情达意的姿势、动作、表情，称为态势语或者体态语。态势语是口语表达中起辅助作用的"无声语言"，也是口语交际中能够传递信息的重要手段。

态势语

态势语的使用具有普遍性，也有民族性、地域特色。比如，叉开食指和中指，在多数地区表示成功或者胜利；把食指放在唇边，表示封口，不许说话；点头表示肯定、赞同；跷二郎腿，不停地抖动，表现出傲慢无礼等等。掌握态势语的特殊含义，有助于我们更好地了解口语交际对象的心理状态，实现口语交际的目的。

二　态势语的作用

1. 补充强化有声语言信息。在口语交际过程中，说话人的身姿体态、举手投足、神情变化，都会随着有声语言的表达，作用于口语交际对象的视觉和听觉，补充和强化所要表达的有声语言信息，增强有声语言表达的表现力和感染力。

2. 沟通有声语言交际者之间的情感。在交际过程中，说话者和听话者深情地对视，击掌、握手、热情的拥抱，都能起到“此时无声胜有声”的良好表达效果，达到沟通交流的目的。

3. 起到暗示的作用。态势语在口语交际过程中，可以启发、引导交际对象的思路，调节交际气氛，化不利、被动的局面为有利、主动的局面。

三　态势语训练的基本要求

和谐是态势语运用的基本要求。态势语是有声语言的辅助表达手段，只有与有声语言表达和谐统一，才会达到良好的效果。过分夸张，矫揉造作，不会起到良好的辅助作用，反而会影响口语交际表达效果。在口语交际活动中，态势语要与交际场合、交际对象、交际目的相符合，适应它们的需要。

其次，要自然大方，把握好分寸。注意适时、适量、适度，恰如其分，自然流露口语交际者的表达风格。切忌哗众取宠，僵化死板。

技能训练

中国餐桌礼仪常识

1. 入座。座次是“尚左尊东”“面朝大门为尊”。若是圆桌，则正对大门的是主客，主客左右手边的位置，则以离主客位置的远近距离来看，越靠近主客越尊贵，相同距离则左侧尊于右侧。若为八仙桌，如果有正对大门的位置，则正对大门的右侧为主客。如果不正对大门，则面东的一侧右侧位为主客、首席位。

2. 点菜。一顿标准的中式大餐，通常先上冷盘，接下来是热炒，随后是主菜，然后上点心和汤，当然如果感觉吃得有点腻，可以再来一盘餐后甜品，最后上水果。在点菜时还要注意客人的口味。

3.进餐。先请客人、长辈动筷。吃饭喝汤时声音小一些，不要打扰到同桌人。特别是有人吃东西，喜欢吧唧嘴，发出很响的声音来，这是很不礼貌的。

4.进食有骨头的菜肴时，不要直接往桌上吐，或者往地上吐，影响同桌人的胃口，最好是把骨头放在自己的盘子里。

5.夹菜。为客人夹菜，一定要用公筷，卫生又礼貌。

6.为别人倒茶倒酒，一定要记得“倒茶要浅，倒酒要满”的原则。

7.敬酒。主人敬主宾，陪客敬主宾，主宾回敬，陪客互敬。

餐桌禁忌：

1.不要在餐桌上剔牙，影响同桌的胃口。

2.用筷。不要把筷子直直的插到饭菜中间，寓意很不好；不要越过别人的筷子去夹菜；不要因为找自己喜欢的菜，在菜盘里扒拉；不要用筷子剔牙。

3.菜肴美味，不要一味地埋头苦干，要适时地和周围的人聊天，说几句风趣的话，调节气氛。

4.进餐时不要打嗝或是发出其他不文雅的声音。

5.如果宴席尚未结束，但是你已经用好餐了，也不要随意离席，等主人或主宾离席再离开。

6.为别人夹菜，记得“鸡不献头，鸭不献掌，鱼不献脊”。

7.尊重其他民族的饮食禁忌，要特别注意这一点，不能疏忽大意，尊重他人就是为自己赢得尊重。

8.敬酒。可以多人敬一人，但是不能一人敬多人，除非你是长者。

训练材料

小熊过桥　蒋应武

	手势语提示
小竹桥，摇摇摇，	五指交叉，双臂平放胸前，手腕前后晃动。
有只小熊要过桥。	左手五指并齐放在胸前，右手食指、中指左上，交叉向前，其余三指握在掌心。
立不稳，	左手仍旧放平，右手指尖向上，在左手臂上摇摆。

站不牢，	右手食指、中指并拢在左手臂上左右摇摆。
走到桥上心乱跳。	
头上乌鸦哇哇叫，	双手放在额前，手腕相叠，掌放平，左手上，右手下，做鸟叫状。
桥下流水哗哗笑。	手放在胸前，由左到右摆动，做流水状。
“妈妈，妈妈快来呀！	身体微侧，手放嘴边，做呼喊状。
快把小熊抱过桥！”	招手，双手在胸前做大圆，拥抱状，身体晃动。
河里鲤鱼跳出水，	右手从身体下方翻掌向上，手腕用力。
对着小熊高声叫：	抬头向上，双手放在嘴边做呼喊状。
“小熊，小熊不要怕，	手掌在胸前，掌心向外，在胸前摆动。
眼睛向着前边瞧！”	右手平放在胸前，向前伸出。
一二一，小熊过桥回头笑，	左手臂平放，右手食指、中指交叉向前，其余三指握在掌心。回头微笑。
鲤鱼乐得尾巴摇。	右手在胸前，左手在身后，同时摆动。

春之怀古 张晓风

春天必然曾经是这样的：从绿意内敛的山头，一把雪再也撑不住了，噗嗤的一声，将冷脸笑成花面，一首澌澌然的歌便从云端唱到山麓，从山麓唱到低低的荒村，唱入篱落，唱入一只小鸭的黄蹼，唱入软溶溶的春泥——软如一床新翻的棉被的春泥。

那样娇，那样敏感，却又那样混沌无涯。一声雷，可以无端地惹哭满天的云，一阵杜鹃啼，可以斗急了一城杜鹃花，一阵风起，每一棵柳都吟出一则则白茫茫、虚飘飘说也说不清、听也听不清的飞絮，每一丝飞絮都是一株柳的分号。反正，春天就是这样不讲理，不逻辑，而仍可以好的让人心平气和。

春天必然曾经是这样的：满塘叶黯花残的枯梗抵死苦守一截老根，北地里千宅万户的屋梁受尽风欺雪压犹自温柔地抱着一团小小的空虚的燕巢。然后，忽然有一天，桃花把所有的山村水郭都攻陷了。柳树把皇室的御沟和民间的江头都控制住了——春天有如旌旗鲜明的王师，因为长期虔诚的企盼祝祷而美丽起来。

而关于春天的名字，必然曾经有这样一段故事：在《诗经》之前，在《尚书》之前，在仓颉造字之前，一只小羊在啮草时猛然感到的多汁，一个孩子放风筝时猛然感觉到的飞腾，一双患痛风的腿在猛然间感到舒活，千千万万双素手在溪畔在塘畔在江畔浣纱的手所猛然感到的水的血脉……当他们惊讶地奔走相告的时候，他们决定将嘴嗾成吹口哨的形状，用一种愉快的耳语的声量为这季节命名——“春”。

鸟又可以开始丈量天空了。有的负责丈量天的蓝度，有的负责丈量天的透明度，有的负责用双翼丈量天的高度和深度。而所有的鸟全不是好的数学家，他们吱吱喳喳地算了又算，核了又核，终于还是不敢宣布统计数字。

至于所有的花，已交给蝴蝶去数。所有的蕊，交给蜜蜂去编册。所有的树，交给风去纵宠。而风，交给檐前的老风铃去——记忆，——垂询。

春天必然曾经是这样，或者，在什么地方，它仍然是这样的吧？穿越烟囱与烟囱的黑森林，我想走访那踯躅在湮远年代中的春天。

（选自《张晓风散文》，浙江文艺出版社1997年6月第1版）

第二节　态势语训练

训练目标

1. 明确态势语训练的内容和要求。

2. 正确运用身姿语、手势语、表情语、服饰语。

训练指导

一　身姿语

身姿语，是身体的姿态。人的身姿往往是心理状态的反映，也体现一个人的精神状态、

气质风度。不同的身姿，也传递着不同的口语交际信息。

1. 站姿。要求做到“站如松”，头正，肩平，腰直，身正，站稳。平行式，两脚掌平行，间隔10—20厘米，身体重心在两脚掌之间。前进式，一脚前，一脚后，间隔5—20厘米，身体重心在两脚掌之间。“正午十二点”，女士优雅站姿，一脚朝向正前方，另一只脚跟与前面脚掌在一条直线上，脚掌与前面一只脚

呈30—45度，身体重心在后脚掌上。

2. 坐姿。“坐如钟”，坐姿要求端正自然，挺胸抬头，双目平视，双肩平正放松，挺胸立腰，上身微微前倾，或者身体微侧，以示对交谈者的尊重和专注。坐在坐具的前部二分之一，或者三分之二。

3. 走姿。头正肩平，挺胸立腰，走姿稳健优美，两臂自然摆动，脚步轻捷，步幅、步速要适中。

技能训练

1. 以小组为单位，轮流登台做自我介绍，其他小组评议身姿是否符合要求，提出改正建议。

2. 按照正确坐姿、站姿、走姿要求分组练习、评议，选出优秀展示小组。

训练指导

二　手势语

手势语主要是指口语交际中手和臂的动作。手势语生动丰富，千姿百态，被称为口语交际者的“第二张脸”。它在教育教学活动、日常交往、演讲表演等活动中有很高的使用频率，能够充分辅助口语交际者实现交际目的，展示个性特征和风度气质。

手势语可以分为四种：情意手势，用来表达口语交际者的情感；指示手势，指明要说的人、事、物、方向等；象形手势，用来描摹具体的人、事、物的形貌；象征手势，用来表达特定的抽象概念。

手势的活动区域表达丰富的含义。手势的活动范围一般分为三个区域：肩部以上为上区，表示积极、振奋、张扬等褒义情感；肩部至腰部为中区，表示坦诚、平静、淡定等中性情感；腰部以下为下区，表示鄙视、压抑、否定、憎恶等贬义的情感。

在口语交际活动中，手势语的运用要有明确的目的，克服随意性。手势运用要简洁、自然、适度、有力，还要规范，与有声语言交际表达内容相协调，手随心行，话到手到。

技能训练

(一)常用手势训练:

1.小朋友们,跟我来!(手臂前伸,五指微微弯曲。)

2.我们一定要把军训搞好。(手臂微微弯曲,放在胸前,握拳。)

3.战士们齐声高呼:誓与大堤共存亡!(手臂抬起,大臂与肩齐平,小臂与大臂呈垂直状,握拳,振动。)

4.不,今天我不能去。(手臂前伸,微曲,掌心向前,摆动。)

5.你说话小声点儿,不要影响别人。(食指放在唇边,封口状;掌心向前,臂弯曲,在胸前下压;立掌左右摆动。)

6.欢迎各位领导,到幼儿园指导工作!(双手交叉合掌贴在腹部,上身微微弯曲鞠躬,伸出手臂微弯曲,由左到右或者由右到左指引。)

7.走着瞧吧,总有一天,你会变成碎片儿!(伸出食指,握紧其余四指,向下摆动食指。)

(二)手势语片段训练:

0的断想	手势语提示
0是谦虚者的起点,	抬起小臂,伸出手掌由左到右,掌心向上。
骄傲者的终点。	翻转手掌,掌心向下。
0的负担最轻,	掌心向上,在胸前由下向上托起。
但任务最重。	掌变拳,翻转,在胸前下压。
0是一面镜子,	拳变掌,掌心向内,照镜子状。
让你认识自己。	
0是一只救生圈,	翻转掌心向下,由左到右,上下摆动手腕。
让弱者随波逐流。	
0是一面敲响的战鼓,	举起右手,握拳。
叫强者奋勇前进。	抬臂,振动小臂,有力。

训练材料

1.请为下面的诗句设计身姿语、手势语。

0的断想

0是一片肥沃的土地，可以播下我们的希望。
0是一滴晶莹的雨露，可以滋润我们的心田。
0是一张洁白的纸，可以描绘我们未来的蓝图。
0是一缕袅袅的炊烟，可以勾起我们无限的乡思。
0是一种态度，可以纯净我们的心灵。
0是一次团圆，可以传递千家万户的期盼。

窗的断想
窗，是瞭望的视点。
窗，是连接两个世界的通道。
窗，可以是有形的；
窗，可以是无形的。
窗，可能有自己丰富的经历；
窗，可能是生活无声的见证。
窗，是镜子，使我们看到五彩缤纷的世界；
窗，是箱子装载我们无数的奇思妙想。
窗，是一双手，拉着我们走进神奇的大自然；
窗，是一座桥，给了我们一条走进心灵的路。
窗，是一颗红心，让我们感受到万物的温馨；
窗，是一对翅膀，带着我们去蓝天翱翔！

训练指导

三　表情语

表情语是指人的面部肌肉、眼神、眉、嘴等的变化状态。面部表情的不同往往反映出口语交际者不同的内心活动。在口语交际活动中，表情语是最丰富，最富有表现力的，能够最迅速、最灵敏、最准确、最充分的反映口语交际者的各种感情。微笑是口语交际最常用的基本面部表情，也是教师的职业表情。目光是表情语的核心。

在教育教学活动中，教师的面部表情要随着教育教学内容和学生的情感共鸣而变化，眼神是面部表情达意最丰富的渠道，正视表示诚恳、庄重；斜视表示蔑视；环视表示与众人交流、关注；仰视表示崇敬；俯视表示关心等等。教师的眼神要灵活,有神采。

技能训练

1. 根据词语做出相应的面部表情。

喜笑颜开	怒目圆睁	双眉紧锁	白眼相待	举目仰视
低眉顺眼	冷眼旁观	神采奕奕	炯炯有神	目不转睛

2. 分小组做"我说你做"的游戏。

(1)小鸡迷路了,哭得好伤心。

(2)小青蛙发愁了,到哪里去找妈妈呢?

(3)长颈鹿个子太高了,买不到合适的围巾,心里着急。

(4)小白兔害怕地说:"那我怎么办呢?"

(5)小熊难为情地说:"我睡懒觉了。"

(6)小兔子玩累了,躺在床上,睡着了。

(7)小马高兴地叫起来:"河水不像牛伯伯说的那样浅,也不像小松鼠说的那样深,刚刚没过我的膝盖。"

(8)牛伯伯慈祥地问小猴儿:"世界上最美的是什么呢?"

训练指导

四　服饰语

古今中外,服饰着装从来都体现着一种社会文化,服饰体现出的一个人的文化修养和审美情趣,是一个人的身份、气质、内在素质的无声语言,即服饰语。从某种意义上说,服饰是一门艺术。

服饰所能传达的情感与意蕴,甚至不是用语言所能替代的。在不同场合,穿着得体、适度的人,给人留下良好的印象,而穿着不当,则会降低人的身份,损害自身的形象。我国已故的周恩来总理在着装方面为后人树立了得体潇洒的典范。不论在任何条件下,他都把衣着的整洁合体,姿态端庄,一举一动,彬彬有礼,光明磊落,待人谦虚,亲切、诚恳、直率作为做人的准则。

在口语交际场合,得体的服饰是一种礼貌,一定程度上直接影响着人际关系的和谐。影响着装效果的因素,一是要有文化修养和高雅的审美能力,即所谓“腹有诗书气自华”。二是要有运动健美的素质。健美的形体是着装美的天然条件。三是要掌握着装的常识、着装原则和服饰礼仪的知识，这是达到内外和谐美的不可或缺的条件。

着装的TPO原则。TPO是英文Time Place Object三个词首字母的缩写。T代表时间、季节、时令、时代；P代表地点、场合、职位；O代表目的、对象。着装的TPO原则是世界通行的着装打扮的最基本的原则。它要求人们的服饰应力求和谐，以和谐为美。着装要与时间、季节相吻合，符合时令；要与所处场合环境，与不同国家、区域、民族的不同习俗相吻合；符合着装人的身份，要根据不同的交往目的，交往对象选择服饰，给人留下良好的印象。

根据TPO原则，服饰着装应注意以下几个问题：

(1)着装应与自身条件相适应。选择服装首先应该与自己的年龄、身份、体形、肤色、性格和谐统一。年长者，身份地位高者，选择服装款式不宜太新潮，款式简单而面料质地则应讲究些。青少年着装要着重体现青春活力，朴素、整洁为宜，清新、活泼最好，“青春自有三分俏”。形体条件对服装款式的选择也有很大影响。身材矮胖、颈粗圆脸形者，宜穿深色低“V”字形领，大“U”形领套装，浅色高领服装则不适合。而身材瘦长、颈细长、长脸形者宜穿浅色、高领或圆形领服装。方脸形者则宜穿小圆领或双翻领服装。身材匀称，形体条件好，肤色也好的人，着装范围则较广，可谓“浓妆淡抹总相宜”。

(2)服饰着装应与职业、场合、交往目的对象相协调。着装要与职业、场合相适宜，工作时间着装应遵循端庄、整洁、稳重、美观、和谐的原则，给人以愉悦感和庄重感。从一个单位从业者的着装和精神面貌，便能体现这个单位的工作作风和发展前景。现在越来越多的组织、学校开始重视统一着装，这不仅给了着装者一分自豪，同时又多了一分自觉和约束，成为一个组织、一个单位的标志和象征。着装应与场合、环境相适应。正式社交场合，着装宜庄重大方，不宜过于浮华。参加晚会或喜庆场合，服饰则可明亮、艳丽些。节假日休闲时间着装应随意、轻便些。家庭生活中，着休闲装、便装更益于家人之间沟通感情，营造轻松、愉悦、温馨的氛围。但不能穿睡衣拖鞋到大街上去购物或散步，那是不雅和失礼的。

(3)服饰着装应与交往对象、目的相适应。与外宾、少数民族相处，更要特别尊重他们的习俗禁忌。总之，着装的最基本的原则是体现“和谐美”，上下装呼应和谐，饰物与服装色彩相配和谐，与身份、年龄、职业、肤色、体形和谐，与境和谐等。

教师的服饰应该与教育教学内容、目的、对象相结合，端庄得体，简洁大方，自然和谐，体现教师应有的文化修养、审美情趣、个性特征。

技能训练

1. 分组讨论，根据交际场合、交际目的、交际对象的不同，为下列情境人物提出恰当的服饰建议。

（1）王玲（女）去参加幼儿教师资格证面试。

（2）李建（男）参加小学教师教师资格证面试。

（3）李红（女）参加表姐的结婚典礼、婚宴。

（4）张莉（女）参加爷爷八十岁寿宴。

（5）林萍（女）带领大班小朋友户外郊游。

（6）李雨（女）给中班小朋友讲故事《卖火柴的小女孩》。

（7）王萌（女）指导语言表演活动课《拔萝卜》。

训练材料

教师的衣着美　　李荣启

教师是知识和教养的化身，是新一代的塑造者。教师端庄的仪态，优雅的风度，得体的着装，不仅能给学生留下可亲可敬可模仿的美的形象，而且有助于教育教学的成功。教师的衣着历来受到教育家们的重视，并在自己的教育实践中身体力行。我国著名教育家蔡元培先生，每次去学校给师生讲话或上课，必要换上浆洗得十分清爽的衣服，系好纽扣后，还要对着穿衣镜整一下容。进入教室前，也要习惯地整一整衣装，再从容地走上讲台。

由于教师职业的特殊性，其着装既不能像军人那样整齐划一，也不能像演员那样装饰华丽。教师的着装应该既符合自己的职业要求，又具有相应的审美效果。

教师的衣着样式要得体、素雅大方。心理学研究表明，新异强烈的刺激物容易引起学生的注意力涣散。所以教师在着装上应大众化，不标新立异，不穿奇装异服。教师的服装样式在设计上应注意到教师工作的特点，如袖子要适合抬胳膊，袖根既不要太瘦小，也不宜过于肥大。女教师上衣的前襟装饰不宜过多、过大，要显出自然清新而又雅致大方之美。倘若浓妆艳抹，满身透着珠光宝气，就会显得浅薄俗气。

教师的服饰要整洁干净，色调适中。衣装整洁干净，方能显示教师的精神风貌。有些老师的着装，虽说赶不上时尚，式样老了点，色调差一些，但由于保持干净平整，穿在身上又适身合体，也能给人一种整洁朴素之美。作为教师，如果不修边幅，衣服肮脏，不仅会使学生厌恶反感，而且也不能表现出端庄文雅的风度。

此外，教师服装的款式、色调应与穿着者的年龄、体型、性格等相协调。中老年教师成熟干练、庄重沉稳宜选择西服、中式装、中山装和款式大方雅致的夹克衫等。服装色调宜采用既高雅稳重又流行的“中性”色调，诸如浅驼色、米黄色、银灰色等，还可点缀小花、暗格、隐条图案。青年教师性格活泼、富有朝气，服装款式宜新颖大方，色调宜明快清爽，尽量在穿着打扮上与学生的审美观相接近。要利用色彩的视错觉，巧妙地选择服装面料的颜色。体胖的人，应选用色彩纯度较低、较深暗的服装；体瘦的人宜选择亮度纯度较高的暖色服装。还应注意到服装的表情性，使服装颜色的冷暖与性格的刚柔巧妙配合，以弥补性格上的不足。一般来说，性格孤僻冷漠的教师，不宜穿黑色、深蓝等冷色调的服装，以免使学生觉得你冷若冰霜，敬而远之；性格急躁、易动感情的教师，不宜穿红色、橙色等色调艳丽、强烈的衣服，以免使学生觉得你气势逼人，畏而远之。

教师的着装也应与不同的环境、场合相适宜。平时给学生上课，着装要端庄、规范。但与学生一起参加劳动或外出郊游时，则不必“西装革履”，宜穿上得体的便装或轻便的运动装，显得活泼洒脱，能使学生感到亲切自然。

总之，得体的衣饰打扮，能衬托出教师美的仪态和风貌。

（选自《教师口语训练手册》，首都师范大学出版社1994年6月第1版）

第六章　口语表达训练

训练目标

1. 了解口语表达训练的主要内容。
2. 掌握常用口语表达的技能技巧。
3. 能够在各种场合熟练运用不同的口语表达方式。

第一节　讲故事训练

训练目标

1. 明确讲故事的要求。
2. 了解讲故事的作用。
3. 掌握并熟练运用讲故事的技能技巧。
4. 能够流畅绘声绘色地讲故事。

训练指导

一　讲故事概述

讲故事，就是把我们看到的、听到的和自己编的故事，用口头语言绘声绘色地讲给别人听。讲故事是人们喜闻乐见的一种口语表达方式，也是教师在教育教学活动中常用的教学方式。

讲故事

讲故事，有助于开阔视野，增长知识，认识生活，积累生活经验，发展思维，获得精神上的愉悦，陶冶高尚的思想情操。一般故事情节生动，容易吸引孩子的注意力，能够培养孩子的专注、坚持的意志品质，激发孩子联想、想象的创造性思维。故事语言生动活泼，浅显简短，容易感知和吸收,是培养幼儿语言能力有效手段。因此,讲故事不仅是寓教于乐的有效方式,也是对幼儿进行教育教学的最佳形式。

技能训练

明天,妈妈不在家

熊妈妈对熊孩子说:“宝贝,妈妈明天不在家,你能照顾自己吗?”

熊孩子在被窝里说:“不能不能不能!”

熊妈妈说:“嗯,我就知道你不能,所以,妈妈明天就不去外婆家了。”

“我能我能,去吧去吧。”熊孩子一边说一边蹬被子。

太阳升得老高了,熊孩子还钻在被窝里。它用被子蒙住自己的脸,偷偷地笑。嘿嘿,妈妈明天不在家。

第二天,熊孩子听见妈妈在穿衣服,在走路,在厨房里忙碌,在储藏室里叮叮当当找东西。

熊孩子想:“噢,妈妈一定是在给外婆准备礼物。”

不一会儿,它就听见妈妈的脚步声奔它的小床来了,熊孩子赶忙闭上眼睛,假装睡得很踏实。

熊妈妈熟悉的味道,直往小熊鼻子里钻。熊妈妈在熊孩子的脸蛋上轻轻地吻了一下,小声说:“妈妈走啦,宝贝!”

妈妈的脚步声一点儿一点儿远了,最后,房门哐当一响。

哈哈哈,妈妈走啦,妈妈不在家。熊孩子一脚踢开被子。

熊孩子自己动手穿衣服,它手忙脚乱,总算把衣服穿好了。可是,却把衣服的扣子扣错了。这样,它的衣服下摆,一边长,一边短。

熊孩子拿起小喷壶,给花儿浇了浇水,妈妈在家的时候,就是这么干的。

下面,该是扫地了。熊孩子发现扫地并不是件容易的事,那些小纸屑小布条小塑料纸什么的,都像长了脚一样,你往这边扫,它们往那边跑;你往那边扫,它们就往这边跑。

谢天谢地,熊孩子终于扫完地了。它拎着拖把就到了自己的小房间,它的小床下面,它从来不让妈妈去扫。它说,它要亲自打扫。

熊孩子用拖把往床下一桶,一个乒乓球蹦蹦跳跳出来了。啊,哈哈哈,宝贝在这里呀!

熊孩子用拖把一划拉,呀,找了很久的一只袜子跑出来了,嘿嘿,真不知道下面还藏了多少宝贝。

熊孩子趴在地上,想看看里面还有什么,可是,一股臭味跑了出来,啊,是自己的一双臭鞋子。

熊孩子倒拿着拖把,一次挑了一只鞋子,咕咚咕咚全扔进卫生间的盆子里。

洗鞋子,这可是件不容易的事。熊孩子不知道是用洗洁精,肥皂,还是洗衣粉,还是别的什么东西。妈妈每次给它洗干净的衣服和鞋子,总有一种香喷喷的味道。它想,会不会是用香水呢?

熊孩子来到妈妈的房间,从妈妈的梳妆台上取下了香水,刚要离开,突然听见门后有人说话:“嘿,宝贝,你拿香水做什么?”

啊,是妈妈。熊孩子吓得差点儿把香水瓶子掉在地上。

原来,熊妈妈并没有去外婆家,它只是想看看熊孩子一个人在家的时候,害怕不害怕。

乌鸦和狐狸

关于阿谀拍马的卑鄙和恶劣,我们不知被告诫过多少遍了,然而总是没有用,拍马屁的人总会在我们心里找到空子。

上帝不知怎么赏给乌鸦一小块儿乳酪,乌鸦躲到一棵树上,准备享受它的口福了。但是它的嘴半开半闭,含着那小块儿美味儿的东西在沉思。

不幸,这时候跑过一只狐狸,一阵香味儿立刻使它停住了。它瞧瞧乳酪,舔舔嘴。偷偷地走到树下,卷起尾巴,目不转睛地瞅着。它那么柔和地说话,一个字一个字都是细声细气的。

“你是多么美丽呀,甜蜜的鸟,那脖子,哟,那眼睛,美丽得像个天堂的梦!而且,怎样的羽毛!怎样的嘴呀!只要你开口,一定是天使的声音。唱吧,亲爱的,别害臊!啊!小妹妹,说实话,你出落得这样美丽动人,要是唱得同样美丽动人,那么在鸟类之中,你就是令人拜倒的皇后了!”

那傻东西被狐狸的赞美搞得昏头昏脑,高兴得连气也透不过来了,它听从狐狸的柔声劝诱,提高嗓门儿,尽乌鸦之所能,叫出刺耳的声调。

乳酪掉下去了!——乳酪和狐狸都没影儿了。

训练指导

二　讲故事的要求

讲故事，首先必须恰当地选择故事。故事作品数量多，类型丰富多彩，篇幅长短不一。讲故事要根据听故事的目的、对象有针对性地选择故事材料。选择的故事要求：第一，思想内容健康积极向上，具有真、善、美的内涵，对幼儿的健康成长是有益的。第二，情节曲折有趣，形象生动鲜明，能够吸引幼儿的注意力。第三，叙事方式和表现手法符合幼儿的思维的特点。第四，语言要浅显、生动、形象化、口语化，利于幼儿吸收优美的词语、精当的表达方式，朗朗上口，适合幼儿语言接受水平和特点，便于幼儿学讲故事。

讲故事，必须熟悉故事。要记熟故事的题目，把握角色和环境，理解故事主题思想，记熟故事情节和角色语言，理清故事情节线索，列出故事情节发展提纲，帮助自己记熟故事，才能做到熟能生巧。

讲故事，要对故事进行在创作。在熟悉故事的基础上对故事材料进行加工处理。调整情节内容，使情节紧凑；增加细节描述，使情节生动有趣；添加设问，设置悬念，提高幼儿的注意力。调整语言，改换句式，把书面语改为浅显易懂规范的口头语，力求语言生动活泼，易于幼儿接受，利于提高幼儿的语言水平。

技能训练

小马过河　　彭文席

马棚里住着一匹老马和一匹小马。

有一天，老马对小马说："你已经长大了，能帮妈妈做点事吗？"小马连蹦带跳地说："怎么不能？我很愿意为您做事。"老马高兴地说："那好哇，你把这半口袋麦子驮到磨坊去吧。"

小马驮起麦子，飞快地往磨坊跑去。跑着跑着，一条小河挡住了去路，河水"哗哗"地流着。小马为难了，心想：我能不能过去呢？如果妈妈在身边，问问她该怎么办，那多好哇！

它向四周望望，看见一头老牛在河边吃草。小马"嗒嗒嗒"跑过去，问道："牛伯伯，请您告诉我，这条河，我能蹚过去吗？"老牛说："水很浅，刚没小腿，能蹚过去。"

小马听了老牛的话，立刻跑到河边，准备蹚过去。突然，从树上跳下一只松鼠，拦住它大叫："小马，别过河，别过河，河水会淹死你的！"小马吃惊地问："水很深吗？"松鼠认真地说："深得很呢！昨天，昨天我的一个伙伴就是掉进这条河里淹死的！"

小马连忙收住脚步，不知道怎么办才好。它叹了口气，说："唉，还是回家问问妈妈吧！"

小马甩甩尾巴，跑回家去。妈妈问："怎么回来啦？"小马难为情地说："一条河挡住了，我……我过不去。"妈妈说："那条河不是很浅吗？"小马说："是啊！牛伯伯也这么说。可是小松鼠说河水很深，还淹死过它的伙伴呢！"妈妈说："那么河水到底是深还是浅？你仔细想过他们的话吗？"小马低下了头，说："没……没想过。"妈妈亲切地对小马说："孩子，光听别人说，自己不动脑筋，不去试试，是不行的。河水是深是浅，你去试一试就会明白了。"

小马跑到河边，刚刚抬起前蹄，松鼠又大叫起来："怎么，你不要命啦！"小马说："让我试试吧。"它下了河，小心地蹚了过去。原来，河水既不像老牛伯伯说的那样浅，也不像松鼠说的那样深。

训练指导

三　讲故事的技巧

故事，着重于事件情节过程的描述，强调角色的形象性和情节的连贯性，以及生动性。在故事讲述中要把角色形象、事件过程和环境氛围呈现在听众面前，做到使人如闻其声、如见其形、如临其境，吸引幼儿，使之受到感染，收到良好的教育教学效果。

1.设计好故事的开头和结尾

根据故事的特点和讲故事的目的设计好开头语和结束语。故事开头要有吸引力，能够激发幼儿倾听故事的欲望；故事的结尾要能够引发幼儿思考，有回味的余地。

技能训练

白云枕头

小朋友,你们会和小伙伴吵架吗? 吵架了心里难受吗?

美丽的森林里有一幢蘑菇房,里面住着一只活泼可爱的小白兔。隔壁邻居胖小猪,住在又大又明亮的平房里。

胖小猪和小白兔本来是最要好的朋友,可是今天却为了一件小事吵架了。小白兔说:"哼,叫你夜里睡不着觉!"胖小猪说:"哼,叫你的毛变得黑黑的!"它俩都气呼呼地回家了。

到了晚上,怪事发生了。胖小猪本来一挨上枕头就会呼噜呼噜睡着了,可是今天却翻来覆去总睡不着。数到一百还是睡不着。"哎呀,难受死了!"小白兔呢,睡觉前总要照照镜子。今天一照啊,吓了一跳。一身雪白雪白的毛全变黑了。用水洗,用肥皂擦,一点没用,还是黑黑的。"哎呀,脏死了!"小白兔哭了一夜,胖小猪也一夜没睡。

第二天,无精打采的胖小猪看见了同样无精打采的小白兔,发现它真的变黑了,吓了一大跳。"我真是一只坏猪,我昨天不该说你的。"小猪在心里骂自己,它难过地跑上山顶,躲了起来。

胖小猪爬上高高的山顶,看见一朵朵白云在脚下飘过,它想,"用白云洗个澡,小白兔会变白的吧?"胖小猪呼哧呼哧奔下山。回家拿了条大口袋,又呼哧呼哧爬上山顶。它抓住了好几朵白云装进大口袋,一会儿就装满了。胖小猪背着一大口袋白云下了山,满头大汗地来到小白兔面前,"你,你,你洗个白云澡吧。会,会,会变白的。"说完,胖小猪就难为情地跑回家去了。小白兔从口袋里捧出一朵白云往身上一擦,"嘿! 真灵!"擦过的地方立刻又变得雪白雪白,小白兔真是高兴极了。多好的白云呀! 它真舍不得全用完。

晚上,胖小猪躺在床上,翻来覆去还是睡不着,它数到二百还是醒着,它难过得想哭了。嗒嗒,是小白兔来了,怀里抱着个大枕头。胖小猪一看,"哟,小白兔真白! 真好看!"小白兔说:"这是用白云缝的枕头,给你枕吧。"说完,它把枕头往胖小猪怀里一塞,就难为情地跑回家去了,小猪高兴地抱着枕头回到床上,又开始数数,不过还没数到十,它就呼呼进入梦乡了,梦里,它跟小白兔在森林里快乐地玩耍……

从此，胖小猪和小白兔成了森林里形影不离的好朋友！他们再也不吵架了。

小鼹鼠的面包床

鼹鼠妈妈找哇找，找到一小块儿面包。它想：这面包香喷喷的，我的小鼹鼠一定爱吃。它拖呀拖呀，把面包拖回家。

小鼹鼠抱住面包，咬了起来："这面包真香！真好吃！"

鼹鼠妈妈听了，高兴得合不拢嘴，说："小乖乖，你喜欢面包，妈妈再给你找！"

鼹鼠妈妈又出去找面包。这回它找到一片面包。它想：这面包片又平又软，给我的小鼹鼠当床铺正合适。它拖呀拖呀，拖回了家。

这面包真大，差点儿进不了门。小鼹鼠看见了，在面包床上翻筋斗："这床又软又舒服，还香喷喷的呢！"

过了几天，鼹鼠妈妈一看，面包床怎么没有了？小鼹鼠说："面包床真香，真好吃，都被我吃光啦！妈妈再给我找一张吧！"

鼹鼠妈妈又去找哇找，总算找到一块儿面包。刚刚烤好，特别香。

这面包好大，鼹鼠妈妈搬不动，喊来鼹鼠爸爸，一个抱，一个推，哼哧哼哧，好不容易才把大面包搬到家门口。

面包大，门儿小，怎么也进不去。有什么办法呢？鼹鼠妈妈想了好一会儿，才想出个好办法：嗯，做成房子给小鼹鼠住。

鼹鼠妈妈和鼹鼠爸爸把面包抬到空地上。鼹鼠妈妈在面包上啃了一个小洞当门，让小鼹鼠钻进去。小鼹鼠躺在面包房子里，吃了睡，睡了吃，比谁都快活。

太阳出来了，照在面包房子上，里面暖和极了。小松鼠来喊小鼹鼠出去玩，可是小鼹鼠说："不，我不出去！外面太冷了，瞧，我的面包房子，就像生了火炉，可暖和啦，真舒服！"

小鼹鼠一动不动地呆在面包房子里，长成了大胖子。

有一天下起了大雨，雨水把面包房子泡成了一堆稀泥。鼹鼠妈妈跑出来一看，只见旁边有个"大泥球"在滚来滚去。哟，这"大泥球儿"是谁呀？原来这"大泥球"就是小鼹鼠呀！

小朋友想一想，小鼹鼠为什么会变成胖胖的"大泥球儿"呢？

训练指导

2.表达好叙述语言和角色语言

讲故事要求语言必须准确、清晰、生动，语气、语速的运用要符合故事情节的发展和角色性格特征，以及心理变化，要特别注意故事中叙述语言和角色语言的区分，并且要把二者进行区分。叙述语言，需要根据故事内容、目的、风格的不同，运用与之相适应的基本语气。要体现讲故事者的客观性，用声自然平稳，也要体现出讲述着的态度、感情、思想倾向，语气、语速、节奏、音量等要随着情节的发展变化而波澜起伏。

故事中的角色语言，要有故事角色的“角色感”，做到“声如其人”，着力显现角色性格特征、思想感情、心理活动，抓住角色的特征和心理活动特点。比如，谦虚的角色说话平和、坦诚，骄傲的角色说话声高气满，盛气凌人；自尊自爱的角色说话不卑不亢，冷静淡定，奉承拍马的角色说话低声下气，谄媚讨好；性格刚强的角色说话铿锵有力，底气十足，性格懦弱的人说话有气无力，声音软塌，犹豫不定。注意在生活中细心观察，吸取模仿各类角色的用声特点，在故事讲述中适当夸张地加以运用。

技能训练

猴儿吃西瓜

猴儿王找到个大西瓜。可是怎么吃呢？这个猴儿啊，是从来也没有吃过西瓜。忽然它想出一条妙计，于是就把所有的猴儿都召集来了，对大家说：“今天我找到一个大西瓜，这个西瓜的吃法嘛，我是全知道的。不过我要考一考你们的智慧，看你们谁能说出西瓜的吃法。要是说对了，我可以多赏它一份儿；要是说错了，我可要惩罚它！”小毛猴一听，搔了搔腮说：“我知道，吃西瓜是吃瓤儿！”猴儿王刚想同意。“不对！我不同意小毛猴的意见。”一个短尾巴猴说，“我清清楚楚地记得，我和我爸爸到我姑妈家去的时候，吃过甜瓜。吃甜瓜是吃皮，我想甜瓜是瓜，西瓜也是瓜，当然该吃皮啦！”大家一听，有道理，可到底谁对呢，于是都不由得把目光集中到一只老猴儿身上。老猴儿一看，出头露面的机会来了，就清了清嗓子说道：“吃西瓜嘛，当然……是吃皮啦！我从小就吃西瓜，而且一直是吃皮。我想我之所以老而不死,也正是由于吃了西瓜皮的缘故!”

有些猴儿早等急了,一听老猴儿也这么说,就跟着嚷起来,“对!吃西瓜吃皮!”“吃西瓜吃皮!”猴儿王一看,认为已经找到了正确的答案,就向前跨了一步,开言道:“对!大家说得都对,吃西瓜是吃皮!哼,就小毛猴崽子说吃西瓜是吃瓤儿,那就叫它一个人吃,咱们大家都吃西瓜皮!”于是西瓜一刀两断,小毛猴儿吃瓤儿,大家伙儿是共分西瓜皮。

有个猴儿吃了两口,就捅了捅旁边说:“我说这可不是滋味啊!”“咳——老弟,我常吃西瓜,西瓜嘛,就这味儿……”

训练指导

3.恰当地运用态势语

讲故事,不仅是“讲”,更具有很强“演”的成分。眼神、姿势、动作、表情等态势语的辅助功能要充分调动起来,充分发挥作用,使角色情境逼真,增强故事的表现力。态势语的运用要贴切自然,随着故事内容的发展而变化,面部表情明确,手随心动,话到手到,协调一致,略带夸张。

技能训练

大山的回答

有一个孩子跑到山上,无意间对着山谷喊了一声:“喂——”声音刚落,从四面八方传来了阵阵“喂——”的回声。大山答应了。孩子很惊讶,又喊了一声:“你是谁?”大山也回应:“你是谁?”孩子喊:“为什么不告诉我?”大山也说:“为什么不告诉我?”

孩子忍不住生气了,喊道:“我恨你。”他哪里知道这一喊不得了,整个群山传来的声音都是:“我恨你——我恨你……”

孩子哭着跑回家,告诉了妈妈,妈妈对孩子说:“孩子,你回去对着大山喊,我爱你,试试看结果会怎样,好吗?”

孩子又跑到山上。果然,这次孩子被包围在“我——爱——你,我——爱——你……”的回声中。

孩子笑了,群山也笑了。

狐狸和猫　　德国　格林

猫在森林里偶遇狐狸先生，猫心想："狐狸很聪明，经历过很多事，在这世间也算是身经百战的了。"于是便很友好地对狐狸说："你好，亲爱的狐狸先生，您过得怎么样？平时如何谋生？时局艰难，应该怎样生活才好？"

心高气傲的狐狸，把猫从头到脚打量了一番之后，想了好一会儿，都拿不准是否应该给它一个正经回答。最后，狐狸开口说道："噢，你这个穷困的胡须清洁工、五彩斑斓的傻子、成天忍饥挨饿的可怜虫，老鼠猎人，你究竟是怎么想的？竟然觉得自己有资格问我过得怎么样？你都学了些什么？你懂得多少种本事呢？"

"我只有唯一的一样本事。"猫十分谦虚地回答道。

"那究竟是怎样的本事？"狐狸问猫。

"当狗在后面撵我的时候，我可以一下子跳到树上，救自己一命。"

"就这本事？"狐狸说，"我可是精通上百种技艺，还有满脑子的锦囊妙计傍身。你真让我觉得凄惨又可怜，跟我走吧，我会教你怎么摆脱狗的追捕。"

刚好这时候，有个猎人带着四条猎犬过来了。猫身手矫捷地跳到了一棵大树上，爬到树顶，坐了下来。树枝和树叶把他遮挡得严严实实。

"打开锦囊妙计啊，狐狸先生，打开锦囊妙计！"猫冲着狐狸喊道。

然而，那些猎犬已经将狐狸扑倒，牢牢逮住了。

"唉，狐狸先生，"猫继续喊道，"精通上百种技艺，还不是无从施展。如果你能像我一样爬上树，也不至于如此简单就丢了命啊。"

训练指导

4.恰当运用口技、拟声词模拟音响

讲故事要使听众身临其境，如闻其声，如见其人，角色形象特征鲜明，典型突出，情节生动有趣，可以模仿自然界的风声、雨声、流水声，模仿人的笑声、哭声等，也可以模仿各种动物的鸣叫声、汽笛声、枪炮声，起到渲染烘托环境气氛的作用，增强故事的真实性和形象性，加强口语的表达效果。

技能训练

拔萝卜　　阿·托尔斯泰

春天，老公公买到一粒特殊的种子，他把奇怪的种子种到了地里。没过几天，就长出了一个萝卜。于是，老公公天天给萝卜浇水。老公公对着萝卜说："长吧，长吧，萝卜啊，长得甜啊！长吧，长吧，萝卜啊，长得大啊！"萝卜就像听懂了老公公的话一样，越长越大，大得像房子一样。

秋天，老公公来拔萝卜啦。他拉住萝卜叶子，"嗨哟，嗨哟"拔呀拔，拔不动。老公公叫老婆婆来帮忙，老公公喊："老婆婆，老婆婆，快来帮忙拔萝卜！""哎——来了，来了。"老婆婆拉着老公公，老公公拉着萝卜叶子，"嗨哟，嗨哟"拔呀拔，还是拔不动。老婆婆喊："小姑娘，快来帮忙拔萝卜！""哎——来了来了。"小姑娘拉着老婆婆，老婆婆拉着老公公，老公公拉着萝卜叶子"嗨哟，嗨哟"拔呀拔，还是拔不动。小姑娘喊："小花狗，快来帮忙拔萝卜！""汪汪汪！来了来了。"小花狗拉着小姑娘，小姑娘拉着老婆婆，老婆婆拉着老公公，老公公拉着萝卜叶子，"嗨哟，嗨哟"拔呀拔，还是拔不动。小花狗喊："小花猫，快来帮忙拔萝卜！""喵喵喵！来了来了。"小花猫拉着小花狗，小花狗拉着小姑娘，小姑娘拉着老婆婆，老婆婆拉着老公公，老公公拉着萝卜叶子，"嗨哟，嗨哟"拔呀拔，还是拔不动。小花猫喊："小老鼠，快来帮忙拔萝卜！""吱吱吱！来了来了。"小老鼠拉着小花猫，小花猫拉着小花狗，小花狗拉着小姑娘，小姑娘拉着老婆婆，老婆婆拉着老公公，老公公拉着萝卜叶子，"嗨哟，嗨哟"拔呀拔。大伙儿使劲儿地拔呀拔，累得满头大汗。大萝卜有点儿松动了。于是，大家再用力地拔呀拔，大萝卜终于拔出来了。

看着这个比房子还大的萝卜，老公公可高兴啦！小姑娘和小动物们围着萝卜又蹦又跳。老公公又做了一个好大好大的推车。大伙儿一起使劲儿地把萝卜推上了车，他们高高兴兴地帮老公公和老婆婆把萝卜拉回了家。

骄傲的大公鸡

从前，有人养了一只大公鸡。它穿着一身漂亮的衣服，头上戴着火红火红的冠子，有一双像黑宝石一样的眼睛，走起路来昂首阔步，唱起歌来非常好听。“喔——喔——喔”，它每天按时把主人叫醒，受到主人的喜爱。但是它十分骄傲。

一天，它看了看四周。看见鸭子又矮又丑，公鸡想：“世界上哪有这么丑的东西呀！我怎么能同它们住在一起呀！”这时鸭子喊：“嘎——嘎——嘎——公鸡大哥，公鸡大哥，和我们一起玩吧！”公鸡说：“喔——喔——喔——谁要跟你们这些丑八怪玩啊！”说完就骄傲地走开了。它又看看母鸡，觉得世界上没有比自己更美的了。

它看见自己的房子在角落里，而且又小又臭，就在里面又踢又打，这时房子说话了：“鸡大哥，你不要打我了，要不然你就没有房子住了。”公鸡说：“我才不要你这个破房子呢！我要住高楼大厦。”说完就走了，母鸡和鸭子留它，都留不下来。

它抬起头，挺着胸，大步地跑到外面。它看见小鸟住在树上，“叽——叽——叽”，又是唱歌，又是跳舞，它想：“小鸟住在树上，我也要住。”它就飞了几次，飞到了树枝上，它觉得这样才住得高贵。

大公鸡在树枝上，趾高气扬地唱着歌，“喔——喔——喔——”突然，一不小心从树上掉到了树下的小河里。大公鸡用翅膀拍打着河水，大声地呼叫：“呜哇——呜哇——救命啊！救命啊！”鸭子听到叫声连忙游到大公鸡的身旁，救起了大公鸡。这时大公鸡身上湿淋淋的，全身是水，低着头，一句话也不说，跟在鸭子后面，回到原来的房子里。

训练材料

狼来了　　古希腊　伊索　马家恺译

从前，有个放羊娃，每天都去山上放羊。

一天，他觉得十分无聊，就想了个捉弄大家寻开心的主意。他向山下正在种田的农夫们大声喊：“狼来了！狼来了！救命啊！”农夫们听到喊声，急忙拿着锄头和镰刀往山上跑，他们边跑边喊：“不要怕，孩子，我们来帮你打饿狼！”

农夫们气喘吁吁地赶到山上一看，连狼的影子也没有！放羊娃哈哈大笑：“真有意思，你们上当了！”农夫们生气地走了。

第二天，放羊娃故伎重演，善良的农夫又冲上来帮他打狼，可还是没有见到狼的影子。

放羊娃笑得直不起腰来："哈哈！你们又上当了！哈哈！"

大伙儿对放羊娃一而再、再而三地说谎十分生气，从此再也不相信他的话了。

过了几天，狼真的来了，一下子闯进了羊群。放羊娃害怕极了，拼命地向农夫们喊："狼来了！狼来了！快来救命啊！狼真的来了！"

农夫们听到他的喊声，以为他又在说谎，大家都不理睬他，没有人去帮他，结果放羊娃的很多羊都被狼咬死了。

年的故事

相传中国古时候有一种叫"年"的怪兽，长着青面獠牙、尖牙利齿、凶恶无比。"年"长年深居山中，到除夕才下山吞食牲畜、伤害人命。所以，每到除夕这天，家家户户都离家躲避年兽的伤害，把这称为"过年"。

有一年除夕，人们正扶老携幼上山避难，从村外来了个乞讨的老人。人们有的封窗锁门，有的收拾行装，到处一片匆忙恐慌的景象，没有人关心这乞讨的老人，只有村东头一位老妇人包了饺子请老人吃，劝他快上山躲避年兽。为了报答老妇的好心，老人告诉她"年"最怕红色、火光和炸响，要她穿红衣，在门上张贴红纸、点上红蜡烛，在院子里燃烧竹子发出炸响。

半夜时分，年兽闯进村。发现村中灯火通明，它的双眼被刺眼的红色逼得睁不开，又听到有人家里传来响亮的爆竹声，于是逃走了。从此人们知道了赶走"年"的方法，每年除夕家家贴红对联、燃放爆竹；户户灯火通明、守更待岁。初一一大早，还要走亲访友道喜问好，恭贺对方躲过了年兽的肆虐。

三个和尚

古时候，一个活泼伶俐的小和尚来到山上的一座寺庙。他勤快地挑水，缸里的水满了，还往菩萨手中的净瓶里灌水，净瓶里的柳枝生意盎然。

不久，来了一个瘦和尚。他与小和尚在挑水上发生了争执，谁也不愿意吃亏。于是，两人商量一起抬水。

后来，又来了一个胖和尚。三个和尚都要喝水，但都不愿意多挑水。

没过两天,缸里没水了,净瓶里的柳枝也因为没有水,开始枯萎了。

一天夜里,三个和尚都在打盹的时候,一根正在燃烧的蜡烛掉在了香案上,寺庙起火了。危机之中,三个和尚一起争先恐后地挑水灭火。一场大火终于扑灭了。

大火之后,三个和尚似乎明白了些什么。从此,水缸里的水又满了,三个和尚高高兴兴地捧着大碗喝水,菩萨手中净瓶里的柳枝又翠绿葱茏了。

小猪发脾气

小猪胖胖在外婆家认识了很多朋友,有小兔、小羊和小鸭。他们玩得可高兴了。分别的时候,小猪胖胖请朋友们明天到他家去玩。他们高兴地答应一定去。

第二天,小兔、小羊和小鸭互相约好,一起来到小猪胖胖的家。刚要敲门。忽然听到胖胖正在大吵大闹:“妈妈,你赔我蛋糕!”

“妈妈并没错,你不该发脾气。”

“就发,就发脾气,你不赔蛋糕,我就闹!哇——哇——”小猪胖胖大闹。笃!笃!笃!小鸭在敲门。

小猪见了朋友,忙擦干眼泪说:“你们真准时,咱们一起玩吧。”

“猪妈妈,您好!”朋友们先有礼貌地向猪妈妈打过招呼,然后一齐对小猪胖胖说:“我们是来和你告别的。不尊敬妈妈的孩子,也不会尊重朋友的。你还是自己玩吧。”说完,他们扭过头,手拉手一蹦一跳地走了。

小猪胖胖看着朋友们远去的背影,低着头对妈妈说:“妈妈,我错了。”

风娃娃的故事

风娃娃长大了,风妈妈说:“到田野上去吧,到那里,你可以帮助人们做许多好事。”风娃娃来到田野上,看见一个大风车正在慢慢转动。风娃娃深深吸了一口气,使劲向风车吹去。哈哈,风车转快了!风车下的水流立刻变大了,奔跑着、跳跃着,向田里流去。秧苗儿挺起了腰,点着头笑,风娃娃高兴极了。

风娃娃想:帮助人们做好事,真容易,有力气就行。

他这么想着,不觉来到一个村子里。那里,几个孩子正在放风筝。他像吹风车那样用力,像吹船帆那样使劲儿。结果,风筝线吹断了,孩子们伤心地哭了。

风娃娃不敢再去帮助人们做事了，他在天上转着、想着，想来想去，终于明白了：做好事，不但要有好的愿望还得有好的方法。

第二节　演讲训练

训练目标

1. 了解演讲的作用、特点。
2. 明确演讲的准备工作。
3. 掌握演讲的基本技巧。
4. 能够运用演讲知识技能，进行一般性的演讲。

训练指导

一　演讲概述

演讲

演讲，是在公众场合就某一问题或事件，发表见解，阐述事理，借助有声语言和态势语表达思想感情的综合性口语表达形式。

演讲作为有声语言表达艺术形式，具有以下作用：

首先是宣传和发动群众的重要手段。孙中山、列宁、毛泽东等革命家，都是优秀的演说家，他们的演讲是唤起民众觉醒的号角，也是激发民众前进的鼓声。

其次，演讲是阐明理论观点、发表学术见解的一种手段。专家学者在科学领域取得进展和成果，经常需要用演讲的形式阐述自己的学术见解和科研成果。

再次，演讲是培养提高有声语言表达能力的有效手段。演讲可以促进人们的知识储备、运用和拓展，提高思维的机敏性和逻辑性，强化心理素质的训练，提升审美品位，是对人们多方面的语言能力训练，可以进一步促进、完成对自我的突破。

演讲具有以下基本特点：

1. 演讲主题具有针对性。演讲者与大众面对面的交流信息和思想感情，必须了解听众对象的关注点，认清演讲的环境场合，明确演讲的主旨，确定恰当的演讲主题。

2. 演讲内容具有逻辑性和条理性。条理性是逻辑性在演讲结构形式上的体现。演讲的内容，一要完整，有头有尾，前后呼应；二要清晰，层次分明，环环相扣；三要有起伏，有张有弛，错落有致。

3. 演讲的感情具有宣传性和感染性。演讲具有宣传性，感染性是宣传性的重要体现。演讲是有声语言艺术，直接诉诸听众的感官的表达艺术形式，感情色彩强烈，不仅仅靠材料事实、逻辑推理说服人，更重要的是投注情感在内容、表达角度和表达方式上，感染人才能达到入情入理的演讲效果。

4. 演讲语言具有规范性和生动性。演讲语言是规范化的口语，要求准确规范，通俗易懂，明白晓畅，生动形象，才能在稍纵即逝的有声语言表达中使听众听得明白，有兴趣，受感染。

5. 演讲有声表达具有综合性和技巧性。演讲，以讲为主，作为综合有声语言艺术形式，必须有“演”的有效配合。服饰、手势、身姿的配合要恰到好处，仪态表情协调一致，自然得体，有声语言技巧轻重缓急、抑扬顿挫变化有序，运用恰当适度。演讲者临场发挥的灵活性和现场实效性，控场的能力和技巧，对演讲的成功都有重要的影响。

技能训练

我有一个梦　　美国　马丁路·德金　许立中译

一百年前，一位伟大的美国人签署了《解放黑奴宣言》，今天我们就是在他的雕像前集会。这一庄严宣言犹如灯塔的光芒，给千百万在那摧残生命的不义之火中受煎熬的黑奴带来了希望。它的到来犹如欢乐的黎明，结束了束缚黑人的漫漫长夜。

然而一百年后的今天，我们必须正视黑人还没有得到自由这一悲惨的事实。一百年后的今天，在种族隔离的镣铐和种族歧视的枷锁下，黑人的生活备受压榨；一百年后的今天，黑人仍生活在物质充裕的海洋中一个穷困的孤岛上；一百年后的今天，黑人仍然萎缩在美国社会的角落里，并且，意识到自己是故土家园中的流亡者。今天我们在这里集会，就是要把这种骇人听闻的情况公之于众。

就某种意义而言，今天我们是为了要求兑现诺言而汇集到我们国家的首都来的。我们共和国的缔造者草拟宪法和独立宣言时，曾以气壮山河的词句向每一个美国人许下了诺言，他们承诺给予所有的人以不可剥夺的生存、自由和追求幸福的权利。

就有色公民而论，美国显然没有实践她的诺言。美国没有履行这项神圣的义务，只是给黑人开了一张空头支票，支票上盖上"资金不足"的戳子后便退了回来。但是我们不相信正义的银行已经破产，我们不相信，在这个国家巨大的机会之库里已没有足够的储备。因此今天我们要求将支票兑现，这张支票——将给予我们宝贵的自由和正义的保障。

我们来到这个圣地也是为了提醒美国，现在是非常急迫的时刻。现在绝非奢谈冷静下来或服用渐进主义的镇静剂的时候。现在是实现民主的诺言的时候。现在是从种族隔离的荒凉幽暗的深谷攀登种族平等的光明大道的时候，现在是向上帝所有的儿女开放机会之门的时候，现在是把我们国家从种族不平等的流沙中拯救出来、置于兄弟情谊的磐石上的时候。

如果美国忽视时间的迫切性和低估黑人的决心，那么，这对美国来说，将是致命伤。自由和平等的爽朗秋天如不到来，黑人义愤填膺的酷暑就不会过去。1963年并不意味着斗争的结束，而是开始。有人希望，黑人只要撒撒气就会满足；如果国家安之若素，毫无反应，这些人必会大失所望的。黑人得不到公民的权利，美国就不可能有安宁或平静；正义的光明的一天不到来，叛乱的旋风就将继续动摇这个国家的基础。

但是对于等候在正义之宫门口的心急如焚的人们，有些话我是必须说的。在争取合法地位的过程中，我们不要采取错误的做法。我们不要为了满足对自由的渴望而抱着敌对和仇恨之杯痛饮。我们斗争时必须永远，举止得体，纪律严明。我们不能容许我们的具有崭新内容的抗议蜕变为暴力行动。我们要不断地升华到以精神力量对付物质力量的崇高境界中去。

现在黑人社会充满着了不起的新的战斗精神，但是我们却不能因此而不信任所有的白人。因为我们的许多白人兄弟已经认识到，他们的命运与我们的命运是紧密相连的，他们今天参加游行集会就是明证；他们的自由与我们的自由是息息相关的。我们不能单独行动。

当我们行动时，我们必须保证向前进。我们不能倒退。现在有人问热心民权运动的人，"你们什么时候才能满足？"

只要黑人仍然遭受警察难以形容的野蛮迫害，我们就绝不会满足。

只要我们在外奔波而疲乏的身躯不能在公路旁的汽车旅馆和城里的

旅馆找到住宿之所，我们就绝不会满足。

只要黑人的基本活动范围只是从少数民族聚居的小贫民区转移到大贫民区，我们就绝不会满足。

只要密西西比仍然有一个黑人不能参加选举，只要纽约有一个黑人认为他投票无济于事，我们就绝不会满足。

不！我们现在并不满足，我们将来也不满足，除非正义和公正犹如江海之波涛，汹涌澎湃，滚滚而来。

我并非没有注意到，参加今天集会的人中，有些受尽苦难和折磨；有些刚刚走出窄小的牢房，有些由于寻求自由，曾在居住地惨遭疯狂迫害的打击，并在警察暴行的旋风中摇摇欲坠。你们是人为痛苦的长期受难者。坚持下去吧，要坚决相信，忍受不应得的痛苦是一种赎罪。

让我们回到密西西比去，回到亚拉巴马去，回到南卡罗来纳去，回到佐治亚去，回到路易斯安那去，回到我们北方城市中的贫民区和少数民族居住区去，要心中有数，这种状况是能够也必将改变的。我们不要陷入绝望而不可自拔。

朋友们，今天我对你们说，在此时此刻，我们虽然遭受种种困难和挫折，我仍然有一个梦想。这个梦想是深深扎根于美国的梦想中的。

我梦想有一天，这个国家会站立起来，真正实现其信条的真谛："我们认为这些真理是不言而喻的：人人生而平等。"

我梦想有一天，在佐治亚的红山上，昔日奴隶的儿子将能够和昔日奴隶主的儿子坐在一起，共叙兄弟情谊。

我梦想有一天，甚至连密西西比州这个正义匿迹，压迫成风，如同沙漠般的地方，也将变成自由和正义的绿洲。

我梦想有一天，我的四个孩子将在一个不是以他们的肤色，而是以他们的品格优劣来评价他们的国度里生活。

我今天有一个梦想。

我梦想有一天，亚拉巴马州能够有所转变，尽管该州州长现在仍然满口异议，反对联邦法令，但有朝一日，那里的黑人男孩和女孩将能与白人男孩和女孩情同骨肉，携手并进。

我今天有一个梦想。

我梦想有一天，幽谷上升，高山下降，坎坷曲折之路成坦途，圣光披露，满照人间。这就是我们的希望。我怀着这种信念回到南方。有了这个信念，我们将能从绝望之陵劈出一块希望之石。有了这个信念，我们将能把这个国家刺耳争吵的声，改变成为一支洋溢手足之情的优美交响曲。

有了这个信念，我们将能一起工作，一起祈祷，一起斗争，一起坐牢，一起维护自由；因为我们知道，终有一天，我们是会自由的。

在自由到来的那一天，上帝的所有儿女们将以新的含义高唱这支歌："我的祖国，美丽的自由之乡，我为您歌唱。您是父辈逝去的地方，您是最初移民的骄傲，让自由之声响彻每个山岗。"

如果美国要成为一个伟大的国家，这个梦想必须实现。让自由之声从新罕布什尔州的巍峨峰巅响起来！让自由之声从纽约州的崇山峻岭响起来！

让自由之声从科罗拉多州冰雪覆盖的落基山响起来！让自由之声从加利福尼亚州蜿蜒的群峰响起来！不仅如此，还要让自由之声从佐治亚州的石陵响起来！让自由之声从田纳西州的瞭望山响起来！让自由之声从宾夕法尼亚州阿勒格尼山的顶峰响起来！

让自由之声从密西西比的每一座丘陵响起来！让自由之声从每一片山坡响起来！

当我们让自由之声响起来，让自由之声从每一个大小村庄，每一个州和每一个城市响起来时，我们将能够加速这一天的到来。那时，上帝的所有儿女，黑人和白人，犹太教徒和非犹太教徒，耶稣教徒和天主教徒，都将手携手，合唱一首古老的黑人民歌："终于自由啦！终于自由啦！感谢全能的上帝，我们终于自由啦！"

训练指导

二　演讲准备

1. 确定演讲题目。演讲前要仔细分析听众对象的人数、人文特征、心理层面和感兴趣的话题，结合演讲者自身的专业特长、兴趣爱好，明确演讲的主题，确定演讲题目，给自己的演讲内容定好新颖生动，恰当富有吸引力的题目，能在演讲前就吸引听众的注意。

2. 讲究服饰搭配。演讲是一种服饰搭配的展示。演讲者开口前，展示给听众的就是仪表形象。仪表着装直接影响听众的视觉审美，穿着干净整洁，举止体态适宜，有品位，有修养，在一定程度上体现出演讲者的思想、品德、性格、气质。穿正装面对公众演讲，注意遵循以下原则：

(1)三色原则,着装色系不要超过三个,三个颜色的色调要接近,协调统一。

(2)有领原则,正装必须有领,也是对观众的尊重。

(3)纽扣原则,穿带有纽扣的正装,有纽扣的西装或衬衣,显得庄重、严肃。

(4)皮鞋原则,男女演讲者都应穿皮鞋,女士皮鞋不宜色彩亮丽,不宜露出脚趾,鞋跟的高度最好控制在3~6厘米。

3.撰写好演讲稿。撰写演讲稿的目的,就是为了做好充分的准备,使演讲的语言更生动,更流畅,内容丰满有趣,有广博的知识基础和思想的深度,有自己深思熟虑的独特见解和新颖观点。

(1)演讲开头用故事引入。以故事开头,最好是自己的亲身经历,有自己的切身体会,用故事体现与主题相关生活哲理,进而引出演讲的主旨,层层推进,展开演讲内容。

(2)演讲观点要鲜明独特。演讲引入的故事要能够印证主题和观点,对故事要做简短、深刻、具体的评论,深入总结和挖掘内涵,给观众留下深刻印象,自然、符合逻辑地推出鲜明、独特的观点。

(3)演讲体现与观众互动。撰写演讲稿时,适当地设计反问、设问,制造一些悬念,或者设计现场提问,征询观众意见,都能够增加现场的趣味性,活跃气氛,调动观众兴致。

(4)演讲结尾简洁有力。结尾对演讲的内容做简短的总结,可以引用名人名言、富有哲理的诗句升华主题,使用深化主题的排比句,也可以顺理成章地提出倡议、号召,或者送上祝福。

演讲作为有声语言表达艺术形式,更注重演讲稿的条理性、逻辑性,思想感情的感染力与观众的情感共鸣。

与其他文体不同,演讲的语言要求简洁、通俗、平实、生动。

技能训练

善良比聪明更难

(Jeff Bezos,亚马逊创始人,总裁,普林斯顿毕业演讲)

在我还是一个孩子的时候,我的夏天总是在德州祖父母的农场中度过。我帮忙修理风车,为牛接种疫苗,也做其他家务。每天下午,我们都会看肥皂剧，尤其是《我们的岁月》。我的祖父母参加了一个房车俱乐部，那是驾驶Airstream拖挂型房车的人们，他们结伴遍游美国和加拿大。每隔几个夏天，我也会加入他们。我们把房车挂在祖父的小汽车后面，然后加入300余名Airstream探险者们组成的浩荡队伍。我爱我的祖父母，我崇敬他们，也真心期盼这些旅程。那是一次我大概十岁时的旅行，我照例坐在后排的长椅上，祖父开着车，祖母坐在他旁边，吸着烟。我讨厌烟味。

在那样的年纪，我会找任何借口做些估测或者小算术。我会计算油耗还有杂货花销等鸡毛蒜皮的小事。我听过一个有关吸烟的广告。我记不得细节了，但是广告大意是说，每吸一口香烟会减少几分钟的寿命，大概是两分钟。无论如何，我决定为祖母做个算术。我估测了祖母每天要吸几支香烟，每支香烟要吸几口等等，然后心满意足地得出了一个合理的数字。接着，我捅了捅坐在前面的祖母的头，又拍了拍她的肩膀，然后骄傲地宣称，“每天吸两分钟的烟，你就少活九年！”

我清晰地记得接下来发生了什么，而那是我意料之外的。我本期待着小聪明和算术技巧能赢得掌声，但那并没有发生。相反，我的祖母哭泣起来。我的祖父之前一直在默默开车，把车停在了路边，走下车来，打开了我的车门，等着我跟他下车。我惹麻烦了吗？我的祖父是一个智慧而安静的人。他从来没有对我说过严厉的话，难道这会是第一次？还是他会让我回到车上跟祖母道歉？我以前从未遇到过这种状况，因而也无从知晓会有什么后果发生。我们在房车旁停下来。祖父注视着我，沉默片刻，然后轻轻地、平静地说：“杰夫，有一天你会明白，善良比聪明更难。”

今天我想对你们说的是，天赋和选择不同。聪明是一种天赋，而善良是一种选择。天赋得来很容易——毕竟它们与生俱来。而选择则颇为不易。如果一不小心，你可能被天赋所诱惑，这可能会损害到你做出的选择。在座各位都拥有许多天赋。我确信你们的天赋之一就是拥有精明能干的头脑。之所以如此确信，是因为入学竞争十分激烈，如果你们不能表现出聪明智慧，便没有资格进入这所学校。

你们的聪明才智必定会派上用场，因为你们将在一片充满奇迹的土地上行进。我们人类，尽管跬步前行，却终将令自己大吃一惊。我们能够想方设法制造清洁能源，也能够一个原子一个原子地组装微型机械，使之穿过细胞壁，然后修复细胞。这个月，有一个异常而不可避免的事发生了——人类终于合成了生命。在未来几年，我们不仅会合成生命，还会按说明书驱动它们。我相信你们甚至会看到我们理解人类的大脑，儒勒·凡尔纳，马克·吐温，伽利略，牛顿——所有那些充满好奇之心的人都希望能够活到现在。作为文明人，我们会拥有如此之多的天赋，就像是坐在我面前的你们，每一个生命个体都拥有许多独特的天赋。你们要如何运用这些天赋呢？你们会为自己的天赋感到骄傲，还是为自己的选择感到骄傲？

16年前，我萌生了创办亚马逊的想法。那时我面对的现实是互联网使用量以每年2300%的速度增长，我从未看到或听说过任何增长如此快速的东西。创建涵盖几百万种书的网上书店的想法令我兴奋异常，因为这个东西在物理世界里根本无法存在。那时我刚刚30岁，结婚才一年。我告诉妻子MacKenzie想辞去工作，然后去做这件疯狂的事情，很可能会失败，因为大部分创业公司都是如此，而且我不确定那之后会发生什么。MacKenzi告诉我，我应该放手一搏。在我还是一个男孩儿的时候，我是车库发明家。我曾用水泥填充的轮胎、雨伞和锡箔以及报警器制作一个自动关门器。我一直想做一个发明家，MacKenzi支持我追随内心的热情。

我当时在纽约一家金融公司工作，同事是一群非常聪明的人，我的老板也很有智慧，我很羡慕他。我告诉我的老板我想开办一家在网上卖书的公司。他带我在中央公园漫步良久，认真地听我讲完，最后说："听起来真是一个很好的主意，但是对那些目前没有谋到好工作的人来说，这个主意会更好。"这一逻辑对我而言颇有道理，他说服我在最终作出决定之前再考虑48小时。那样想来，这个决定确实很艰难，但是最终，我决定拼一次。我认为自己不会为尝试过后的失败而遗憾，倒是有所决定但完全不付诸行动会一直煎熬着我。在深思熟虑之后，我选择了那条不安全的道路，去追随我内心的热情。我为那个决定感到骄傲。

明天，非常现实地说，你们从零塑造自己人生的时代即将开启。

你们会如何运用自己的天赋？你们又会做出怎样的抉择？

你们是被惯性所引导，还是追随自己内心的热情？

你们是墨守成规，还是勇于创新？

你们会选择安逸的生活，还是选择一个奉献与冒险的人生？

你们会屈从于批评，还是会坚守信念？

你们会掩饰错误，还是会坦诚道歉？

你们会因害怕拒绝而掩饰内心，还是会面对爱情时勇往直前？

你们想要波澜不惊，还是想要搏击风浪？

你们会在严峻的现实之下选择放弃，还是会义无反顾地前行？

你们要做愤世嫉俗者，还是踏实的建设者？

你们要不计一切代价地展示聪明，还是选择善良？

我要做一个预测：在你们80岁时某个追忆往昔的时刻，只有你一个人静静对内心诉说着你的人生故事，其中最为充实、最有意义的那段讲述，会被你们作出的一系列决定所填满。最后，是选择塑造了我们的人生。为你自己塑造一个伟大的人生故事。

谢谢，祝你们好运！

（瑞德国际教育，2014-6-17）

汕头大学毕业典礼上的演讲

莫言（2017年6月27日）

亲爱的老师们、同学们：

大家好！上午好！

我非常荣幸地参加我们这个热烈的盛大的毕业典礼。我参加过很多毕业典礼，这是最让我激动的毕业典礼。

一座大学之所以著名，当然要靠优秀的教师，教师队伍里一定要有被世人公认的大师，甚至是学校的建筑，校园的风景。但是，根本的一所大学之所以是著名大学，是因为这所大学培养出了杰出的人才。所以说大学著名基本上是靠毕业后走向社会的学生。汕头大学要在不久的将来成为中国的乃至世界的著名大学，靠的是你们，如花似玉的你们，生龙活虎的你们，整装待发的你们，跃跃欲试的你们。

同学们，五天前的上午，我参加了北京师范大学本科生的毕业典礼，作了一个即席的演讲，在演讲中我说，我们不可能都变成马云和比尔·盖茨，当然马云和比尔·盖茨也没有什么了不起，他们也是一路走过来的。

我的这个演讲，被一家媒体断章取义，取了一个标题“诺奖获得者，说马云、比尔·盖茨没什么了不起”。正是因为这个原因，同学们，我昨天晚上半夜没有睡觉，写了这篇演讲稿，为的是严谨一点，不要再出漏洞。

同学们，其实，最同意我在师大演讲那几句话的，我想很可能是马云、比尔·盖茨他们自己。因为他们内心认为自己没有什么了不起。而只有那些没有什么了不起的人才会狂妄地认为自己了不起。

今年毕业的，我们汕头大学的各位同学，更没有像马云那样三次高考三次落榜的悲惨经历吧？大家都顺利地毕业了，这一点比比尔·盖茨还牛啊！但是这两个人毕业之后，走出校门之后，都有他们不同寻常的思维，坚持不懈的努力，当然还有时代赋予他们的好运气，使自己从一个没有什么了不起的人最终成为一个了不起的人，所以马云和比尔·盖茨的了不起，就在于他们曾经没有什么了不起，他们的了不起更在于他们实际上已经了不起了，但他们还自认为没什么了不起。

同学们，我当过二十年兵，当兵时候耳熟能详的一句话就是，不想当将军的士兵不是好士兵。这句话据说是拿破仑说的。这句话其实是片面的，如果所有的士兵都能成为将军，谁来冲锋陷阵？“一将功成万骨枯”，当了将军的士兵是极少数。构成一支军队的大多数是根本不当将军的士兵，而不想当将军的士兵未必不是好士兵。后来有人告诉我，拿破仑的原话，是不想当将军的士兵，不是好士兵，而当不好士兵，永远当不好将军。士兵要有理想有抱负，但同时要立足现实，脚踏实地，干好本职工作。

马云了不起。马云的那位在饭店洗衣房里勤勤恳恳工作着的外甥也了不起。同学们，过去四十年，中国社会产生了巨大的变化，创造了人类历史发展史上的奇迹，在未来的四十年里，中国将发生什么样的变化，谁能想象出来，哪怕千分之一，也必将占尽先机。变化就是机遇，变化越大，机遇越多，希望同学们抓住机遇，敢想敢干，既要有鸿鹄之志，又要实事求是，要敢于做第一个吃螃蟹的人，又要严防食物中毒。

最后，我祝愿同学们抖擞精神。投身到第四次工业革命的浪潮中，奋勇搏击，争取在不久的将来成为不同岗位上的状元，成为不同角度的模范。成为自己认为没啥了不起，别人认为你确实了不起的人。

谢谢大家。

训练指导

三　正式演讲技巧

1.语音技巧

演讲时，发音要规范，使用标准的普通话，吐字清晰，读音准确、响亮，不能发音吐字不完整，造成吃字含混不清。感情充沛，张弛有度，演讲时的音调高低落差大于生活中日常口语表达，声音弹性力度要加强。语调抑扬顿挫，语气富有变化，善于用不同的语气语调表现不同的情感。音量适当，音色刚柔相济，自然亲切。恰当地运用停连、重音、语气、节奏等有声语言表达技巧。

2.态势语技巧

要善于运用态势语辅助演讲内容的表达，用表情、眼神、手势调动听众的情感，实现与听众的心灵对话，激发听众的情感共鸣。态势语的运用，首先要结合演讲的具体内容，不能游离于内容之外，要克服随意性；其次，要依据演讲的具体环境因素，如听众的反应、场地设备、自然条件，做适宜的调整；再次，要体现演讲者的个性特征。总之，要用得恰当、自然、适时、协调，以服务于演讲内容为宗旨。

3.控场技巧

演讲过程中，由于各种因素的影响，听众的情绪、注意力会受到干扰，引起意想不到的变化，会场气氛、秩序因意外造成混乱，演讲者需要有应变的能力，控制现场的能力，使听众的注意力能够集中、回归到演讲的内容。

积极有效的控场能力，基于演讲者良好的心理素质，掌握有效的心理调控方法：

(1)设法放松情绪。提前熟悉、适应环境，利用环境，和听众交流分散注意力，做几次深呼吸，或者闭目冥想。

(2)坚定目标。专注于自己的目标方向，排除干扰，凝神静思，保持良好的心态。

(3)用意志控制情绪。用意志控制自己的行为，表现出自信的状态，维持自信心，把注意力集中在演讲词上。

(4)保持头脑冷静。保持沉稳冷静的状态，快速准确地对突发意外干扰因素做出判断，适时调整演讲内容和表达方式。

演讲者要不断增强和培养自己的感受能力，对演讲中的意外能够泰然处之，采取灵活恰当的补救，有效地驾驭现场，使听众的情绪、注意力高度集中，顺利完成演讲。

技能训练

在萧红墓前的讲话　　郭沫若(1948年)

年轻的朋友们！

讲演对于我倒不是件难事，然而要不多不少恰好“5分钟”，却使我感到困难。而主席又要我作“5分钟”的滩头讲演，让你们好早点儿跳下海去，做你们的青春之舞泳。

我想，本来我可以这么开始我的演讲：“各位先生，各位女士，请大家沉默5分钟！”于是当大家沉默到5分钟的时候，我便说：“沉默毕，我的讲演完了。”

大家假如要反诘我：“你向我们作分钟的讲演，为什么叫我们沉默5分钟呢？”我可以理直气壮地回答：“朋友，人们不是说，沉默胜于雄辩吗？”

本来我可以这么开始我的讲演的，但是当我听了刚才X先生两分钟的演讲，太漂亮了！她说：“人民的作家萧红女士一生为人民解放事业奔走，到头来死在这南国的海边，伙伴们把她埋在这浅水湾上。今天，围绕在她周围的都是年轻人，今后的日子里，不知有多少年轻人来围绕着她。朋友们！我们是年轻人，我们没有悲伤，我们没有感慨，请大家向萧红女士鼓掌。”太好了，我的5分钟讲演只好改变计划了，让我把年轻人引申来说一下吧。

年轻人之所以为年轻人，并不是单靠着年纪轻，假如单靠年纪轻，我们倒看见有好些年纪轻轻的人，却已经成了老腐败，老顽固，甚至活的木乃伊——虽然还活着，但早已死了，而且死了几千年。

反过来我们在历史上也看见有好些年纪老的人，精神并不老，甚至有的人死了几千年而一直都像活着的年轻人一样。所以一个人的年轻不年轻，并不是专靠着生理上的年龄，而主要还是精神上的年龄。便是“年轻精神”充分的，虽老而不死；“年轻精神”丧失了，年虽轻而人已死了。

那么，什么是年轻精神的品质呢？

第一，是真理的追求者。他是一张白纸，毫无成见地去接受客观真理，他如饥似渴的请人指教，虚心坦怀的受人指教，他肯向一切学习，以养成他的智慧。这是年轻人的第一特征。

第二，是博爱的实践者。他大公无私，好打抱不平，决不或很少为自己打算，切实地有着人饥己饥、人溺己溺的怀抱，而为他人服务。这是年轻精神的第二特征。

第三，是勇敢的战士。他不怕任何艰难困苦，他富于弹性，倒下去立刻跳起来，碰伤了舐干血迹，若无其事，他以牺牲自我的意志战胜一切，这是年轻人的第三特征。

这三种年轻精神的特征，每一个年轻人都是有的，假如他把这些特征保持着，并扩大着，那他便永远年轻，就死了还年轻；假如他把这些特征失掉了，比如年纪轻，便做狗腿子的事，那他不仅不年轻，而且老早是一个死鬼了。

就在这样的认识之下，我们向“年轻精神”饱满的青年朋友们学习，使自己年轻，使中国年轻。

训练材料

为人民服务

毛泽东

我们的共产党和共产党所领导的八路军、新四军,是革命的队伍。我们这个队伍完全是为着解放人民的,是彻底地为人民的利益工作的。张思德同志就是我们这个队伍中的一个同志。

人总是要死的,但死的意义有不同。中国古时候有个文学家叫做司马迁的说过:人固有一死,或重于泰山,或轻于鸿毛。为人民利益而死,就比泰山还重;替法西斯卖力,替剥削人民和压迫人民的人去死,就比鸿毛还轻。张思德同志是为人民利益而死的,他的死是比泰山还要重的。

因为我们是为人民服务的,所以,我们如果有缺点,就不怕别人批评指出。不管是什么人,谁向我们指出都行。只要你说得对,我们就改正。你说的办法对人民有好处,我们就照你的办。"精兵简政"这一条意见,就是党外人士李鼎铭先生提出来的;他提得好,对人民有好处,我们就采用了。只要我们为人民的利益坚持好的,为人民的利益改正错的,我们这个队伍就一定会兴旺起来。

我们都是来自五湖四海,为了一个共同的革命目标,走到一起来了。我们还要和全国大多数人民走这一条路。我们今天已经领导着有九千一百万人口的根据地,但是还不够,还要更大些,才能取得全民族的解放。我们的同志在困难的时候,要看到成绩,要看到光明,要提高我们的勇气。中国人民正在受难,我们有责任解救他们,我们要努力奋斗。要奋斗就会有牺牲,死人的事是经常发生的。但是我们想到人民的利益,想到大多数人民的痛苦,我们为人民而死,就是死得其所。不过,我们应当尽量地减少那些不必要的牺牲。我们的干部要关心每一个战士,一切革命队伍的人都要互相关心,互相爱护,互相帮助。

今后我们的队伍里,不管死了谁,不管是炊事员,是战士,只要他是做过一些有益的工作的,我们都要给他送葬,开追悼会。这要成为一个制度。这个方法也要介绍到老百姓那里去。村上的人死了,开个追悼会。用这样的方法,寄托我们的哀思,使整个人民团结起来。

(选自《毛泽东选集(第三卷)》,人民出版社1991年版)

不要抛弃学问　胡适

——中国公学18年级毕业赠言

诸位毕业同学：

你们现在要离开学校了，我没有什么礼物送给你们，只好送你们一句话罢。

这一句话是："不要抛弃学问。"以前的功课也许有一大部分是为了这张毕业文凭，不得已而做的，从今以后，你们可以依自己的心愿去自由研究了。趁现在年富力强的时候，努力做一种专门学问。少年是一去不复返的，等到精力衰时，要做学问也来不及了。即为吃饭计，学问是绝不会辜负人的。吃饭而不求学问，三年五年之后，你们都要被后进少年淘汰掉的。到那时再想做点学问来补救，恐怕已太晚了。

有人说："出去做事之后，生活问题亟需解决，哪有工夫去读书？即使要做学问，既没有图书馆，又没有实验室，哪能做学问？"

我要对你们说：凡是要等到有了图书馆方才读书的，有了图书馆也不肯读书。凡是要等到有了实验室方才做研究的，有了实验室也不肯做研究。你有了决心要研究一个问题，自然会节衣缩食去买书，自然会想出法子来设置仪器。

至于时间，更不成问题。达尔文一生多病，不能多作工，每天只能做一点钟的工作。你们看他的成绩！每天花一点钟看10页有用的书，每年可看3600多页书，30年可读约11万页书。

诸位，11万页书可以使你成一个学者了。可是，每天看3种小报也得费你一点钟的工夫，4圈麻将也得费你一点半钟的光阴。看小报呢，还是打麻将呢，还是努力做一个学者呢？全靠你们自己的选择！

易卜生说："你的最大责任是把你这块材料铸造成器。"

学问便是铸器的工具，抛弃了学问便是毁了你们自己。

再会了！你们的母校眼睁睁地要看你们十年之后成什么器。

（选自《胡适文集》，人民文学出版社1998年版）

如何成为一个不惑、不忧、不惧的人（节选）　梁启超

问诸君"为什么进学校？"

我想人人都会众口一词的答道："为的是求学问"。再问："你为什么要求学问？""你想学些什么？"恐怕各人的答案就很不相同，或者竟自答不出

来了。诸君啊！我替你们总答一句罢："为的是学做人。"你在学校里头学的什么数学、几何、物理、化学、生理、心理、历史、地理、国文、英语，乃至什么哲学、文学、科学、政治、法律、经济、教育、农业、工业、商业等等，不过是做人所需要的一种手段，不能说专靠这些便达到做人的目的，任凭你那些件件学得精通，你能够成个人不能成个人，还是另一个问题。

人类心理，有知、情、意三部分，这三部分圆满发达的状态，我们先哲名为"三达德"——智、仁、勇。为什么叫做"达德"呢？因为这三件事是人类普通道德的标准，总要三件具备才能成一个人。三件的完成状态怎么样呢？孔子说："知者不惑，仁者不忧，勇者不惧。"所以教育应分为知育、情育、意育三方面——现在讲的知育、德育、体育不对，德育范围太笼统，体育范围太狭隘——知育要教导人不惑，情育要教导人不忧，意育要教导人不惧。教育家教育学生，应该以这三件为究竟，我们自动的自己教育自己，也应该以这三件为究竟。

1. 怎么样才能不惑呢？

最要紧的是养成我们的判断力。想要养成判断力：第一步，最少须有相当的常识；进一步，对于自己要做的事须有专门知识；再进一步，还须有遇事能判断的智慧。假如一个人连常识都没有，听见打雷，说是雷公发威；看见月蚀，说是虾蟆贪嘴。那么，一定闹到什么事都没有主意，碰著一点疑难问题，就靠求神、问卜、看相、算命去解决，真所谓"大惑不解"，成了最可怜的人了。学校里小学、中学所教，就是要人有了许多基本的常识，免得凡事都暗中摸索。但仅仅有这点常识还不够。我们做人，总要各有一件专门职业。这职业也并不是我一人破天荒去做，从前已经许多人做过，他们积了无数经验，发现出好些原理、原则，这就是专门学识。我打算做这项职业，就应该有这项专门的学识。例如我想做农吗？怎样的改良土壤，怎么的改良种子，怎么的防御水旱、病虫等等，都是前人经验有得成为学识的。我们有了这种学识，应用他来处置这些事，自然会不惑；反是则惑了。做工、做商等等，都各有他的专门学识，也是如此。我想做财政家吗？何种租税可以生出何样结果，何种公债可以生出何样结果等等，都是前人经验有得成为学识的。

我们有了这种学识，应用他来处置这些事，自然会不惑；反是则惑了。教育家、军事家等等，都各各有他的专门学识，也是如此。我们在高等以上学校所求的知识，就是这一类。但专靠这种常识和学识就够吗？还不能。宇宙和人生是活的，不是呆的；我们每日所碰见的事理，是复杂的、变化的，不是单纯的、印板的。倘若我们只是学过这一件，才懂这一件，那么，碰著一件没有学过的事来到跟前，便手忙脚乱了。所以还要养成总体的智慧，才能有根本的判断力。这种总体的智慧如何才能养成呢？第一件，要把我们向来粗浮的脑筋，着实磨炼他，叫他变成细密而且踏实。那么，无论遇着如何繁难的事，一定可以彻头彻尾想清楚他的条理，自然不至于惑了。第二件，要把我们向来昏浊的脑筋，着实将养他，叫他变成清明；那么，一件事理到跟前，我才能很从容、很莹澈的去判断他，自然不至于惑了。以上所说常识、学识和总体的智慧，都是知育的要件，目的是教人做到“知者不惑”。

2.怎么样才能不忧呢？

为什么仁者便会不忧呢？想明白这个道理，先要知道中国先哲的人生观是怎么样。“仁”之一字，儒家人生观的全体大用都包在里头。“仁”到底是什么，很难用言语来说明，勉强下个解释，可以说是：“普遍人格之实现。”孔子说：“仁者，人也。”意思是说人格完成就叫做“仁”。但我们要知道，人格不是单独一个人可以表现的，要从人和人的关系上看出来。所以“仁”字从二人，郑康成解他做“相人偶”。总而言之，要彼我交感互发，成为一体，然后我的人格才能实现。所以我们若不讲人格主义，那便无话可说；讲到这个主义，当然归宿到普遍人格。换句话说，宇宙即是人生，人生即是宇宙，我的人格和宇宙无二无别。

体验得这个道理，就叫做“仁者”。然则这种“仁者”为什么就会不忧呢？大凡忧之所从来，不外两端：一曰忧成败，二曰忧得失。我们得着“仁”的人生观，就不会忧成败。为什么呢？因为我们知道，宇宙和人生是永远不会圆满的，所以《易经》六十四卦，始“乾”而终“未济”；正为在这永远不会圆满的宇宙中，才永远容得我们创造进化。我们所做的事，不过在宇宙进化几万里的长途中，往前挪一寸两寸，那里配说成功呢？然则不做怎么样呢？不做便连这一寸两寸都不往前挪，那可真是失败了。“仁者”看透这种道理，信得过只有不做事才算失败，凡做事便不会失败；所以《易经》说：“君子以自强不息。”换一方面来看，他们又信得过凡事不会成功的，几万里路挪了一两寸，算成功吗？所以《论语》：“知其不可而为之。”你想：有这种人生观的人，还有什么成败可忧呢？

再者，我们得着“仁”的人生观，便不会忧得失。为什么呢？因为认定这件东西是我的，才有得失之可言。连人格都不是单独存在，不能明确的画出这一部分是我的，那一部分是人家的，然则那里有东西可以为我所得？既已没有东西为我所得，当然也没有东西为我所失。

我只是为学问而学问，为劳动而劳动，并不是拿学问劳动等等做手段来达某种目的——可以为我们“所得”得。所以老子说：“生而不有，为而不恃。”“既以为人，已愈有；既以与人，已愈多。”你想：有这种人生观的人，还有什么得失可忧呢？总而言之，有了这种人生观，自然会觉得“天地与我并生，而万物与我为一”，自然会“无入而不自得”。他的生活，纯然是趣味化、艺术化。这是最高的情感教育，目的是教人做到“仁者不忧”。

3.怎么样才能不惧呢？

有了不惑、不忧功夫，惧当然会减少许多了。但这是属于意志方面的事。一个人若是意志力薄弱，便有很丰富的知识，临时也会用不着；便有很优美的情操，临时也会变了卦。然则意志怎么会才坚强呢？头一件须要心地光明。孟子说：“浩然之气，至大至刚。”“行有不慊于心，则馁矣。”又说：“自反而不缩，虽褐宽博，吾不惴焉；自反而缩，虽千万人，吾往矣。”俗词说得好：“生平不作亏心事，夜半敲门也不惊。”一个人要保持勇气，须要从一切行为可以公开做起，这是第一著。第二件要不为劣等欲望所牵制。《论语》说：“子曰：‘吾未见刚者。’或对曰：‘申枨。’子曰：‘枨也欲，焉得刚？’”被物质上无聊得嗜欲东拉西扯，那么百炼成钢也会变成绕指柔了。

总之，一个人的意志，由刚强变为薄弱极易，由薄弱返到刚强极难。一个人有了意志薄弱的毛病，这个人可就完了。自己作不起自己的主，还有什么事可做！受别人压制，做别人奴隶，自己只要肯奋斗，终能恢复自由。自己的意志做了自己嗜欲的奴隶，那么，真是万劫沉沦，永无恢复的余地，终身畏首畏尾，成了个可怜人了。孔子说：“和而不流，强哉矫；中立而不倚，强哉矫。国有道，不变塞焉，强哉矫；国无道，至死不变，强哉矫。”我老实告诉诸君说罢，做人不做到如此，决不会成一个人。但是做到如此真是不容易，非时时刻刻做磨炼意志的功夫不可。意志磨炼得到家，自然是看着自己应做得事，一点不迟疑，扛起来便做，“虽千万人吾往矣。”这样才算顶天立地做一世人，绝不会有藏头躲尾、左支右绌的丑态。这便是意育的目的，要教人做到“勇者不惧”。

我们拿这三件事作做人的标准，请诸君想想，我自己现时做到那一件？——那一件稍微有一点把握。倘若连一件都不能做到，连一点把握也没有，嗳哟！那可真危险了，你将来做人恐怕就做不成。讲到学校里的教育吗，第二层的情育第三层的意育，可以说完全没有，剩下的只有第一层的知育。就算知育罢，又只有所谓常识和学识，至于我所讲的总体智慧靠来养成根本判断力的，确是一点儿也没有。这种“贩卖智识杂货店”的教育，把他前途想下去，真令人不寒而栗！现在这种教育，一时又改不来，我们可爱的青年，除了他更没有可以受教育的地方。诸君啊！你到底还要做人不要？你要知道危险呀！非你自己抖擞精神想法自救，没有人能救你呀！

诸君啊！你千万不要以为得些断片的知识，就算是有学问呀！我老实不客气告诉你罢；你如果做一个人，知识自然是越多越好；你如果做不成一个人，知识却越多越坏。你不信吗？试想想全国人所唾骂的卖国贼某人某人，是有知识的呀，还是没有知识的呢？试想想全国人所痛恨的官僚、政客——专门助军阀作恶、鱼肉良民的人，是有知识的呀，还是没有知识的呢？诸君须知道啊！这些人当十几年前在学校的时代，意气横厉，天真烂漫，何尝不和诸君一样，为什么就会堕落到这样的田地呀？屈原说："何昔日之芳草兮，今直为此萧艾也？岂其有他故兮，莫好修之害也。"天下最伤心的事，莫过于看着一群好好的青年，一步一步的往坏路上走。诸君猛醒啊！现在你所厌、所恨的人，就是前车之鉴了。

诸君啊！你现在怀疑吗？沉闷吗？悲哀、痛苦吗？觉得外边的压迫你不能抵抗吗？我告诉你：你怀疑、沉闷，便是你因不知才会惑；你悲哀、痛苦，便是你因不仁才会忧；你觉得你不能抵抗外界的压迫，便是你因不勇才有惧。这都是你的知、情、意未经过修养、磨炼，所以还未成个人。我盼望你有痛切的自觉啊！有了自觉，自然会自动。那么学校之外，当然有许多学问，读一卷经，翻一部史，到处都可以发见诸君的良师呀！

诸君啊！醒醒罢！养定你的根本智慧，体验出你的人格人生观，保护好你的自由意志。你成人不成人，就看这几年哩！

（选自夏晓虹编：《梁启超文选》（下），中国广播电视出版社1992年版，第481-487页）

抱赤子之心，以迎接一切　　钱穆

今日是本院大学部第六届毕业典礼，也是本院研究所正式成立以来第一届毕业典礼，并且将正式颁授硕士学位。

今天每位毕业同学，已在大学中完成了学业阶段，将由学校时的青年时代进为社会的成年时代。各位将来进入社会做事，无论在哪一岗位，都应具有愉快心情及活泼生气，去迎接当前任务。尽自己最大的力量，去努力担负你的责任。

俗语说："做一天和尚撞一天钟。"这句俗语普通人只看其消极的方面，认为是过一天算一天，敷衍过去就算了。其实此话有其积极的意义，即是一天在职位上，就当牢守一天的岗位，尽量把事情干好。

俗语又说：“一个和尚挑水吃，两个和尚抬水吃，三个和尚没水吃。”此话说出了一般人依赖推诿的心理，但如我们人人各自在自己的岗位上尽力，那么三个和尚不但不会没水吃，而且将会有6桶水了。

俗语还说：“各人自扫门前雪，哪管他人瓦上霜。”一般人以为这是自私自利的行为，但从另一方面来讲，却是积极的本分负责。试想，他人瓦上霜有多少？如果连自己门前的雪都没有扫，难道还有力量去管别人吗？霜是在瓦上的，留着无大碍。雪是在门前的，留着会阻路。如果人人都把自己门前的雪扫清了，就会打开一条四通八达的大路，对人人都有利益。

其次希望各位踏入社会做事，当力求上进。有些人在没有谋得职位前，什么事都愿意干。谋得了，就发怨言，对所处的人事环境都不满意，这种心理要不得。我们不应该计较名誉地位，不应三心二意，我们当努力于当前的事业岗位，带着好像初进大学第一天的那种活泼、热诚、兴奋、鼓舞的心情，就会觉得干什么事都有意义了。

一个人是最怕没志气没活力，意志消沉颓唐，做事敷衍塞责，那就什么都完了。我们不应贪小利、小便宜，当脚踏实地地去做。所谓上进，并不指求天天有更高的职位与名利，而是不断地完成充实自我。不要老批评别人不好，当反省自己的缺点。求学与做事，齐头并进，人人都易上进，这社会就好了。我们当知，社会不好，责任在我，那么社会自然上轨道了。

我顺便讲一个故事，当40余年前，即1913年，我在无锡一座家乡小学任教，有一位我所喜爱的学生毕业了，又去上海读书。中学毕业回来，我请他同我一起在小学教书，但他不肯，他说：“我今年教小学，明年教小学，一辈子教小学，这不是我的好前途，有什么意义呢？”这种意见是错误的，我们只应把当前的事尽力办好，牢守岗位，力求上进。

至于前途，不必太计较。要知道一个人的升迁际遇，有时是靠机会，个人不能勉强。但是我们亦当知道，如果我们尽责任，力求上进，那么社会也就决不会让我们永远吃亏。要紧的是我们当抱赤子之心，以迎接一切。我们不要以为社会是黑暗的，而我们应该用眼睛照亮这社会，光明是从我们每个人的眼中发出去的。

各位不要以为这是老生常谈，当记得我这一番话，十年二十年以后仍然有用，并知道其好处，及当如何处世做一个人。

（本文是1957年7月，钱穆在新亚学院第六届毕业典礼上的演讲词。选自《中外演讲名篇赏析》，西南师范大学出版社2014年1月第1版）

第三节　即兴说话训练

训练目标

1. 了解即兴说话的特点和要求。

2. 掌握即兴说话的技巧。

3. 通过训练能根据话题要求即兴说话。

训练指导

一　即兴说话概述

即兴说话，是不凭借文稿来表情达意、随机自由的口语表达方式。可以是在特定情境或者主题诱发下，应邀或者主动自发的说话。

即兴说话的主要特点：

1. 现想现说，临场发挥

即兴说话是临场构思，随想随说，要求说话者迅速构思、明确主题，快速组织语言，思维敏捷，出口成章。即兴说话是高水平的口语交际能力的体现。

2. 内容灵活，适用面广

日常生活中，说话者联系特定情境，确定话题，阐述观点，选择内容材料，随性随情，十分灵活。如，介绍、表态、建议、祝贺等。

3. 话题集中，短小精悍

即兴说话有较强的针对性，话题要与特定的场景相吻合，与语境和主题密切相关，有感而发。

即兴说话需要多方面的知识积累，日常生活中要注意思维能力、语言表达能力和应变能力培养。

技能训练

恩师寿宴祝酒词

各位领导、老同学们：

值此尊敬的老师xx华诞之时，我们欢聚一堂，庆贺恩师健康长寿，畅谈离情别绪，互勉事业腾飞，这一美好的时光，将永远留在我们的记忆里。

现在，我提议，首先向老师敬上三杯酒。第一杯酒，祝贺老师华诞喜庆；第二杯酒，感谢老师恩深情重；第三杯酒，祝愿老师百岁高龄！

一位作家说："在所有的称呼中，有两个最闪光、最动情的称呼：一个是母亲，一个是老师。老师的生命是一团火，老师的生活是一曲歌，老师的事业是一首诗。"那么，我们的恩师——尊敬的x老师的生命，更是一团燃烧的火，一曲雄壮的歌，一首优美的诗。

x老师在人生的旅程上，风风雨雨，历尽沧桑，他的生命，不仅在血气方刚时喷焰闪光，在壮志暮年时依旧流光溢彩。

衷心地祝愿老师福如东海，寿比南山！干杯！

优秀青年代表"五四"演讲

尊敬的各位领导、同事们：

大家下午好！

我是xx，在xx工作。今天能够在这里发言，向各位领导、同事汇报自己的思想、生活和工作情况，感到非常荣幸。

我xx来到这里，各位领导、前辈对青年员工的成长非常重视，时刻以耐心、热情的态度，关心着、指导着我们这些青年人思想、工作上的每一点进步，在这里请允许我向你们的辛勤付出表达衷心的感谢。

下面我谈谈青年人如何做好自己的本职工作，不妥之处，请大家多提宝贵意见。

一是要打好能力基础。我们要相适应不断发展变化的工作环境，在大浪淘沙中实现提升，就必须持之以恒地学习、锻炼、积累、提高，不断为自己的人生增加重量，增强底气，不断打牢自身成长进步的根基。

二是拿出青年人应有的开拓进取的胆量和"闯"劲儿。善于给自己加担子，充分发挥青年人思路新颖、初生牛犊不怕虎的特点，使自己的执行、协调等各方面的能力得到提升。

三是多学习。少一些轻浮急躁，多一些笔墨书香；向书本学、向前辈学、向实践学，在实践中不断磨练自己，提升自己的业务水平。真正做到“眼勤”“手勤”“脑勤”，做好自我调整，注重自我改造。

工作岗位是人生旅途新的起点，也是实现人生价值的舞台。我庆幸能够融入这个温暖、充满活力的大家庭，我将一如既往地踏实工作、诚恳待人，扎扎实实地走好人生每一步。

谢谢大家！

训练指导

二 即兴说话技巧

1.借用情境，捕捉话题

依据特定的环境选择合适的话题，明确主题，根据自己所处的场合、环境、交际对象的特征，特定的时间、地点、实物等可以利用的情境因素和情境特点，展开联想、想象，确定说话的内容。

2.思路明晰，条理清楚

确定说话内容后，迅速理清层次，先说什么，后说什么，怎样过渡引申，怎样结尾提炼主题、深化主旨，心中有数，做到条理分明。

3.语言简洁，通俗生动

即兴说话是有声语言表达形式，声音稍纵即逝，要求语言准确，通俗易懂，流利晓畅，具体切实，便于听众捕捉信息，迅速理解话题主旨，语言可以恰当运用一些修辞手法，增强趣味性、生动性，提高说话的感染力，与听众产生情感共鸣。

4.仪态端庄，自然大方

说话时眼神、表情、手势、身姿、服饰与话题内容相融合，统一协调，镇定从容，精神放松，充满自信，神态自若，与听众自然交流。

技能训练

教师节庆祝会发言

各位领导、各位老师：

大家好！

天高云淡的九月，花香阵阵，硕果累累。伴随着新学期的钟声，我们又迎来了一年一度的教师节。在这里，首先祝各位老师节日愉快，身体健康！

作为一名普通的人民教师，能在这里表达我们的心声和对未来的憧憬，深感荣幸，也有些许的忐忑。

作为教师，我们坚守在教书育人的岗位上，虽说经济上并不富有，但我们是精神上的富翁。我们的付出赢得了学生的崇敬和爱戴，我们教育的学生正在成为各行各业建设者大军的有生力量，成为祖国的栋梁之材，我们正在为祖国的繁荣昌盛贡献自己的青春和才智。

老师们，雄鹰用翱翔回报蓝天，骏马用驰骋回报草原，我们唯有把激情和梦想奉献给国家的教育事业，才无愧于教师这个光荣的称号。

让我们携起手来，把今天作为一个新的起点，在各自的岗位上，齐心协力，奋发进取！

谢谢大家！

莫问收获　但问耕耘　　梁启超

孩子们：

思成和思永同走一条路，将来互得联络观摩之益，真是最好没有了。思成来信问我有用无用之别，这个问题很容易解答，试问开元天宝李白、杜甫与姚崇、宋璟比较，其贡献于国家者孰多？为中国文化史及全人类文化史起见，姚、宋之有无，算不得什么事；若没有了李、杜，试问历史减色了多少呢？

我并不是要人人都做李、杜，不做姚、宋，要之，要各人自审其性之所近何如，人人发挥其个性之特长，以靖献与社会，人才经济莫过于此。思成所当自策厉者，惧不能为我国美术界作李、杜耳。如其能之，则开元、天宝间时局之小小安危，算什么呢？你还是保持这两三年来的态度，埋头埋脑去做便对了。

你觉得自己天才不能负你的理想,又觉得这几年专做呆板工夫,生怕会变成画匠。你有这种感觉,便是你的学问在这时期内将发生进步的特征,我听见倒喜欢极了。孟子说:“能与人规矩,不能使人巧。”凡学校所教所学总不外规矩方圆的事,若巧则要离了学校方能发见。规矩不过求巧的一种工具,然而终不能不以此为教、以此为学者,正以能巧之人,习熟规矩之后,乃愈益其巧耳。不能巧者,依着规矩可以无大过。

你的天才到底怎么样,我想你自己现在也未能测定,因为终日在师长指定的范围与条件内用功,还没有自由发掘自己性灵的余地。况且凡一位大文学家、大美术家之成就,常常还要许多环境与其附带学问的帮助。中国先辈说“读万卷书,行万里路”。你两三年来蛰居于一个学校的图案室之小天地中,许多潜伏的机能如何便会发育出来,即如此次你到波士顿一趟,便发生许多刺激,去去波士顿算的什么,比起欧洲来真是“河伯”之与“海若”,若和自然界的崇高伟丽之美相比,那更不及万分之一了。然而令你触发者已经如此,将来你学成之后,常常找机会转变自己的环境,扩大自己的眼界和胸怀,到那时候或者天才会爆发出来,今尚非其时也。

今在学校中只有把应学的规矩,尽量学足,不唯如此,将来到欧洲回中国,所有未学的规矩也还须补学,这种工作乃为一生历程所必须经过的,而且有天才的人绝不会因此而阻抑他的天才,你千万别要对此而生厌倦,一厌倦即退步矣。至于将来能否大成,大成达怎么程度,当然还是以天才为之分限。

我生平最服膺曾文正两句话:“莫问收获,但问耕耘。”将来成就如何,现在想他则甚?着急他则甚?一面不可骄盈自慢,一面又不可怯弱自馁,尽自己能力做去,做到哪里是哪里,如此则可以无入而不自得,而于社会亦总有多少贡献。我一生学问得力专在此一点,我盼你们都能应用我这点精神。

爹爹

1927年2月16日

第四节　主持人口语训练

训练目标

1. 明确主持人口语表达的基本要求。

2. 掌握会议主持、联欢会主持的技巧。

3. 力求在主持中做到观察敏锐、灵敏应变、表达明快、引导有方。

训练指导

一　主持人的基本要求

1. 敏锐的观察力。主持人要具备敏锐的观察能力，在主持活动中面对复杂的情况，随时观察现场的变化，并且迅速针对不同情况做出判断和相应的调整，表达自己的观点和见解，掌握主持活动的主动权。

2. 准确的记忆力。主持人在活动前要储备有关主持主题相关的大量知识，建立信息的"材料仓库"。相关的资料、数字、典故、趣事等要求记得没有差错，需要使用时能够脱口而出，语言内容具有知识性、趣味性，以引起观众的浓厚兴趣。

3. 灵敏的应变力。主持人必须能够快速思考、准确地进行综合分析与判断，巧妙地根据现场观众情绪、气氛和突发状况调整语言，做出恰当的处置。

4. 得体的态势语。主持人热情诚恳、亲切自然的微笑，是连接观众的心理桥梁。微笑是主持人最好的非语言态势语信息，真诚、自然、朴实，发自内心与主持内容、情景相协调的表情，是影响观众心理和情绪的重要因素。

5. 明快的语言表现力。主持人说话要轻松洒脱，简洁明快，生动形象，根据场合调整语言风格。轻松畅达、条理明晰才能够统摄全场。

技能训练

学校领导在家长会上主持发言

各位家长朋友：

下午好，大家辛苦啦！

寒假来了，一年将尽，我们的孩子又要长大一岁了。今天在这里召开xx年级家长会，欢迎大家来到学校指导工作。

作为家长，不管你有多忙，能抽出时间参加这次家长会，同老师交流一下教育孩子的心得，实在是件很有意义的事情。

今天，召开家长会的目的，是加强班主任、任课老师和家长朋友们之间的联系，共同探讨教育孩子的对策和方式方法，同时促进家长参与到学生教育管理中来，以便老师能够了解学生的家庭成长环境，及时调整工作方法，形成学校教育和家庭教育的合力，提高教育教学质量，实现我们的共同目标。

各位家长朋友，希望在今后的工作中能够得到你们更多的支持与配合，建议如下：

第一，家长朋友要积极参与到孩子们的教育中来。

第二，对班级建设提出积极的建议。

第三，在班主任的指导下，有效参与班级管理。

第四，帮助孩子安排好假期生活。

家长朋友，一个学生没有教好，对老师来说，可能是几十分之一的遗憾；但对家长来说，将导致整个家庭百分之百的失望。我们不敢马虎，不敢有丝毫的懈怠，会倾注全部的热情和无私的爱到工作中去；你们是孩子的父母，是孩子成长的第一任老师，是孩子的第一监护人和责任人，要保障孩子学习所需，科学合理地安排好他们的生活，关注孩子的喜怒哀乐，帮助孩子走好人生的每一步。有了您的配合，我们坚信，您的孩子一定会健康愉快地成长。

最后，祝愿大家在新的一年里，万事顺意！安康吉祥！

训练指导

二 会议主持训练

1.周密的准备。主持人对会议讨论的内容要心中有底,要熟悉相关情况,并且能够对会议可能出现的情况做好预测思考。

2.做好“开场白”。“开场白”要打开局面,稳定、吸引听众的注意力,导入议题,形成轻松活泼的会议基调。

3.冷静疏导。适时对议题做好分解,启发听众从不同角度发表意见。

4.积极推进。及时提炼出关键处或有分歧的部分进行讨论,将问题引向更深入探讨。

5.调节情绪。讨论遇到冷场现象,要热情启发、鼓励发言;遇有激烈争论或者冲突,需要劝说缓解,或者适时转换议题角度。

6.调控议题。会议讨论偏题、离题时,要及时介入,用恰当的过渡语将讨论引回正题。

7.适时终结。审时度势地对会议做出阶段性小结,对议题讨论结果做出归纳总结,形成会议共识。

技能训练

班主任主持家长会

家长朋友们:

大家好!

今天我们聚在这里,共同探讨教育孩子这样一个重要话题。孩子是我们每一位父母的希望,我们很多没有实现的愿望,期待着孩子们替我们完成。

作为孩子们的班主任,我们共同度过了一年的美好时光,每个孩子在我心里都留下深刻的印象:聪明的李萍,沉稳的龚丽,能干的张雪,扎实的陆敏,勤奋的丁浩……可爱的孩子们像影子一样时刻围绕在我们身边。

这些孩子身上倾注了家长们深深的爱,孩子身上带着父母的影子,是父母对孩子爱的体现。这学期进步特别大的有xxx,父母对她细致耐心的辅导,着实让我们感动,还有xx,在父母指导下,书写工整啦,学习进步了……

希望在接下来的讨论中,让我们更多地了解你的孩子个性、爱好、家庭成长环境,听取您对孩子教育的建议,教育好孩子,建设好我们的班级。

…………

谢谢大家热情参与我们的讨论,感谢家长朋友对我们工作的肯定和激励,我们对家长朋友的建议做了详细的记录。

我们是爱岗敬业的老师,乐于奉献充满活力,有爱心、事业心,在家长朋友的支持和鼓励下,一定会倾注无私的爱,教育好孩子们,请家长放心!

谢谢大家!

训练指导

三　联欢会主持

1. 热情诚恳,语声清亮。主持人的能耐就是善于激情激趣,善于诱发观众的观赏热情,凝聚观众的注意力,朗诵开场词时要情感饱满,语气上扬,营造欢乐的气氛;结束语充满激情,令人回味。

2. 串联自然,推波助澜。主持人在联欢会主持中要挥洒自如,妙语连珠,巧妙地将节目内容、特色、节目之间的内在联系,以及对节目表演者的夸赞,用生动的艺术语言连缀起来,穿插趣闻轶事、笑话谐语,不断激起欢乐的浪花,把晚会推进、引向高潮。

技能训练

元旦联欢晚会开场词

甲:新年的钟声即将敲响,时光的车轮又留下一道深深的印痕。伴随着冬日里温暖的阳光,xx元旦如约而至。

乙:新年拉近了我们成长的距离,

甲:新年染红了我们快乐的生活。

丙:新年让我们截取了四季的片段,

丁:新年令我们的人生充满遐想。

合:这一刻,我们已经感到了春的气息。

甲:今天,我们相聚在这里,享受缘分带给我们的欢乐,享受这段美好时光。

乙:今天,我们相聚在这里,一齐用心感受真情,用爱融化冰雪。

丙:今天,我们相聚在这里,敞开你的心扉,释放你的活力。

丁:今天,我们相聚在这里,这里将成为欢乐的海洋,让欢声笑语响彻云霄!

女合:看,阳光灿烂,这是新年绚丽的色彩;

男合:听,金钟朗朗,这是新年动人的旋律。

合:xx年元旦晚会正式开始!

艺术节音乐会主持

开场语

甲:尊敬的各位领导、老师:

乙:亲爱的同学们、朋友们!

合:晚上好!

甲:在这莺歌燕舞、百鸟争鸣、姹紫嫣红、绚丽多姿的日子里,我们迎来了第x届校园艺术节音乐会。

乙:艺术节活动中,同学们高扬智慧的风帆,有思想的遨游,有感情的抒发,有青春的旋律,有技能的展示,有科学的探索,有毅力的体现,有诗意的飞扬……

合:这一切的一切,充分展现了当代学子的青春活力,展现了当代青年的精神风貌。

甲:艺术节压轴大戏——音乐会即将拉开帷幕。

乙:让我们以热烈的掌声预祝音乐会演出成功!

…………

甲:有缘才能相聚,有心才会珍惜。只要我们人人心中有他人,我们生活的社会就是一个温暖的大家庭。

乙:当别人快乐时,好像自己获得了幸福;当别人受伤时,我愿敞开最真的怀抱。

合:因为我们是一家人。

甲：请欣赏小合唱《相亲相爱》，由校学生会表演。

…………

甲：一曲《相亲相爱》把我们的感情拉得更近，把我们的友谊融得更紧。

乙：我爱我们的学校，这是我们学知识、长智慧、增才干的地方。

甲：我爱我们的班级，这里有我们荣辱与共、情同手足的同学。

乙：请欣赏《职业教育之歌》，由xx班演唱。

…………

结束语

甲：轻松活泼的校园，永远是最亮丽的风景线。

乙：音乐会的时间虽然短暂，但艺术的空间是无限的。

合：让我们将音乐会的热情转化为学习的动力，用知识开启理想之门，用才干塑造艺术人生。

第五节　交际语训练

训练目标

1. 了解交际语的内容、特点及作用。

2. 掌握交际口语的表达技巧。

3能够根据不同场合，自然得体地恰当运用交际语技巧。

训练指导

一　交际语概述

交际语训练

交际语，是人们在日常交际活动中运用有声语言交流信息、表达思想感情的社会活动方式。

随着社会发展、科技进步，交际关系这种人与人之间的联系，更加密切，相互沟通更加广泛。善于交际的人，更容易得到重视，受到人们的欢迎，赢得他人的尊重、信任、友谊，获得支持和帮助。口语交际是建立和协调人际关系的重要手段。

口语交际的特点：

1.及时性

要做到口语交际过程中，心到口到，内部语言的思维必须快于外部语言的表达，口语交际参与者必须思维敏捷，反应灵敏，表达迅速。

2.突发性

口语交际的具体情况一般有两种：一是双方都没有准备，不期而遇进行的交谈；二是一方有准备，其他参与者没有准备。具有突发性，口语交际参与者能够随机应变，调整表达内容和表达方式。

3.特定性

交际语的运用有特定的交际对象、时间、空间、具体场景，切合一定的题旨和情景，要做到自然得体，与交际者的身份、对象、交际目的相适应。

4.综合性

交际语的运用能力主要由两个方面的能力决定：一是语言知识的掌握和运用能力；二是社会文化知识的掌握和运用能力。口语交际者的思想、人格、形象、风度、个性、气质，以及敏捷的思维、渊博的知识、丰富的人生经验、良好的语言造诣都对交际活动的成功与否起着至关重要的作用。交际语的运用是一种综合性的语言表达艺术。

技能训练

英国维多利亚女王与丈夫阿尔伯特虽然相亲相爱，感情和谐，但由于社会角色的不同，女王经常出入社交场合，而她丈夫对社交不感兴趣，因此，两人也闹些别扭。有一天，女王独自去参加社交活动，深夜才回寝宫，只见房门紧闭着。女王走上前去敲门，房内，阿尔伯特问："谁？"女王答："我是女王。"门未开，女王再次敲门，阿尔伯特又问："谁呀？"女王回道："维多利亚。"门仍未开。女王徘徊了半晌，又上前敲门。阿尔伯特仍旧问道："谁呀？"女王温柔地回答说："你的妻子。"这次门开了，阿尔伯特热情地把女王迎了进去。

训练指导

二　交际语的类型和技巧

1. 交谈的特点

(1)互动性

交谈是双向或者多向互动交流信息、表达感情的有声语言活动过程。交谈参与者既是发言者,同时也听众,在共同的信息传递互动中相互转换,需要双方或者多方的配合、激发和补充,要善于说,也要善于倾听,围绕特定的话题,发表各自的意见,阐述观点,表达感情。

(2)灵活性

交谈的内容灵活,交谈参与者可以就一个共同话题深入展开,也可以随时转换新的话题。交谈的场合灵活,可以根据交谈参与者的对象、时间、方式,依据交谈的目的和条件,自主选择交谈场合,创造适宜的交谈氛围,以利于交谈目的的实现。

(3)口语化

交谈用语要求平实自然,语言信息传递快捷,不需要有过多的加工润色修饰,以达意为主,可以更多地借助表情、身姿、手势、交谈环境,这些非语言因素实现交谈目的。口语化是显著的用语特点。

2. 交谈的技巧

(1)了解对象,讲求方式

对交谈参与者,做到心中有数。了解他们的职业、文化水平、性格特点以及对自己的态度看法,交谈者的处境、心境和思想状态。据此选择恰当的交谈方式,以平等诚挚的态度,与交谈者建立起感情和信任,使交谈参与者有交谈的欲望。

(2)选择场合,抓住时机

交谈的环境和场合影响交谈者的心理状态,在交谈前要提前审视交谈的环境和场合,抓住时机,及时交流沟通信息,进行交谈。

(3)细心倾听,善于交流

会听才能准确把握交谈者的意图,并且鼓励交谈者继续谈下去,更准确传递信息,更充分表达感情;要及时对交谈者的谈话做出积极反应,准确捕捉话语信息,正确理解话语内涵,抓住谈话要点,体察谈话中的言外之意,注意交谈者的语气、用词、言谈背景。提高交谈的质量和效率。

(4)把握话题,控制场面

话题反映交谈者的动机,限制谈话的内容、范围和重点。

第一,提出话题。话题的提出要依据交谈的动机、对象、内容和环境的不同,可以直截了当,可以迂回切入,也可以引而不发。

第二,展开话题。用自己的话诱发对方的兴致,自己及时作出反应。洗耳倾听的姿态、诚恳热情的表情、鼓励期盼的眼神,有利于交谈的深入。

第三,控制话题。交谈偏离话题时要及时作出调整和控制,可以委婉提醒,重新拉回话题;一个话题结束自然转移到新的话题。

第四,结束话题。话题结束时,明确该话题的意图是否清楚,总结归纳谈话达成的共识。

技能训练

甲:今天天气晴朗,风也不大,最适合打羽毛球了,你会打羽毛球吗?咱们打羽毛球好吗?

乙:我可是从没有打过。

甲:没关系,我教你,不难学,慢慢来。

乙:那我可能是最笨的学生。

甲:能教会最笨的学生才是好老师啊!

乙:那你很会打了?

甲:哪里,就是比你多打几次而已。

乙:有你当老师,真好!那我不怕了。

甲:不过,当学生不要怕疼哦!

乙:怎么会疼呢?

甲:明天一早起来腰酸腿痛。

乙:没关系,我是应该多锻炼锻炼。

训练指导

3.交谈的方式

(1)寒暄

泛指交谈见面时各种应酬性的话语。作为人际交往的手段寒暄具有很明显的礼节性,表达自己对交谈者的喜爱,表示自己的欢迎,以便联络感情,保持友好关系。寒暄时的称呼用语要考虑地域特点、时代变化，对方的年龄、身份、以及心理需求，寒暄的目的是为深入交谈创造良好和谐氛围、引出共同话题做铺垫。

技能训练

甲：您好！看您在台上台下忙忙碌碌，快歇会儿，开场舞蹈是您在指导吧？

乙：是的。

甲：舞蹈欢快祥和，真不错！我也是这次演出的指导老师，以后想跟您多学习。我姓李，

是xx学校的我舞蹈老师，请问您贵姓？

乙：免贵了，小姓陈，是xx学校的，您叫我小陈好了。我也希望多跟您交流呢。

甲：那我们互相学习。

训练指导

（2）聊天与谈心

聊天是没有明显功利目的、放松休闲的交谈方式。话题的切入一般可以从相似的地域、相似的职业、相似的经历，也可以从对方感兴趣的话题或者最近的热点新闻入手。闲聊中注意气氛轻松愉快，避免具有挑战性的话题，以免不必要的分歧和争论。

谈心，是人和人之间近距离坦诚交流、交换心得、表达主张的口语交际方式。谈心要提前做好准备，了解对方的想法和心理状态，平等相待，态度诚恳，语气和缓，给交谈对方信任感。

（3）劝说与拒绝

劝说，是一方说服另一方，令其改变态度，接受劝导的一种方式。劝说要有针对性，对对方的观点、态度、精神状态以及缘由，要有正确的分析和判断，做到有的放矢，把话说到心坎上。劝说时可以使用“心理相容”的方法，站在对方的立场想问题，为对方的利益着想，或者述说与对方相同的经历和相同的愿望。

拒绝，在日常生活中学会说“不”，即在口语交际中不接受他人的要求或

者请求。使用拒绝我们要注意:一是保持适当的距离。知道对方有请托要求时,不要表现得过于热情,适当地保持距离,让对方有明确地提出要求不合理或者“碰壁”遭拒的预感,进而放弃不合理要求、请托,避免尴尬难堪。二是态度要坚决,讲究方法,措辞得当,说明拒绝的理由,以求对方理解。三是给予适当的补偿,提出适当可行的其他建议,缓和气氛。四是触犯原则、底线的要求、请托,即使面对强大的压力,也要坚决拒绝,更要讲究艺术,语气平和舒缓,内心坚定。

技能训练

母:今天放假,初中生了,自己和同学出去游玩,开心吗?

子:开心。

母:听说你们四个男生、四个女生一起去的?

子:嗯。

母:你喜欢女孩子,那个女孩子怎么样?

子:漂亮,最可爱。

母:哦,你的眼光一定不错!女孩子的漂亮有两种。一种漂亮是三十岁前漂亮,爹妈给的,天生的,不好好学习,脾气大,气性高,三十岁之后越看越别扭;还有一种女孩,三十岁前看着不漂亮,相貌平平,喜欢学习,爱读书,贤惠能干,三十岁后越看越漂亮,人人喜欢。我也喜欢后一种,你喜欢的女孩是哪一种呢?

子:没想过,好复杂,我还分不清。

母:这个问题是有点儿复杂,等你长大了,能分清了,我们再来一起聊聊。

子:好吧。

训练材料

1.分组讨论下列问题,并设计提出解决问题的方法。

(1)聊天时怎样寻找话题?

(2)如何让交谈场景中的人都参与进来?

(3)如何让话题延伸拓展?

(4)如何在交谈中避免冷场?

(5)如何让聊天参与者开心愉快?

2.根据提供的场景,做角色扮演,设计劝说语。

(1)同学参加演讲比赛,临场前紧张,手足无措,准备放弃比赛。请你设计劝说,鼓励她完成比赛。

(2)英语课代表,平时成绩很好,但上周英语测试不及格,在寝室几天都闷闷不乐。假如你是她的室友,请设计劝说对话。

(3)学生李鹏,他的父母喜欢打麻将,经常带着亲朋好友到家里打麻将,严重影响李鹏的学习和休息。作为班主任怎样劝说李鹏的父母?

(4)张颖和李萍是好朋友,最近因为小事产生了矛盾,几天不讲话,寝室里同学都感到很压抑。作为寝室长,请设计劝说让她们和解。

(5)幼儿园大班小朋友李萌,妈妈对她十分溺爱,导致李萌自己动手能力差,不会系鞋带,也不会整理文具,经常丢三落四,作业拖沓。请你设计劝说李萌的妈妈。

3.根据提供的情景,设计拒绝用语,进行角色扮演。

(1)在高铁站候车大厅,一位慈眉善目的老奶奶向你走来,和你聊天,说你们是老乡,她女儿和你住得很近,请你帮忙带一件小包裹给她女儿,带到站她女儿会来取。请设计语气委婉的拒绝语。

(2)男生李某提议一起去网吧过夜玩游戏,你和他是好朋友,怎样拒绝。

(3)张某平时成绩不错,这次因为参加演讲比赛耽误了一些课,恰逢明天考试,怕考不好,要你帮她舞弊。请设计拒绝语。

训练指导

三 社交应酬语

1.接待

接待工作的特点是:礼貌待客,热情周到。接待时要根据不同的对象,采取不同的接待方法,要灵活多样,对不同的宾客,采用不同的接待规格和程序,必须按照相关的规定和具体情况确定。

(1)出迎、问候。宾客到来,热情诚挚地表示欢迎,互致问候。"您好! 欢迎来到我们学校。""欢迎您来指导我们的工作!""您是××先生? 一路辛苦啦!"

(2)介绍。与宾客相互介绍姓名、职务,明确身份、关系、称呼,可以自我介绍,也可以相互介绍。介绍时要注意礼节、顺序,态度庄重,要把身份低、年纪轻的介绍给身份高、年纪大的,把男士介绍给女士。

(3)交谈。接待中交谈是正式的工作谈话,应根据接待对象的不同,采用恰当的交谈方式和交谈话题。要注意倾听,正确理解对方的目的、要求,表明自己的观点和意见。语言要得体、委婉。

(4)送客。要起立致谢、欢迎再来。

对待宾客要一视同仁,不论地位高低,与领导关系的亲疏,都要热情接待,创造亲善友好、轻松愉快的氛围。

2.拜访

拜访是日常生活中拓宽社交范围常用的交谈方式。成功有效的拜访应该注意以下几点:

(1)约定时间。事先与受拜访者约定好时间,避免受访者没有准备,招待不周,造成尴尬难堪,在到达前最好再次确认,如果取消拜访应该提前通知对方。考虑被拜访者的年龄、身体状况、兴趣爱好,确定拜访时间的长短,这是礼节,也会影响到交际目的的实现。

(2)适度寒暄。寒暄可以融洽气氛,缩短心理距离,也为双方进入正题做好铺垫,能够体现出拜访者的诚意、周到、谦恭和教养,有利于拜访目的的实现。

(3)"对方中心"的原则。就对方关心的话题展开,并且时刻关注对方的表情,获取信息反馈,及时调整说话的内容。以听为主,准确理解对方的意图以及对方对话题的兴趣,巧妙地转移到自己的话题上,委婉表达自己的见解,争取对方的认同。

(4)举止得体。拜访要彬彬有礼,给人留下良好印象。必须注意自己的言谈举止,热情友善,得体大方,不要忽视细节。

3.求职应聘

求职应聘是一种综合性、检测性强的被动口语交际活动。用人单位通过面试谈话,能够直观地从应聘者的举止仪表、谈吐应对、业务能力、品德素养、思维能力等方面,了解应聘者是否符合他们的用人标准。

招聘用人单位一般想了解这几个方面的情况:一,你是不是适合这个工作;二,你是不是有能力做好这个工作;三,你对这个工作热爱、向往的程度。

求职应试要求:

(1)服饰得体,仪表端庄

应聘者的衣着打扮是招聘用人单位的第一印象。着装要干净整洁,得体大方，简洁朴素，不要有过多的装饰，发辫梳理清楚，化生活淡妆，与应聘工作性质相符合，随意不随便，举止大方自然，有个性有特色。

（2）情绪饱满，彬彬有礼

应聘面试要情绪饱满，精神振奋，说话谦虚有礼貌，热情坦诚，不炫耀，不浮夸，不卑不亢。称呼得当，如果不知道对方的身份，称呼“老师”，比较简单适宜。在自我介绍中，用语要礼貌；对方讲话时，要认真倾听，做出适度的反馈回应，不要打断话题或者随意插话，充分体现出应聘者良好的教养和素质。

（3）思维敏捷，巧妙应对

面试交谈前要提前做好个人简介资料，对应聘单位的基本情况作充分的了解。交谈时仔细倾听、把握主试人提出的问题，确定回答问题的侧重点和回答方式，根据提问实事求是地回答，语言简洁，思维敏捷，善于应变，能够化被动为主动。抓住时机，恰当的表达对应聘单位工作的热情和向往，表现出求职的诚意。

训练材料

1.模拟训练，分小组设计拜访一位学姐或学长、自己（初中）高中班主任、留学归国的博士。

2.模拟面试，设计回答下列问题：

（1）说说你是怎样的一个人？

（2）你为什么选择我们幼儿园？

（3）你到我们幼儿园能干什么？

（4）你有哪些特长和优势？

（5）你在学校的表现、能力如何？

（6）你的缺点和不足有哪些？

（7）你喜欢什么样的工作环境？

（8）你希望的工资月薪是多少？

第六节　辩论训练

训练目标

1. 了解辩论的形式、特点以及作用。

2. 掌握辩论的一般方法和技巧。

3. 辩论时，能做到思维敏捷，论说有理有节。

训练指导

一　辩论概述

辩论训练

辩论是持不同见解的双方或者多方，就同一话题进行的言语交锋。辩论以阐述为基本表达方式，以彰显真理、伸张正义、明辨是非、批驳谬误为目的。

辩论的基本表达方式是阐述。辩论既要旗帜鲜明地提出自己的观点，也要尽全力阐述这一观点的正确，同时要依据事实材料和逻辑推理反驳对方的观点，充分阐述对方观点、议论的错误。证明性的阐述和反驳性阐述互相结合，辩论中要熟练正确地运用阐述的表达方式，遵循阐述的逻辑法则。

辩论为了更好地展开，双方应有必要的共识和前提。比如，社会公理、客观的科学规律、基本的社会常识，或者是法律法规、道德准则、行为规范，思维逻辑关系同一律、矛盾律、排中律、充足理由律等正确的推理方法。有共同的基本的价值取向和是非标准，才能形成思想的交锋，达到明辨是非、探求、坚持真理的目的。

辩论的特点：

1. 观点对立

辩论是以相对立的命题A或者非A的形式出现，辩论双方的观点是对立的，或存在明显的分歧。辩论者用事实材料、依据逻辑关系证明要对方承认自己观点的正确；也要针锋相对地批驳对方的观点，迫使对方放弃错误认识。辩论具有鲜明的对立特征。

2.论理严密

辩论中，一方面要使自己的观点正确、鲜明，论据充分有力，阐述符合逻辑关系，战术灵活适当，力求本方的观点坚如磐石，无懈可击；另一方面，要善于在对方的阐述中寻找纰漏，抓住破绽，辩驳对方的错误。辩论阐述逻辑要求更严密，论述更周全。

3.思维机敏

辩论中双方唇枪舌剑、针锋相对，必须能够明察对方的策略，应对对方的进攻，积极组织材料进行有效有力的反击。思维机敏是辩论胜利的关键。在日常口语训练中，要不断磨炼机敏的思维。

4.现场表达

辩论是面对面的现场口语表达。辩论中未知的因素和临场变化非常复杂，受对方辩论的观点影响制约的因素也很多，双方辩手都难以事先把握对方的观点、论据、阐述方式，也难以洞悉对方的辩论战略和战术配合。辩论时一定要注意观察、应对现场的变化，适时把握时机，突破对方的防线。

技能训练

观看1993年大专辩论赛决赛《人性本善》视频，了解辩论的特点和作用。

训练指导

二　辩论准备

辩论双方在开赛前必须做好充分的准备和全盘谋划。

(1)研究辩题，预测对手

辩题是中性的，要获得辩论的主动权，立论时要使自己的论点能够最大程度的发挥和展开，力求较强的辩证性，进退自如，易守难攻。同时要充分考虑分析预测对方的战略部署、设计思路，临场时知彼知己，应对从容。

(2)撰写辩词，互相配合

辩词主要是辩论时阐述本方观点的发言和最后的总结陈词，也包括各部分的自由辩论时进攻方法，是辩论过程中辩手的主要凭借和依据。辩词的撰写要集体讨论、明确总体思路，分头进行，根据各位辩手的特点分工合作，相互配合，各有侧重，协同作战，以期达到最好效果。

(3)搜集素材,设计战术

赛前要广泛搜集与辩题相关的素材,有关的历史材料、现实状况、数字数据、正反典型事例、法律条文、名人名言、事件的具体过程、重要细节,力求确凿、具体、权威、幽默。

整理分析材料,对材料分析要透彻,不给对手留下缺口;对对手可能利用的材料认真分析,寻找可能的突破口,找到进攻的切入点。充分研究双方有利、不利的因素,设计具体的战术。分工明确,相互配合,增强整体的战斗力。

三　辩论技巧

辩论是思想的交锋、智慧的较量、语言的艺术,是最具有挑战性的口语表达形式。要使本方获得辩论赛的胜利,必须掌握辩论的基本技巧。

1.逻辑技巧

辩论要善于运用逻辑技巧,使阐述线索清晰,重点突出;论证令人信服,反驳击中要害,各种谬论、诡辩原形毕露。

(1)例证法,举出事实来论证自己的论点或者反驳对方的论点,也就是常说的"事实胜于雄辩"。

(2)类比法,根据两种事物在某些特征上的相似,得出它们在其他特征上也可能相似的结论,来论证自己论点的正确合理或驳斥对方论点的荒谬。

(3)归纳法,由许多个别事实材料归纳出一般道理、规律。辩论中运用归纳法论证,可以使自己的论点更有根基,具有更强的说服力,可以更有力的反击对方的论题。

(4)归谬法,为了反驳某个错误论题,先假设这个论题正确,然后由它推导出荒谬的结论,从而证明论题的错误,也就是说"以其人之道,还治其人之身"。

(5)揭露矛盾法,如果一个错误的论题,和客观实际相矛盾,和自己的行为相矛盾,或者自相矛盾,揭露出矛盾之处,使对方无法自圆其说,驳倒对方的论题。

技能训练

分析下列答辩中的逻辑错误,并进行情景辩论训练。

①在美国废奴运动中,著名的废奴主义者菲利普斯到各地巡回演讲。

一次，一个来自反废奴运动势力强大的肯塔基州的牧师不怀好意地问他：

“你要解放奴隶，是吗?”

“是的，我要求解放奴隶。”

“那你为什么只在北方宣传？干吗不敢去肯塔基州试试?”

“你是牧师对吗?”菲利普斯反问道。

“是的，我是牧师，先生。”

“你正设法从地狱里拯救灵魂，是吗?”

“当然，那是我的责任。”

“那么，你为什么不到地狱去呢?”

②冯玉祥将军任陕西督军时，有两个外国人私自到终南山打猎，打死了两头珍贵的野牛。冯玉祥把他们召到西安，指出他们的行为是犯法的。两个外国人狡辩说：“贵国外交部发给我们的护照上，不是准许携带猎枪吗?可见我们行猎是贵国政府允许的。”冯玉祥气愤地说：“准许你们携带猎枪，就是准许你们行猎吗？若准许你们携带手枪，难道说就可以在中国境内随意杀人吗?”

训练指导

2.语言技巧

辩论的语言要准确，明白无误地表达自己的思想，避免发生歧义，理解错误；用词用语准确精当，字斟句酌，不能留下漏洞或者把柄；简洁明快，不给对方思考的余地；出语有力，能击中要害；把握好分寸，不失风度。

辩论语言要生动风趣，打动听众的心灵，赢得辩论的主动权。恰当地运用比喻、夸张、设问、反问、反语等修辞手法，增加语言的生动性和幽默风趣的色彩。适当地引用名言警句、成语、谚语、歇后语做点缀，都能增加语言的感染力。

辩论是即景式的语言现场展示，语气、语势的高低起伏，抑扬顿挫，语速的快慢疏密，节奏的起承转合，应该随机应变，适应现场的变化。

辩论是思维的较量，也是语言驾驭能力的比拼。

3.应变技巧

辩题对于参加辩论的双方来说，任何一方都没有特别有利和不利，关键是看参加辩论的双方谁能够及时洞察现场的变化和随时出现的意外，捕捉对方论题的疏漏，做出应变的决策和行动，并且能把这种优势保持到最后。

要做到这样，一是冷静听辩，专注地听辨，才能抓住对方观点、材料、论证中的疏漏和不足之处，做出相应的反驳；二是要思维敏捷灵活地进行应对，能迅速地理解、判断，做出陈述和反驳，思路要开阔灵活，多角度多侧面地去考虑问题，快速选定应对策略，从而战胜对手。

4.举止得当，情绪高昂

辩论中辩手的表情、手势、服饰、仪态要体现出勇敢自信，诚恳坦荡，质朴谦逊的风格，仪态潇洒自然，手势简洁明了，表情、身姿与阐述的内容相协调。

辩手要有成功的强烈欲望，做好充分的准备，在心理上藐视对手，相信自己的实力和应变能力；在辩论中感情表达要热情饱满，对意外情况表现出较强心理承受能力和应变调节能力。

技能训练

1.观看1993年大专辩论赛《温饱是讲道德的必要条件》视频，熟悉辩论的方法、技巧。

2.分组辩论比赛。

（1）做老实人吃亏还是受益。

（2）要低调做人还是要高调做人。

第七章　教师职业口语训练

训练目标

1. 明确教师职业口语的特点。
2. 掌握教师职业口语的基本技巧。

第一节　教师职业口语的特点

训练目标

明确教师职业口语的特点。

训练指导

幼儿期儿童期是语言发展的最佳期和关键期，语音的模仿能力强，语汇量增加速度快，口语理解和表达能力发展迅速。孩子年龄不同，性格和语言接受能力存在差异，教师必须能够依据不同年龄、不同个性幼儿特点，恰当地使用语言与她们沟通，达到理想的教育教学效果。

一般来说，教师职业口语有以下特点：

1. 规范准确

教师职业口语

教师职业口语必须是标准或者比较标准的普通话，要做到语音准确，字音清晰，声音甜美悦耳，持久，响亮；语流顺畅，节奏明快，语气上扬，活泼。

教师口语遣词造句要符合现代汉语用词、语法修辞习惯，语句符合逻辑顺序，用词恰当，语句通顺，表达得体。

2. 鲜明具体

儿童的心理发展阶段决定了他们以形象思维为主，需要依据视觉形象、听觉形象及其他感官形象来认识事物。要求教师口语必须鲜明，要有动态感觉，有丰富的情感色彩，能够唤起孩子对具体事物的真切感知。年龄越小的孩子，越要求具体形象。词语的选择上多使用拟声、摹色之类的词语，较多使用比喻、拟人、夸张等修辞手法。在说话的时候，可以用表情、眼神、手势、身姿加以配合，有助于帮助幼儿理解和感受。

3. 儿童化

教师的口语要贴近幼儿、儿童的实际生活，符合他们心理特征，表现他们的情感，富有儿童的情趣。教师要使自己的语言儿童化，首先要热爱孩子，理解孩子，真诚地对待孩子，把他们当作自己的朋友；其次，从孩子的视角出发，在口语中加入孩子喜爱的趣味因素；再次，与儿童说话时蹲下来，视线与孩子相平，态度亲切，情绪饱满，面带微笑，形成宽松和谐，欢愉舒畅的氛围，更容易接受教师的教育。

4. 差异性

教师要了解不同年龄段、不同幼儿、儿童的个性特征，采用不同的方式，用恰当的语言、表达方式与孩子沟通。小班的幼儿语言发音器官不完善，认知能力弱，听力水平有限，掌握词汇少，句式少，教师对他们说话要求尽量具体、简单，语速要慢一些，多重复几遍，使用短句、单句。中班、大班的幼儿语言接受能力和表达能力都有所提高，积累了一定的词汇，教师与他们沟通可以逐渐增加概念类的词语，语言简洁一些，有助于孩子抽象思维能力的培养和发展。

教师口语使用还要注意个性特征的差异，外向型的孩子争强好胜，适应性强，思维灵活，教师对他们说话要具体明确，语气肯定；性格内向型的孩子做事迟缓，不爱表现，踏实细心，教师对她们说话时，语气要柔和舒缓，态度亲切，用词委婉，多给予鼓励和肯定。

技能训练

1. 教师教孩子认识上下方位，她把小朋友带到室外一起散步，引导小朋友们一起观察：

“请小朋友们抬头看看，我们的上方有什么？大家看到了什么呢？”引导小朋友观察说话，“我的上方有天空。”“我的上方有白云。”“我的上方有树枝、树叶。”“我的上方树上有小鸟。”然后引导幼儿观察自己的脚下：“小朋友，看看脚下有什么？”“我的脚下有马路。”“我的脚下有小草。”“我的脚下有小石子。”“我的脚下有泥土。”

2.一些孩子游戏结束后，把布娃娃扔在游戏室地上就离开。带班教师看到了。对外向的男孩儿："肖强，你不应该把布娃娃扔在地上就走，娃娃也会摔痛的，把它抱起来，放到玩具柜里。"对内向的女孩儿："李萍，你刚才把娃娃扔在地上，是不小心吧，它也会摔疼的，赶紧给它揉揉，吹吹，告诉它，你以后会好好抱着放到柜子里，让它回家。"

训练材料

1.分析下面教师口语有什么问题，怎样改说。

"小明，跟你反复强调，你又干坏事！还不到老师这来承认错误！"

2."小朋友们，你们有谁知道雨水的用处吗？老师来告诉你们，雨水能浇灌植物，促进植物生长，还能够调节气温，益处很多。雨水泛滥也会带来灾害。"根据教师口语特点分析这段话，并进行改写、试说。

第二节　教师职业口语一般技能训练

训练目标

掌握调节音量、变化声音色彩、表达清晰、语句通顺，以及修辞方法的运用技巧，增强教师口语的表达效果。

训练指导

教师职业口语要求音量适中，音色甜美，情感真挚，绘声绘色，能够根据表达内容使用恰当的语气语调，熟练运用修辞方法，依据语境调整语速和节奏的变化。

1.适度调节音量

教师对儿童说话时，音量要适度，过大过高的音量，孩子会感到突然，受到惊吓，听不清楚教师说话的内容；音量过小过低，孩子听起来吃力，容易疲劳。教师应该使用中声区发音为主，能够让最远的孩子听清，又不使最近的孩子感到震耳。

教师要注意训练调节自己的音量，语气语调要富于变化，不要过于平直，要能够显示出口语表达的层次和情态，可以有效地吸引孩子的注意力。

2.学会变换音色

教师在教育教学活动中，经常需要模拟各种不同年龄、性格、性别的人，或者故事中动物的角色，他们的语气语调，必须学会通过音色的转换达到拟声的效果。熟练地掌握呼吸共鸣腔的控制技巧，能够帮助我们制造出不同的音效，增强幼儿、儿童身临其境的真实感，激发学习的兴趣。

音色的变换要以自己本色声音为主体，在此基础上加上呼吸共鸣控制技巧的运用，略带夸张，要求自然、真实、得体，恰到好处。

3.语音表达清晰

教师口语语音要标准，吐字清亮，词汇语法要规范，语意表达清楚。熟练掌握普通话声母、韵母、声调、语流音变的相关知识和技能。

4.语句通顺自如

教师口语要做到语句通顺自如，语流连贯，没有语病。注重训练思维的条理性、开阔性和敏捷性，使思路有条理，语流畅达，富于联想，善于想象，加快思维内容向语言表达的转化过程。

5.善用修辞方法

教师口语为了使语言表达生动具体形象，经常运用比喻、拟人、对比、夸张等修辞方法，这些修辞方法的运用能够使孩子对不熟悉的事物变得可认可知，深奥的道理变得浅显易懂，通俗明白，新奇有趣。

技能训练

鸭妈妈找蛋

鸭妈妈生鸭蛋，那鸭蛋像大姑娘的脸蛋。谁见了都说：“啊，多么可爱的鸭蛋哪！”鸭妈妈听了，乐得“呷、呷、呷”地叫：“嗯，这是我生的蛋哪！”

可是，鸭妈妈有个毛病：不在窝里生蛋，她走到哪里，要生蛋了，就生在哪里，所以她常常找不到自己生的蛋。

有一天傍晚，鸭妈妈又忘了在哪儿生的蛋了，她在院子里跑来跑去，怎么也找不到，就问母鸡：“鸡大姐，您看见我的蛋吗？您拾过我的蛋吗？”

母鸡说：“我没看见哪！”

鸭妈妈赶紧跑出院子去，正碰上老山羊带着小山羊回来了，鸭妈妈忙问老山羊：“羊大叔，您见过我的蛋吗？您拾过我的蛋吗？”

老山羊说："我没拾过你的蛋哪！你到池塘边去找找看。"鸭妈妈到池塘边，找了好一会儿，还是没找着，只好回到院子里。她看见黄牛回来了，就问黄牛："牛大伯，您看见我的蛋吗？您拾过我的蛋吗？"

黄牛说："我可没见过你的蛋，也没拾过你的蛋。你老是丢三落四的，这可不好哇！"

鸭妈妈叹了一口气说："唉，我忙得很呢，要游泳，要捉小鱼小虾，还要下蛋……一忙，就记不清蛋生在哪儿了。"

黄牛说："你说你忙，我呢？耕地，拉车，磨面粉，可不像你那样丢三落四的。"

母鸡说："我也生蛋哪，可我都生在窝里，可不像你天天要找蛋。"

山羊说："你呀，做事不用脑子！"

鸭妈妈拍了拍脑袋，说："不是我不用脑子，一定是我的脑子有毛病！"

山羊、黄牛、母鸡一起劝鸭妈妈："你别着急，好好儿想想：你今天到过哪些地方？到底在哪里生了蛋？"

鸭妈妈低下头，从大清早出窝想起——池塘边吗？没生过蛋；草地上吗？也没生过蛋；小树林里吗？根本没去玩过。

"啊，啊！"鸭妈妈想起来了，她很难为情地说："今天，今天，我还没生过蛋呢！"

提示：运用不同的音色、语气、语调和语速，用声音造型塑造故事角色，表现不同角色、不同阶段的心理活动，读出故事的情趣和感染力。

训练材料

落 叶

大树是妈妈，小树叶是她的孩子。

春天，小树叶只是绿绿的嫩芽。夏天小树叶已长大了，在火辣辣的阳光下为人们撑起一把大伞，送来一片片阴凉。秋天到了，小树叶由绿变黄，一个个好像穿着金黄裙子的小姑娘，搀着大树妈妈在秋风中翩翩起舞。

一天，一阵阵秋风吹来，小树叶告别了大树妈妈。小树叶不停地翻动身子，飘呀飘，飘到屋顶上，屋顶变得金黄。飘到小河里，水面上像飘动着许多小船。飘到草地上，草地上像多了一层软软的地毯，飘到大树妈妈的脚下，大伙儿抱成一团，好像在说："妈妈，天气渐渐冷起来了，我们给您焐了脚，让您暖暖和和过冬天。"

小树叶在秋风中飘呀飘，飘向四面八方，一个个都安下了家。它们心里还惦记着大树妈妈，盼望大树妈妈明年春天生出许多小娃娃。

第三节　教师职业口语主要类型训练

训练目标

1. 掌握教师职业口语主要类型、表达技巧。

2. 在教育实践中使用比较恰当的口语对幼儿、儿童进行教育教学及相关活动。

训练指导

教育是全面综合的教育，与之相应的教师职业口语也是多样的、综合的。教师职业口语一般可以分为谈话用语、教学活动指导用语、游戏指导用语、其他相关工作用语。

一　谈话用语

谈话，是指教师与幼儿、儿童通过谈话交流感情，互通信息，以达到某种教育目的的口语交际形式。在教育教学活动中广泛使用，基本可以分为谈话活动用语和教育谈话用语两类。

（一）谈话活动用语

谈话活动主要是指作为教学形式的谈话，或者称为谈话课。它是帮助、指导幼儿、儿童学习运用语言与他人交流的教学活动。

谈话活动课一般是从孩子生活经验中选取有趣的话题，通过提问、回答、交谈、讨论等实现教育目标。谈话活动要宽松自由，让孩子学会倾听他人的谈话，并且能够积极地表达自己的见解，学会基本的运用口头语言进行交谈的规则，提高口语交际水平。

谈话活动课要求教师提前做好充分准备，制定谈话目标，设计好谈话步骤、方案。活动实施过程中,教师是谈话活动组织者,也是重要的参与者,要调动孩子参与谈话的积极性,做好孩子的倾听者和说话的伙伴。

谈话活动目的性强,教师的态度要亲切,语言简洁,语意明确,有启发性,语速适中,语气温和甜美,有适当的间歇,给孩子思考回答的时间。句式多用设问、陈述句,间或使用感叹句和祈使句。

(二)教育谈话用语

幼儿期、儿童期是孩子们逐渐形成正确品德、行为、情感的关键期,教师是孩子的启蒙者,积极肯定他们的优点长处,及时纠正不良行为,是教师的责任和义务。要取得良好的教育效果,就需要掌握语言表达的策略和技巧。

1.表扬语

表扬是对幼儿、儿童优良思想行为加以肯定和鼓励的教育方式。孩子都具有愿意上进,向往做好人好事,喜爱受到老师表扬的心理特征。教师热情恳切的表扬可以引起孩子愉快的情绪体验,引发继续这样做的良好意愿,增强对自我的肯定,树立自信心,有利于巩固好的行为习惯。

(1)教师对幼儿、儿童表扬时,语态要真诚,语调要热情,表扬的人和事要具体。表扬应该依据一定的事实,不随意拔高或夸大,实事求是,叙述说明表扬的事实依据,加以点评,以便其他孩子可以模仿学习。

(2)表扬幼儿、儿童应该选择公开的场合,用榜样的力量影响、引导其他孩子;表扬时教师可以鼓掌、点头和微笑,使孩子情绪上受到感染,增强受表扬的愉悦体验。

2.批评语

批评是对幼儿、儿童某种不良言行做出否定的评价。运用批评语的目的是让孩子认识自己做得不好的地方,明白怎样做是好的、对的,帮助孩子提高分辨是非的能力。

(1)教师运用批评语的前提是尊重孩子。要摆事实,讲道理,不能简单生硬,笼统。要用孩子的语言讲明错在哪里,怎样做才是对的、好的。

(2)教师要控制好自己的情绪,不要说过火的话,不要厉声指责,粗野谩骂,全盘否定孩子。

(3)教师批评时,表情要严肃,语调语速低沉平稳,让孩子意识到问题的严重,也应透露出对孩子的关心热爱,使孩子感受到这样的错误,教师感到痛心。

3.疏导语

疏导语是教师通过耐心细致的疏导，摆事实，讲道理，循循善诱，用委婉巧妙的语言因势利导，使幼儿、儿童愉快地接受规劝教育。

(1)使用疏导语要尊重孩子，态度亲切，语调温和，尽可能缩短与孩子的心理距离。

(2)耐心了解孩子的做事动机，倾听幼儿、儿童的解说，观察他们微妙的内心活动，从中分析问题原因，寻找疏导的切入点，做到有的放矢。

(3)教师与幼儿、儿童谈话时，尽量减轻用词的分量，尽可能使用中性词，淡化贬义的感情色彩，语速稍慢，语气平稳、柔和。

技能训练

一个调皮的男孩爬到一棵大树上，下不来。年轻教师很惊慌，怕酿成事故。一位有经验的老教师走到树下。

教师：(微笑着)哎哟，这是哪位小朋友呀，这么勇敢，爬得这么高，真了不起！上面好玩儿吗？

幼儿：好玩儿。

教师：你真勇敢！我们仰着脖子看你，脖子已经很酸了，我们想看看你是怎样下来的。上去不容易，爬下来也不简单，你一定能稳稳当当地下来。你们看，他爬下来了，他的手抓得很紧，脚踩得很稳，一步一步慢慢地下来了，很好！你真棒！

训练材料

为下列情境设计表扬语、批评语、疏导语。

①有几位小朋友没有经过老师同意就把幼儿园、教室的玩具带回家，只有李明小朋友向老师承认错误，并且带回了玩具。

②丽丽能管好自己，就是喜欢告状。她一见到老师进教室就报告：“明明和芳芳打架了！”

③玩游戏，小朋友都喜欢演“好人”，当老师、医生，不愿意扮演学生、病人。

训练指导

二　活动指导用语

教育教学的目标是促进幼儿、儿童全面素质的提高、个性的充分发展。这一目标必须通过活动加以实现。活动是幼儿、儿童主要的学习方式。在教师的指导下，教育教学的活动有明确的学习目的。教师必须通过示范、讲解、提问、练习等多种方法，说明操作规程、用具、技巧，指导孩子积极参与活动，在活动中学会知识，懂得道理，掌握技能，学会合作，学习规则。

(一)导语

导语是活动开始前，教师为了吸引幼儿、儿童注意力、引发参与活动兴趣、引出活动内容而说的话。它的主要作用是活跃气氛，引起学习兴趣，设计要新颖有趣。导入语有多种方式，有故事导入、谜语导入、提问导入、表演导入、教具导入等，要采用孩子喜欢、能满足好奇心、直观的导入方式。设计导入语的关键是选好导入点，恰当地选择熟悉的人或物，用简洁、生动，富有启发性的语言导入活动内容。

(二)结语

结语是活动结束时说的话，可以总结活动内容、活动要领，便于幼儿、儿童记忆，巩固知识和技能，激发进一步探究的渴望。

结束语要求语言简洁明了，清晰简短，可以对孩子的表现做出恰当的评价，对表现好的积极鼓励，给予表扬。

(三)讲解语

讲解语是教师讲解或者阐释活动内容、要领、规则时的用语。对幼儿、儿童的教育教学活动中，教师主要应讲清楚“是什么”“为什么”“怎么做”，讲解语要求规范、准确、形象、生动，用语浅显，还要带有趣味性、启发性，让孩子感受到学习的快乐。

讲解语一般与示范结合运用。语音要清晰响亮，柔和甜美，富有表现力；示范动作、展示用具要面向全体孩子，使孩子们都能够看得到，听清楚。

技能训练

种绿豆

教师：小朋友们，天气很热的时候，妈妈会给我们煮绿豆汤喝，也会做绿豆冰棒给我们小朋友吃，你们知道怎样种绿豆吗？现在老师就带着你们去小小植物园，种绿豆。

老师带小朋友到翻好土的种植区。

老师：绿豆是种在土里的，先把地翻好，把大的土块弄碎，把地弄平整，用小铲子挖一个洞，将绿豆种在洞里面。小朋友两人一组，一个用小铲子挖洞，一个在洞里放3颗绿豆。仔细观察，对！向老师这样做。

老师做示范。面向小朋友，让每个小朋友看清楚。

老师：挖好洞、放好绿豆的小组就可以盖上泥土，用水杯给绿豆浇水。浇水时要对准洞口，水不能太多，太多了会把它淹死，水也浪费了。浇完水，不要踩在洞上面，不然会把它踩死的。

老师边讲边做，指导小朋友完成种植。

老师：今天小朋友们学会了种绿豆。以后要经常到植物园里来看看，仔细观察我们种的绿豆是怎样长大的。

训练指导

（四）提问语

提问语能引起幼儿、儿童的注意，启发思考，在回答问题的进程中培养幼儿的口语表达

能力，发展智力。教师在提问前，要设计好提问语，设计的问题要明确易懂，指向鲜明，便于孩子思考，积极寻求答案。

注意不要提孩子们回答不了的问题，也不能设计简单的是非题，只用“是”和“不是”回答。尽可能增加提问的趣味性，吸引孩子的注意力。

提问的设计要注意问题的顺序，应该由浅入深，由表及里，由易到难，有梯度，引导孩子顺着教师的思路层层深入地回答。

技能训练

老师:我们刚才学了一个故事,谁还记得它的名字?

生:《拔萝卜》。

老师:《拔萝卜》故事里谁种了一个大萝卜?

生:老爷爷。

老师:老爷爷一个人把萝卜拔出来没有?

生:没有,拔不动。

老师:故事里老爷爷喊谁来帮忙拔萝卜,还有谁来帮忙?

生:老婆婆,还有小姑娘、小花狗、小花猫、小老鼠。

老师:他们一个拉着一个,一起唱歌,一起用力,拔出了大萝卜。这就是团结,团结起来力量大。

训练指导

(五)应变语

教育教学活动中,出现意想不到的情况,要求教师能根据幼儿的接受力及时灵活地调整自己的语言表达内容和方式,就是应变语。

培养敏捷的思维和机智的语言能力,掌握好应变语技能,对保证教育教学活动顺利进行非常重要。

我们可以调节语气、语调、语速、重音的变化,也可以调整句式,增加重音或者增强趣味适应教学情境的变化。如果有意外情况,教师要冷静沉着,因势利导,言语亲切和蔼,宽容幼儿,灵活应对,避免给幼儿带来负面情绪。

训练材料

1. 任选一项活动,设计导语和结语。

①学折小船。(低年级手工课)

②教唱儿歌《小兔子乖乖》。(幼儿园小班)

③讲故事《猴子捞月亮》。(大班)

2. 任选一项活动，设计讲解语。

①3+1=4

②古诗《春晓》。

③爬杆的动作要领。

训练指导

三　游戏指导用语

游戏是幼儿园教育教学最主要的活动方式，游戏中，幼儿的各种能力获得有效发展，学习社会生活中的知识技能。幼儿在游戏中，积极性、主动性、创造性在教师的指导下得到发挥。教师不仅是游戏的设计者和组织者，也是游戏角色的参与者。

教学游戏可以分为创造性游戏和智力游戏。创造性游戏有角色游戏、表演游戏、结构游戏等；智力游戏有语言、社会、健康、科学、艺术等类活动游戏。

教师要通过游戏观察，发现和了解幼儿在游戏中的明显差异，根据幼儿的不同情况和活动水平，提供相应的帮助和指导。如讲解游戏规则、游戏方法，设计提问启发幼儿思考，回忆已有的游戏经验，用肯定性的语言鼓励幼儿积极参与游戏，提供游戏的建议和评价，鼓励幼儿尝试游戏的新玩法。

教师以游戏角色身份参与游戏活动，便于应变指导，随时给予正确的教育；也可以增加幼儿的游戏兴趣，随时调整游戏的内容，丰富游戏的玩法，激励幼儿创新，帮助幼儿发挥积极性和创造性。

训练材料

1. 下面的游戏，设计教师指导语言。

①丢手绢。（小班）

②角色表演游戏《拔萝卜》。（大班）

③表演游戏《锄禾》。（中班）

训练指导

四　其他工作用语

教师其他工作用语，主要是与其他教师、保育员谈话，与家长谈话和集体研讨活动谈话。谈话对象都是成人，谈话内容主要与工作有关。要学会运用口语技能，把握基本原则。

(一)与其他教师、保育员交谈。

要支持尊重对方，彼此协调，在对幼儿的教育理念、处理问题的方式等方面，教师与保育员要一致、和谐、整体化协调推进，互相尊重，互相协调，配合默契，才能取得最佳的教育教学效果。交谈中，态度诚恳真挚，音量适中，用词恰当，语气温和，语速和缓，要有必要的间歇，给对方思考的余地，多用商量的口吻、句式。

(二)与家长谈话。

家长是教师工作的主要合作者，家庭教育与幼儿园、学校教育密不可分。教师与家长谈话的主要目的是为了互通情况，争取相互配合，教育好孩子。谈话前要首先了解家长的年龄、性格、修养，分析谈话对象，针对不同类型的家长选择相应的谈话契机。其次，努力争取家长的信任。与家长谈话，以表扬为主，肯定孩子的长处，取得家长好感、信任后，尽量避免与家长发生争执，委婉、客观冷静地说出孩子存在的问题，需要改进的地方，聚焦点是商讨教育好孩子的良策。

(三)集体研讨谈话。

集体研讨中的谈话，一般庄重严肃，主要是针对教育教学问题的学术探讨，要求教师发言时态度谦和，语调平稳，举止得体，做到观点鲜明，条理明晰，重点突出，语言简洁。会议主持人要注意及时引导、启发，深化话题，把握话题方向，及时总结归纳，顺利完成研讨谈话。

训练材料

1. 班主任老师与任课老师(主班老师与配班老师、保育员)商量“六一”联欢本班节目组织。

2. 设计开学后第一次家长会。

3. 观摩同学试讲，开展集体研讨谈话。